IRENE PRUGGER • MAREN KRINGS

NERVEN WIE SEILE

Seite 2 + 3: Gletscherspaltenbergung mit dem Zweibein am Rettenbachferner in Sölden

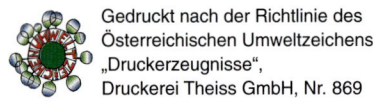

Gedruckt nach der Richtlinie des
Österreichischen Umweltzeichens
„Druckerzeugnisse",
Druckerei Theiss GmbH, Nr. 869

Auflage:
2017   2016   2015   2014
4   3   2   1

© 2014 by Löwenzahn in der Studienverlag Ges.m.b.H., Erlerstraße 10, A-6020 Innsbruck
E-Mail: loewenzahn@studienverlag.at
Internet: www.loewenzahn.at

Umschlag- und Buchgestaltung sowie grafische Umsetzung:
Judith Eberharter, Eine Augenweide, www.eine-augenweide.com

Fotos: 360°Photography/Maren Krings, www.360-photography-mk.de

Gedruckt auf umweltfreundlichem, chlor- und säurefrei gebleichtem Papier.

Bibliografische Information Der Deutschen Bibliothek
Die Deutsche Bibliothek verzeichnet diese Publikation in der Deutschen Nationalbibliografie;
detaillierte bibliografische Daten sind im Internet über <http://dnb.ddb.de> abrufbar.

ISBN 978-3-7066-2550-0

Alle Rechte vorbehalten. Kein Teil des Werkes darf in irgendeiner Form (Druck, Fotokopie,
Mikrofilm oder in einem anderen Verfahren) ohne schriftliche Genehmigung des Verlages
reproduziert oder unter Verwendung elektronischer Systeme verarbeitet, vervielfältigt oder
verbreitet werden.

IRENE PRUGGER • MAREN KRINGS

NERVEN WIE SEILE
Die Bergrettung im Einsatz

Mit Texten von Irene Prugger und
Fotografien von Maren Krings

Herausgegeben von der Bergrettung Tirol

Inhalt

Wie dieses Buch entstand	8
Die Tausendsassas der Berge	10
Ausbildung: vom Anwärter zum Bergretter	32
Wenn die Schlappler schlapp machen	52
Erste Hilfe mit und ohne Notarzt	74
Lawineneinsätze: Zeit ist Leben!	88
Die Suche nach Vermissten und Verschütteten	106
Gut geborgen – Liftevakuierungsübungen	124
Pistendienste und Sondereinsätze	128
Kühne Canyoning-Akrobatik	133
Die Bergrettung im Film	140
Peter Habeler: der Bergrettung verbunden	144
Von der Brieftaube zum Digitalfunk	151
Ein Stück zurück im Bergsteigerglück – Geschichte der Bergrettung	160
Tiroler Bergrettungspioniere	167
Die fliegenden Bergretter	175
Vom Helfer zum Helden?	187
Die allgegenwärtige Tragik	194
Kameradschaft als bleibender Wert	212
Zusammenhalt der Generationen	215
Frauenpower am Berg und bei der Bergrettung	219
Grenzüberschreitende Zusammenarbeit	232
Gemeinsam für die Gemeinschaft – Kooperation mit anderen Blaulicht-Organisationen	234
Kein Geld – Rettung entfällt?	249
Ist auch alles recht und richtig?	252
Ein Dankeschön wäre schön!	257
Tyrolean Mountain Rescue international	262
Anekdoten sind nicht verboten	266

Fotoimpressionen

Bezirk Landeck	12
Tirol Wool-Produkte	22
Bezirk Innsbruck-Land	68
Bezirk Kitzbühel	84
Bezirk Schwaz	147
Bezirk Innsbruck-Stadt	156
Bezirk Reutte	165
Bezirk Kufstein	190
Die Bergrettung und die Tradition der Bergfeuer	206
Bezirk Imst	227
Bezirk Lienz	242
Bergretter lieben Berge und Almen	263

Hinterer Floch, Brixental

Wie dieses Buch entstand

Es freut mich und macht mich auch ein wenig stolz, dass es nun wieder ein Buch über unsere Bergrettung gibt. Vor Jahren wurde ein umfangreiches Nachschlagewerk mit der Darstellung der einzelnen Ortsstellen veröffentlicht und durch die Unterstützung der Landesleitung an alle Ortsstellen weitergegeben. Diese Bergrettungs-Chronik erfreut sich immer noch großer Beliebtheit bei unseren Mitgliedern.

Vor einigen Jahren kam der Wunsch auf, zusätzlich ein informatives, lesefreundliches Buch über die Tiroler Bergrettung entstehen zulassen. Unser Geschäftsführer Peter Veider nahm Kontakt mit dem populären Berggeschichtenschreiber Horst Höfler auf. Dieser erklärte sich mit großem Interesse spontan bereit, diese Aufgabe zu übernehmen. Nach seinem plötzlichen Tod standen wir jedoch wieder am Anfang. Durch einen Zufall begegnete ich bei der Vollversammlung einer Ortsstelle der Bergrettungsanwärterin und Fotografin Maren Krings. Diese wiederum gewann die bekannte Tiroler Autorin und Journalistin Irene Prugger für die Textarbeit. So kamen wir zu den beiden Autorinnen dieses Werks.

Das vorliegende Buch soll nicht nur bergrettungsintern Wirkung entfalten, sondern auch interessierten Leserinnen und Lesern vielfältige Einblicke in die Arbeit der Tiroler Bergrettung geben. Deshalb ist es nach Themen geordnet und deshalb erzählen darin vorrangig die Bergretterinnen und Bergretter selbst von ihren Einsätzen. Es sind Protokolle zahlreicher Gespräche zwischen Bergrettern und den beiden Autorinnen, die zwei Jahre lang unermüdlich unterwegs waren, um die Erfahrungsberichte zu sammeln. Maren Krings war noch dazu bei vielen Einsätzen und Übungen dabei, um alles fotografisch festzuhalten.

Es ist mit Absicht kein chronologisches Nachschlagewerk entstanden, sondern eine lebendige Zusammenschau aus interessanten Berichten und hervorragenden Fotos, die fast alle Facetten der Bergrettung – mitunter auch aus kritischen Blickwinkeln – beleuchten. Aus Platzgründen können darin nicht alle Ortsstellen und maßgeblichen Persönlichkeiten der Tiroler Bergrettung zu Wort kommen, auch nicht alle historischen Details können Erwähnung finden. Der Fokus des Buches ist auf eine informative, aktuelle und auch unterhaltsame Gesamtschau ausgerichtet, und ich glaube, das ist hervorragend gelungen.

Ich wünsche allen Kameradinnen und Kameraden viel Freude beim Lesen der Beiträge und Betrachten der Bilder, in denen viele von uns sich wiederfinden werden.

Euer
Kurt Nairz

Autorin Irene Prugger als Figurantin bei einer Liftberge-übung im Stubaital

Fotografin Maren Krings bei einer Hochtour am Hochwilde im Ötztal © Johann Aschaber

Geschichte besteht immer auch aus Geschichten. Jene, die all die interessanten Begebenheiten der Bergrettung am besten erzählen können, sind die Bergretter und Bergretterinnen selbst. Deshalb kommen in diesem Buch hauptsächlich sie zu Wort – in sehr persönlich gehaltenen Gesprächsprotokollen. Ihre Berichte, ihre Analysen und Anekdoten, ihr Wissen und ihre Erinnerungen geben eine umfassende Zusammenschau über die Entwicklung der Tiroler Bergrettung, ihr unermüdliches ehrenamtliches Engagement im Dienste alpiner Hilfeleistung und ihre oft sehr spektakulären Einsätze.

Irene Prugger und Maren Krings

Viele der in diesem Buch zu Wort kommenden Bergretterinnen und Bergretter sind Träger zahlreicher Auszeichnungen, u.a. des Grünen Kreuzes (höchste Auszeichnung für Rettung aus Bergnot) und der Lebensrettungsmedaille des Landes Tirol. Es wurde darauf verzichtet, diese bei den einzelnen Statements gesondert zu erwähnen.

Die Tausendsassas der Berge

An die 4.400 Männer und Frauen stehen in Tirol im Dienst der Bergrettung. Sie absolvieren jährlich ca. 4.000 Einsätze und helfen dabei ca. 5.000 Menschen in Bergnot – und das ehrenamtlich! Sie sind bestens ausgebildet in Bergsport, medizinischer Ersthilfe und Bergetechniken und müssen das Klettern genauso gut beherrschen wie das Skifahren.

Die Einsätze, zu denen sie gerufen werden, sind so vielfältig wie das Leben selbst. Sie holen Verletzte von Berggipfeln und aus tiefen Schluchten, unterstützen die Polizei bei der Suche nach Vermissten, absolvieren Ambulanzdienste auf Pisten und bei Sportveranstaltungen, bergen Menschen aus Gletscherspalten und Liftgondeln, sondieren Lawinen nach Verschütteten, sind kompetente Erste-Hilfe-Leister und mitunter Notfallsanitäter. Viele von ihnen sind Flugretter, Suchhundeführer oder ausgebildet für Spezialeinsätze, und sie alle brauchen technisches Verständnis genauso wie mentale Stärke und psychologisches Einfühlungsvermögen.

Die meisten Bergretter und Bergretterinnen haben einen fordernden Beruf und viele eine Familie, ohne deren Unterstützung sie ihre wichtige Tätigkeit nicht ausüben könnten, denn sie müssen dafür viel Freizeit opfern. Für aktive Bergretter ist es selbstverständlich, so oft wie möglich an Einsätzen teilzunehmen und die vorgeschriebenen Kurse und Übungen zu absolvieren. Ihre Arbeitgeber brauchen ebenfalls Verständnis, wenn bei dringenden Einsätzen eine Dienstfreistellung ansteht.

Zu den Fähigkeiten der Männer und Frauen in den rotschwarzen Jacken zählt auch ihre detaillierte Ortskenntnis. Diese ist unverzichtbar bei Einsätzen in weitläufigem Gelände, deshalb sind die einzelnen Ortsstellen so wichtig.

Die Ortsstelle als wichtigste Zelle

92 Bergrettungs-Ortsstellen gibt es in Tirol, sie decken alle 279 Tiroler Gemeinden ab. Jeder Ortsstelle steht ein Ortsstellenleiter bzw. eine Ortsstellenleiterin samt Stellvertreter vor. Die neun Bezirke werden durch die Bezirksleiter repräsentiert. Wenn per SMS oder Pager die Verständigung von einem Notfall eintrifft, melden sich jene Bergretterinnen und Bergretter zurück, die abkömmlich sind. Sie verlassen ihre Arbeitsstelle, die Grillfeier mit Freunden oder springen mitten in der Nacht aus dem Bett und eilen zur Einsatzzentrale. Unter Führung der Einsatzleiter und mit großem Teamgeist werden alle Kräfte darauf verwendet, den Einsatz zu einem guten Ende zu führen.

Manchmal sind das hochdramatische Aktionen, die sich auch in den Medien niederschlagen, oft aber geht die Bergung von Vermissten oder Verletzten unspektakulär vor sich. Wenn die Feuerwehr mit lauter Sirene ausrückt, bleibt das keinem verborgen. Wenn aber die Bergretter bei der Jahreshauptversammlung von ihren Einsätzen berichten, wundern sich selbst die Bürgermeister, wie viele Menschen im Lauf des Jahres auf ihrem Gemeindegebiet aus Bergnot gerettet wurden.

Die 92 Tiroler Bergrettungs-Ortsstellen wurden zu verschiedenen Zeiten gegründet und unterscheiden sich, was Größe, Mitgliederzahlen, Einsatzhäufigkeit, finanzielle Ressourcen und Einrichtung der Bergrettungsheime betrifft. Manche haben einen respektablen Fuhrpark, andere nur ein oder gar kein Einsatzfahrzeug und absolvieren Einsätze vorrangig mit privaten PKWs und dem Täfelchen „Bergrettung im Einsatz" hinter der Windschutzscheibe. Manche haben bestens ausgestattete Seminarsäle, andere müssen in kleinen Gemeinschaftsräumen zusammenrücken, manche teilen sich die Einsatzzentrale mit Feuerwehr oder Polizei.

Auch geografisch haben alle unterschiedliche Bedingungen und damit unterschiedliche Anforderungen. Viele Ortsstellen kommen wegen der häufigen Einsätze oft an ihr Limit, andere haben es eher ruhig. Die einen sind mehr mit Berg- und Wanderunfällen bzw. Sucheinsätzen im Sommer, die anderen vermehrt mit Lawinenabgängen oder hochalpinen Kletter- und Schluchtenbergungen konfrontiert. Eines aber eint sie alle: Die Bergrettungs-Ortsstellen sind lebensrettende Einrichtungen, auf die jede Gemeinde stolz sein kann.

Bezirk Imst
BR Gries-Sulztal
BR Imst
BR Innerpitztal
BR Jerzens
BR Längenfeld
BR Mieming
BR Nassereith
BR Niederthai
BR Obergurgl
BR Oetz
BR Rietz u. Umgebung
BR Sautens
BR Sölden
BR Umhausen

Bezirk Innsbruck-Land
BR Axams
BR Flaurling/Umgebung
BR Gries a. Brenner
BR Gries/Sellrain
BR Hall in Tirol
BR Leutasch
BR Matrei a. Brenner
BR Neustift
BR Scharnitz
BR Seefeld
BR St. Jodok
BR St. Sigmund
BR Steinach/Gschnitztal
BR Telfs
BR Vorderes Stubai
BR Wattens-Umgebung

Bezirk Innsbruck-Stadt
BR Innsbruck

Bezirk Kitzbühel
BR Fieberbrunn
BR Hopfgarten
BR Jochberg
BR Kirchberg
BR Kitzbühel
BR Kössen
BR St. Johann
BR St. Ulrich/Pillersee
BR Waidring
BR Westendorf

Bezirk Kufstein
BR Alpbach
BR Auffach/Wildschönau
BR Kramsach
BR Kufstein
BR Scheffau
BR Wörgl

Bezirk Landeck
BR Fiss
BR Flirsch
BR Galtür
BR Ischgl
BR Kappl
BR Kaunertal
BR Landeck
BR Nauders
BR Pettneu
BR Pfunds
BR Ried/Oberinntal
BR Schönwies
BR See
BR Serfaus
BR St. Anton a. Arlberg

Bezirk Lienz
BR Defereggental
BR Kals
BR Lienz
BR Matrei i. Osttirol
BR Obertilliach
BR Sillian
BR Virgen
BR Prägraten

Bezirk Reutte
BR Berwang/Namlos
BR Bichlbach
BR Ehrwald
BR Elbigenalp
BR Holzgau
BR Lermoos
BR Nesselwängle
BR Reutte
BR Stanzach
BR Steeg/Kaisers
BR Tannheim
BR Vils und Umgebung

Bezirk Schwaz
BR Achenkirch
BR Gerlos
BR Ginzling
BR Jenbach
BR Kaltenbach
BR Maurach a. Achensee
BR Mayrhofen
BR Schwaz u. Umgebung
BR Tux-Lanersbach
BR Zell a. Ziller

Fotoimpressionen Bezirk Landeck

Bezirk Landeck

Fotoimpressionen Bezirk Landeck

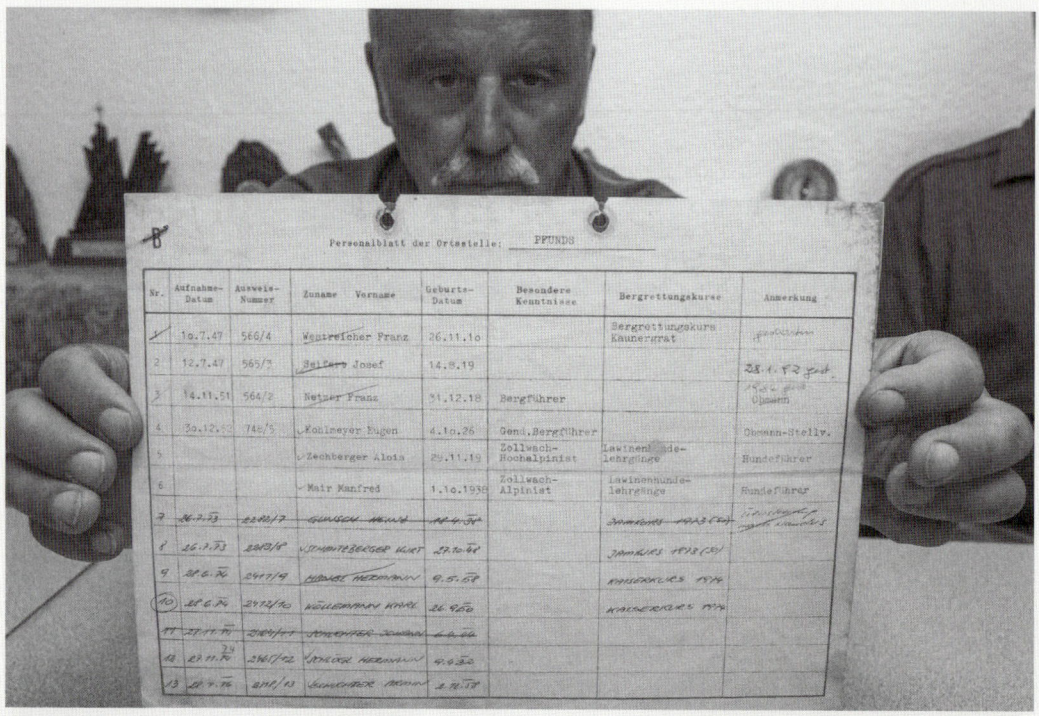

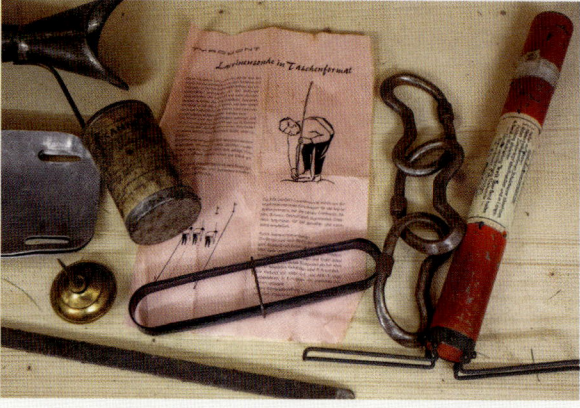

Bezirk Landeck

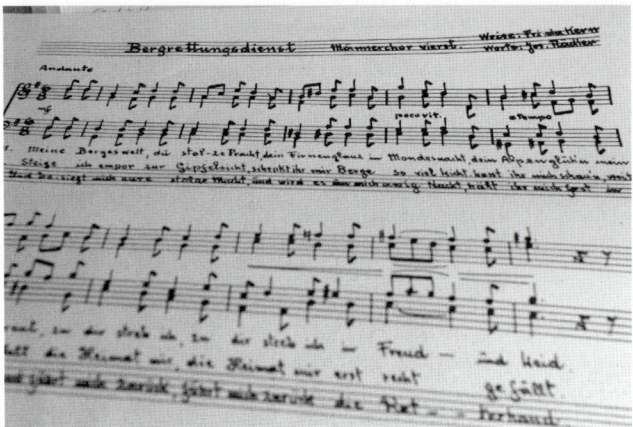

Sportliche Herausforderung und soziales Engagement

Toni Mattle, *geb. 1963, Elektronik-Unternehmer, Bürgermeister von Galtür (Paznauntal), Vizepräsident des Tiroler Landtags, bei der Bergrettung seit 1981, Ortsstelle Galtür, seit 2009 stellvertretender Landesleiter der Tiroler Bergrettung:*

„Viele Tiroler Bergrettungs-Ortsstellen sind historisch gewachsen. In Regionen mit hohen Bergen und Passübergängen, wie zum Beispiel bei uns im oberen Paznauntal, gab es schon sehr früh Meldestellen für alpine Unfälle in Hütten und Gasthäusern. Und es gab immer auch die Notwendigkeit, Hilfe zu leisten, wenn jemand am Berg verunfallte. Wer selber bergbegeistert ist – und das sind alle Bergretterinnen und Bergretter – weiß, wie schnell dort oben abseits der Zivilisation etwas passieren kann und man auf Hilfe angewiesen ist.

Als junger Mensch ist man oft nur an den sportlichen Herausforderungen interessiert, man will sich als guter Bergsteiger, Kletterer und Skifahrer beweisen, aber mit zunehmender Reife findet man auch das soziale Engagement wichtig. Für mich ist die Bergrettung ideal, beides miteinander zu verbinden. Dass man dabei eine gute Erste-Hilfe-Ausbildung bekommt und prinzipiell bei jedem Unfall couragierter helfen kann, ist ein großer Vorteil.

Damit eine Ortsstelle dynamisch bleibt und gut funktioniert, braucht sie junge Mitglieder, die dieses wichtige ehrenamtliche Engagement weitertragen. Wir haben keine Nachwuchsprobleme, aber wir sprechen Kinder und Jugendliche dennoch aktiv an, um ihnen die Bergrettung näherzubringen. Es soll keine Lücke entstehen und jede Generation soll ihren sozialen Beitrag leisten. Davon profitiert der Einzelne und die Gemeinschaft, denn es fördert

Im Büro der Bergrettungs-Landesleitung in Telfs

das Selbstbewusstsein, den Kameradschaftsgeist und den Zusammenhalt nicht nur in der jeweiligen Ortsstelle, sondern auch in der Gemeinde. Unser Beitrag für das Allgemeinwohl geht über die einzelnen Fälle und Einsätze hinaus – Tirol mit seinem intensiven Bergtourismus kann auf die Bergrettung nicht verzichten."

Die Bergrettungs-Landesleitung Tirol

Die Tiroler Bergrettung ist eingebunden in den Österreichischen Bergrettungsdienst (ÖBRD), symbolisiert durch das edelweißgeschmückte grüne Kreuz auf weißem Grund, agiert aber wie die anderen Landesleitungen selbständig, wobei es eine gute Zusammenarbeit zwischen den Landesorganisationen gibt.

Der Sitz der Tiroler Bergrettungs-Landesleitung war jahrzehntelang in Innsbruck, bis sie im Jahr 2002 nach Telfs übersiedelte. Alle drei Jahre wird die Landesleitung der Bergrettung Tirol bei der Landesversammlung von den Ortsstellen demokratisch gewählt. Dabei werden der Landesleiter, der Landesleiter-Stellvertreter, ein Finanzreferent und zwei Rechnungsprüfer gewählt.

Der Geschäftsführer ist die einzige hauptberufliche Funktion bei der Bergrettung Tirol. Diese Funktion wird seit 2004 mit großem Engagement von Peter Veider bekleidet. Einzelne Fach-Referate ergänzen kompetent das Team der Landesleitung: SAN(Sanitäts) Referat, Funk-Referat, Referat für Lawinenhunde, Referat für Aus- und Fortbildung, Kraftfahrzeug-Referat und das Referat für Flugrettung.

Sieben Landesleiter gab es bislang in der Geschichte der Tiroler Bergrettung: Dr. Otto Czikos (1950–1953), Dr. Wolfgang Rabensteiner (1953–1955), Wastl Mariner (1955–1974), Walter Spitzenstätter (1974–1975), Bernhard Anker (1975–2003), Dr. Norbert Wolf (2003–2009). Seit März 2009 hat Kurt Nairz diese verantwortungsvolle Aufgabe inne. Er wird vor allem wegen seines Organisationstalentes, seiner kommunikativen Fähigkeiten, seiner erfolgreichen Bemühungen um die finanzielle Situation der Tiroler Bergrettung, seiner ruhigen Ausstrahlung und seines bergsteigerischen Könnens von den Kolleginnen und Kollegen hoch geschätzt.

Der Grandseigneur der Tiroler Bergrettung

Kurt Nairz, *geb. 1947, Kommunikationstechniker, seit 1966 bei der Bergrettung. Vizepräsident des Österreichischen Bergrettungsdienstes. Bevor er 2009 Landesleiter bei der Tiroler Bergrettung wurde, war er Ortsstellenleiter in der Leutasch und 30 Jahre lang Bezirksleiter Innsbruck-Land:*

„1965 war ich als junger Bursche dabei, als die Bergrettung einen Schwerverletzten vom Schüsselkar im Wettersteingebirge abtransportierte und ihm das Leben rettete. Das machte so großen Eindruck auf mich, dass ich selber zur Bergrettung ging. Im gleichen Jahr bekam ich einen Schäferhund geschenkt. So konnte ich meinen Traum verwirklichen, Lawinenhundeführer zu werden. Leider haben sie meinen Rolf ein paar Jahre später mitten im Ort erschossen, weil die Tollwut im Umlauf war und ein Jäger schnell den Finger am Abzug hatte. Eine Zeitschrift berichtete über den Vorfall und schenkte mir einen zweiten Hund. Auch ihn hatte ich leider nur ein paar Jahre, er stürzte bei einem schwierigen Einsatz in felsigem Gelände ab. Mein letzter Hund hieß Golf, mit ihm war ich bis 1989 Lawinenhundeführer.

Außerdem war ich der erste San-Wart bei unserer Ortsstelle in der Leutasch. Die Ausbildung absolvierte ich beim Bergrettungspionier und Militärarzt Dr. Elmar Jenny. Er war lange Zeit Bundesarzt des Österreichischen Bergrettungsdienstes und in den späten 1950er Jahren wesentlich am Aufbau des militärischen und zivilehrenamtlichen Flug- und Bergrettungswesens beteiligt. Von seiner fachlichen Ausrichtung war er Höhenmediziner und Facharzt für Innere Medizin und hielt in Obernberg am Brenner Schulungen ab. Dort bekamen die Bergretter von ihm eine erweiterte Grundausbildung in Erster Hilfe. Jenny ist eine Legende in der Bergrettungsgeschichte. Sein erster Flugrettungseinsatz war 1960 am Wilden Kaiser mit der noch kolbenbetriebenen Alouette II. 1970 war er bei der ersten Hubschrauber-Windenbergung als Arzt dabei. Er verstand es sehr gut, seine Begeisterung für die Berge und für die Medizin uns jungen Bergrettern zu vermitteln. Viele Teilnehmer an diesen Grundkursen wurden später Ärzte.

Risikoeinschätzung – eine Gratwanderung

Es stimmt, dass bei verunfallten oder vermissten Menschen oft Selbstüberschätzung im Spiel ist, aber ich habe mir nie gedacht: ‚Dieser Depp rennt leichtsinnig in sein Unglück und wir können ihn herausholen!' So ein Gedanke ist mir nie gekommen, obwohl wir mitunter gefährliche Einsätze absolvierten, die mit etwas Vernunft von Seiten der Wanderer und Bergsteiger vermeidbar gewesen wären.

Die These hat sicher etwas für sich, dass durch verbesserte Ausrüstung und Rettungsmethoden höhere Risiken eingegangen werden. Diese abzuschätzen ist auch für uns Bergretter eine gefährliche Gratwanderung. Wenn ich als Einsatzleiter die Verantwortung für meine Leute hatte, war ich erst dann beruhigt, wenn alle wieder gesund zurück waren. Ich hatte Glück, es ist in meinen Teams nie jemand umgekommen. Unsere Leute sind hervorragend ausgebildet und wissen, was gefordert ist. Passieren kann trotzdem immer etwas. Wir können nur die Lage nach bestem Wissen und Gewissen einschätzen und das Menschenmögliche tun.

Als Orts-, Bezirks- oder Landesleiter muss man auch dafür sorgen, dass unserer Organisation die nötige Ausrüstung zur Verfügung steht. Ohne guten Finanzplan und ohne Sponsoren funktioniert das nicht. Die Bergrettung kostet viel Geld und nicht immer bekommen wir es nach Einsätzen ersetzt. Bei unserer Ortsstelle in der Leutasch sorgte ich dafür, dass Fahrzeuge angeschafft werden konnten und das erste Gerätehaus errichtet wurde. Auch als Landesleiter ist es mir gelungen, die Finanzierung auf eine gute Basis zu stellen. Noch etwas ist mir sehr wichtig: die einheitliche Kleidung der Bergretter. Die rot-schwarze Jacke wurde als erstes angeschafft. Ausrüstung und Kleidung müssen sich die Bergretter selber zahlen, aber der Grund, warum es gar nicht so leicht war, das durchzusetzen, war ein anderer: Es gibt in unserem Kreis etliche starrköpfige Individualisten.

Da sind wir schon bei der nächsten schwierigen Gratwanderung, die ein Landesleiter zu bewältigen hat: Bei so vielen Ortsstellen und Mitgliedern gibt es auch Meinungsverschiedenheiten und Rivalitäten, und es braucht gute kommunikative Fähigkeiten, um friedenstiftend zu wirken. Immer gelingt das nicht. Aber eines ist sicher: Bei einem Einsatz arbeiten auch die größten Streithanseln hervorragend zusammen. Am Berg steht einer für den anderen ein. Darauf kann man sich hundertprozentig verlassen!"

Pioniere bei Bergetechnik und Bergsportgeräten

Obwohl eine ehrenamtliche Organisation, hat die Tiroler Bergrettung in den letzten Jahren eine immer größere Professionalisierung im Rettungswesen erlangt. Kaum jemand hat diese Entwicklung so entscheidend mitgeprägt wie Peter Veider, Geschäftsführer und Ausbildungsleiter der Bergrettung Tirol. U.a. entwickelte er den „Multifunktionshelm", der zum Radfahren, Klettern oder Skifahren getragen werden kann, über ein integriertes Lawinenrettungssystem verfügt und den es auf Wunsch auch mit Schafwoll-Ohrenschützern gibt.

Peter Veider ist als Ausbilder und Referent auch im Ausland viel gefragt, um das Know-How über neueste Rettungstechniken weiterzugeben. Dabei fungiert er als „Botschafter der Tiroler Bergrettung", die nicht zuletzt durch seinen unermüdlichen Einsatz und seine gemeinsamen Bemühungen mit Kurt Nairz um ein einheitliches Erscheinungsbild zu einem Markenzeichen geworden ist.

Die Konzepte für seine innovativen Ideen tüftelt Peter Veider vor allem auf seinen Berg- und Skitouren aus. Den Ideen voraus geht eine genaue Analyse von Alpin-Unfällen und Einsatzstrategien. Sein extrem vernetztes Denken schließt Praktizierbarkeit und Wirtschaftlichkeit mit ein, denn die Entscheidung für ein Gerät oder Produkt muss viele Jahre lang Praxistauglichkeit beweisen. Damit man im Ringen um ständig neue Entwicklungen nicht voreiliger Technikgläubigkeit aufsitzt, gibt es für Peter Veider ein Rezept, das alle guten Bergretter auszeichnet: Hausverstand und Bodenständigkeit!

Der Daniel Düsentrieb der Tiroler Bergrettung

Peter Veider, *geb. 1956, Berg- und Skiführer, seit 1986 bei der Bergrettung, Ortsstelle St. Jodok (Wipptal), seit 1996 Ausbildungsleiter und seit 2004 Geschäftsführer der Bergrettung Tirol:*

„Bei der Bergrettung gibt es viele Technikfreaks und ich bin selber einer, sonst könnte ich nicht so intensiv an der Entwicklung von Bergsportgeräten und Bergetechniken mitarbeiten. Aber es ist trotzdem wichtig, bei den Neuerungen einen guten Mittelweg zu finden, der für alle Bergrettungsmitglieder zu handhaben ist. Es bringt nichts, wenn wir uns ständig mit neuer Technik überfordern. Auch die Tradition muss bei uns Platz haben. Selbst wenn wir eine moderne Bergrettung sind, stehen bei uns der Berg und die Rettung im Vordergrund.

Moderne Geräte und Materialien erleichtern Bergung und Rettung. Bei der Entwicklung arbeite ich eng mit Bergsportfirmen zusammen und teste so lange alle Gerätschaften selber, bis ich damit zufrieden bin und sie mir einsatztauglich erscheinen. Bei der Bergrettung gibt es zwangsläufig Praxistests unter härtesten Bedingungen. Unsere Kleidung muss uns eine Nacht bei minus 30 Grad und heftigem Wind im Freien überstehen lassen, darf nicht zu schwer sein und sich nicht mit Nässe vollsaugen. Selbstverständlich berate ich mich dabei mit meinen Kollegen. Je mehr Erfahrungswerte, umso besser. Oft gibt es Rückschläge und es muss nachjustiert werden, wie beim Dyneema-Seil, das mittlerweile aber so weit entwickelt ist, dass wir in den nächsten Jahrzehnten gut damit arbeiten können.

Wenn ein Produkt sich bei der Bergrettung bewährt, greifen schnell auch andere Bergsportler darauf zurück. Der Multifunktionshelm wurde bislang 25.000 Mal verkauft. Auch das Lawinenset hat sich bewährt. Man trifft mittlerweile am Berg kaum noch Leute, die entweder nur mit einer Schaufel oder einer Sonde unterwegs sind. Die von uns mitentwickelten Tirol Wool-Produkte werden ebenfalls immer beliebter. Man kann sagen, die neue Ausrüstung der Bergrettung wird schnell zum Standard.

Die große Signalwirkung der Bergrettung

Diese große Signalwirkung bedeutet viel Verantwortung für uns. Wir dürfen uns nicht voreilig für ein Produkt entscheiden. Viele Firmen sind offensichtlich der Meinung, Geld kann man essen, und zielen nur auf Gewinnoptimierung. Das kann nicht die Basis für unsere Entscheidungen sein. Deshalb ist es mir wichtig, dass die Bergrettungs-Ausrüstung aus regionalen Erzeugnissen besteht. Wenn etwas in Taiwan produziert wird, interessiert es mich nicht. Nur wenn ich von einem Produkt hundertprozentig überzeugt bin, kann ich es auch unseren Leuten empfehlen.

Dieselben hohen Maßstäbe lege ich bei der Ausbildung unserer Leute an. Wir müssen topfit und bestens geschult sein. Wir können es uns nicht leisten, jemanden unter unnötigen Schmerzen vom Berg zu holen, bloß weil die Methoden altbewährt sind. Die Bergrettung steht ständig im Blickpunkt der Öffentlichkeit und muss sich den Anforderungen der modernen Zeit stellen. An unserer Ausrüstung, an unserem Wissen und Können und auch an unserer intensiven Präventionsarbeit hängt das Leben vieler Menschen und nicht zuletzt unsere eigene Sicherheit."

Bild oben: Bergretter der Ortsstelle Westendorf auf einer Skitour zum Gassner Kogel in der Windau
Bild unten: Materialraum der Bergrettungs-Ortsstelle Sölden und Sautens

Tirol Wool-Produkte: Schafe im Dienst der Bergrettungs-Ausrüstung

Bild oben: Schwarz und rot sind die Farben der Bergrettungskleidung.
Bild unten: Schafzüchter und Bergretter Hermann Ungerank mit Gehilfen beim Schafabtrieb auf der Glättealm

Bild oben: Auch die Schafe werden für die Heimkehr ins Tal geschmückt.

Bilder unten: Ehefrau Waltraud und Sohn Benjamin Fitsch helfen Hannes Fitsch, Inhaber des Schafwollzentrums Innsbruck und Bergretter, bei der Heimkehr der Schafe.

Tirol Wool-Produkte: Schafe im Dienst der Bergrettungs-Ausrüstung

Bild oben + unten rechts: Schafabtrieb von der Gufler Alm in Obergurgl, Ötztal

Bild links: Norbert Grüner von der Ortsstelle Obergurgl gehört zur Treibermannschaft, welche die Schafe nach Südtirol ins Passeiertal bringt.

Bild rechte Seite: Schafe von Tiroler Bergrettern liefern die Wolle für die beliebten „Tirol Wool"-Produkte.

Tirol Wool-Produkte: Schafe im Dienst der Bergrettungs-Ausrüstung

Tirol Wool-Produkte: Schafe im Dienst der Bergrettungs-Ausrüstung

Bild oben: Schafhirte Andreas Schlögl aus Trins kann sich bergsteigerisch mit der Bergrettung messen.

Bild Mitte: Bergretter und Schafzüchter Hermann Ungerank auf der Glättealm mit zwei neugeborenen Lämmern

Bild unten: Schaftrieb von der Glättealm

Bild rechte Seite: Ein bisschen Zuneigung inmitten rauer Landschaft

Tirol Wool-Produkte: Schafe im Dienst der Bergrettungs-Ausrüstung

Tirol Wool-Produkte: Schafe im Dienst der Bergrettungs-Ausrüstung

Bild oben: Hannes Fitsch ist Bergretter der Ortsstelle Nassereith und Inhaber des Schafwollzentrums in Innsbruck. Hier werden die Tirol Wool-Produkte verkauft, welche die Bergrettung Tirol maßgeblich mitentwickelt hat. Seine Schafe schert Hannes selber.

Bild oben rechts: „High Risk Red", als passender Name für das Bergrettungs-Rot

Bild unten rechts: Die Firma Ortovox kümmert sich um Schnitte und Designs der Bergrettungskleidung der Linie Tirol Wool.

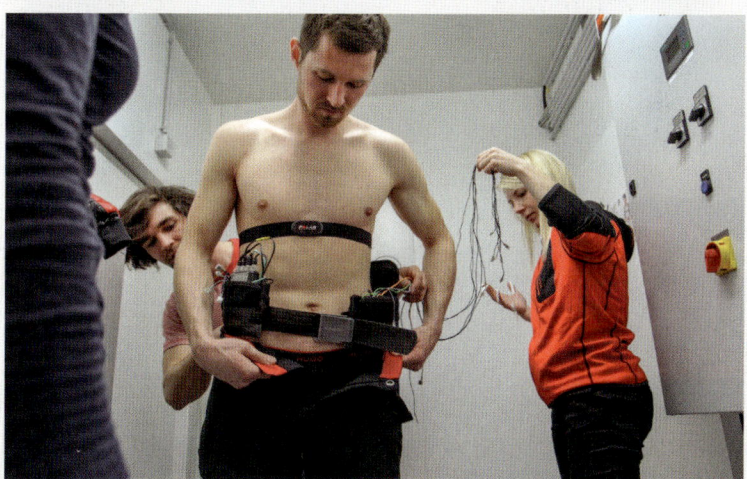

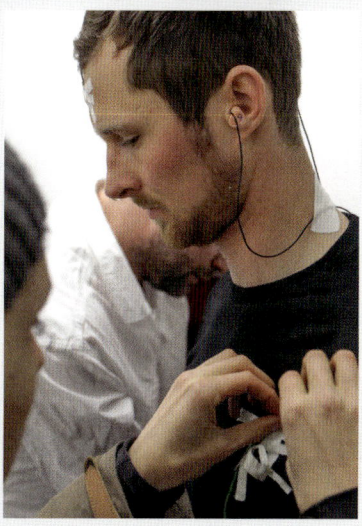

Testphase für die Tirol Wool-Jacke in der Kältekammer der Universität Innsbruck. Mit einer Wärmebildkamera wird überprüft, ob die Jacke den Anforderungen der Bergrettung gerecht wird.

Tirol Wool-Produkte: Schafe im Dienst der Bergrettungs-Ausrüstung

Schafabtrieb auf der Glättealm im Gschnitztal

Tirol Wool-Produkte: Schafe im Dienst der Bergrettungs-Ausrüstung

Ausbildung:
vom Anwärter zum Bergretter

Die Anwärterprüfungen finden bei jedem Wetter statt, die Einsätze sind ja auch oft bei widrigsten Wetterbedingungen zu absolvieren.

Die Bergrettung hat einen guten Ruf bei der Bevölkerung. Und jungen Menschen imponiert die Mischung aus sportlicher Ambition, Hilfeleistung, Teamgeist und Risiko. Die meisten Tiroler Bergrettungs-Ortsstellen haben deshalb keine Nachwuchssorgen. Aber so einfach ist es nicht, Mitglied bei der Bergrettung zu werden. Für die Aufnahme gibt es einheitliche Kriterien:

- Entsprechender Bedarf einer ÖBRD-Ortsstelle
- Zeitliche Verfügbarkeit für Einsätze und Ausbildungen
- Körperliche und geistige Eignung
- Ehrenamtliche und freiwillige Mitarbeit
- Mindestalter: vollendetes 14. Lebensjahr
- Bei Bewerberinnen bzw. Bewerbern unter 18 Jahren: schriftliches Einverständnis der Erziehungsberechtigten
- Kontaktaufnahme mit der Ortsstelle in der Heimatgemeinde bzw. in der nächstgelegenen Region

Nach der Aufnahme in eine Ortsstelle folgt die Vorbereitung auf die Ausbildung zum Bergretter. Ein bis zwei Jahre lang werden die Anwärter auf die Anwärterprüfung vorbereitet. Wenn sie diese bestanden haben, dürfen sie an den Winter- und Sommerkursen teilnehmen, die sie nach bestandenen Abschlussprüfungen zu qualifizierten Bergrettern machen.

Mitunter wird der Vorwurf laut, die sportliche Ausbildung bei der Bergrettung Tirol sei zu schwierig. Gute Psychologen, erstklassige Organisatoren oder ausgezeichnete medizinische

Ersthelfer haben keine Chance, bei der Bergrettung aufgenommen zu werden, wenn sie die hohe sportliche Hürde nicht schaffen. Aber die Bergrettung ist keine Wald- und Wiesenrettung. Damit Bergretter nicht so schnell an ihre Grenzen stoßen, brauchen sie hervorragende Kondition und hohes technisches Können.

„Schau ma amol!" – Ein Tag bei der Anwärterprüfung der Bergrettung Tirol

Ernstfall ist das heute keiner, aber ernst genug für die BergrettungsanwärterInnen, die sich an diesem Tag in aller Frühe im Haiminger Klettergarten versammeln, um ihre Prüfung abzulegen, die sie zur Teilnahme an den Sommer- und Winterkursen berechtigt. Innerhalb von zwei Jahren sollten die AnwärterInnen die Bergrettungsprüfung schaffen, über hundert treten im Durchschnitt jedes Jahr in Tirol an, davon ca. fünf Prozent Frauen. Die Prüfungstermine verteilen sich auf zwei Wochenenden, heute stellen sich 65 AnwärterInnen dem Aufnahmetest. Kaum jemand nimmt diese Prüfung auf die leichte Schulter, trotzdem klappt es nicht immer. Bei einigen ist es schon einmal schief gegangen, da hieß es dann wieder ein Jahr lang warten bis zum nächsten Versuch. „Zu wenig dynamisch beim Klettern", lautete zum Beispiel das Urteil der Prüfer.

Nicht nur den Wiederholungsprüflingen schlottern an diesem Tag die Knie, was fürs dynamische Klettern nicht von Vorteil ist. Aber Nervosität gibt keiner gern zu und so schauen alle zuversichtlich zu den Felswänden hinauf, wo die einzelnen Prüfstationen eingerichtet sind. „Schau ma amol!", sagt einer und checkt zum wiederholten Mal den Inhalt seines Rucksacks und seine Ausrüstung. Seil, Klemmen, Karabiner, Notfall-Package, der Helm mit aufgeklebter Startnummer – alles noch da!

Auch das Wetter ist heute gnädig, bei der Prüfung im Jahr zuvor hatte es in der Nacht geschneit, es regnete in Strömen, das Wasser rann über die Wände, der Fels war „arschglatt", aber es musste dennoch mutig geklettert werden. Zimperlich darf man bei dieser Truppe nicht sein. Kein Spazierengehen auf der grünen Wiese, sondern harte Knochenarbeit in schwierigem Gelände erwartet die Teilnehmer. Und weil die Bergrettung keine Bergsteigerschule ist, sollte heute hier jeder mit dem nötigen Training und Grundwissen antreten, das bei den anschließenden Kursen noch vertieft wird.

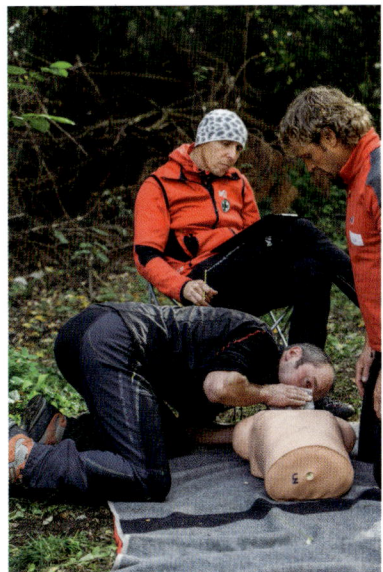

Bild links: Stefan Mertelseder von der Ortsstelle Jenbach überwacht die Anwärterprüfung im Bereich der Sanitäts-Station.

Bild oben: Bergrettungs-Anwärter in Haiming beim Einstieg zur Prüfung

Der Sattelberg, Gries am Brenner, wurde für die Winter-Anwärterprüfung ausgewählt.

Bergführer und Bergretter der Ortsstelle Kramsach, Thomas Notdurfter, gehört der Prüfungskommission an. Teilnehmer werden nach skifahrerischem Können und Stil bewertet.

Geprüft wird Abseilen, Klettern im Schwierigkeitsgrad drei bis fünf mit Bergschuhen, Seilknotentechnik und Erste Hilfe. Ist ein Prüfer beim Klettern nicht mit dem Gezeigten einverstanden, kann es der Prüfling bei einer zweiten Station versuchen. Dort ist die Route allerdings nicht leichter, nur anders. Auch der schwierige Kletter-Parcours durch Schrofengelände ist Pflicht, denn man ist im Gebirge oft auf brüchigem Gestein unterwegs.

Und jetzt noch der verflixte Knoten

Bei den Bergrettungsneulingen ist es wie überall: Die Talente verteilen sich unterschiedlich. Manche klettern flink wie Gämsen und meistern gekonnt die schwierigen Schlüsselstellen, andere beweisen ihre Vorzüge beim Anlegen eines perfekten Verbandes oder knüpfen ruhig und gelassen den komplizierten Prusik-Knoten, der weniger Geschickte fast zur Verzweiflung bringt.

„Dabei sind das hier Laborbedingungen", sagt der Prüfer, der die Aufsicht bei der Knotentechnik übernommen hat. „Wenn man im Ernstfall jemanden aus einer Gletscherspalte bergen muss, ist es wahrscheinlich eiskalt, vielleicht ist schlechtes Wetter und dann geht es auch noch um Leben und Tod!"

Hier im Testgelände muss man die Prüfungsangst bezwingen, deshalb entfaltet manches Seil unter zitternden Händen ein Eigenleben und verwurschtelt sich zu einem Gordischen Knoten. „Fang noch einmal an", sagt der Prüfer beruhigend, „und sei nicht so nervös, das Schlimmste hier bin ich und ich bin ja eigentlich ganz nett!" Der Prüfling gesteht, dass er bei einer Hochzeit mit seiner Band bis um halb drei Uhr morgens Tanzmusik spielen musste und nur zwei Stunden geschlafen hat. Darauf kann keine Rücksicht genommen werden, aber die Ruhe des Prüfers überträgt sich auf den Prüfling, beim zweiten Anlauf klappt es wunderbar.

Im Jamtal bläst der eisige Wind um die Ohren eines Kursteilnehmers, der von einer Lawinenübung zum Ausbildungszentrum zurückkehrt.

Seitenlage stabil oder labil?

Wer Abseilen, Klettern und Seiltechnik absolviert hat, kommt zur medizinischen Station, wo Fachleute mit verschiedenen Aufgaben warten: Druckverband anlegen, stabile Seitenlage und was sonst noch bei der Erstversorgung eines Verletzten nötig ist. Die Seitenlage ist manchmal eher labil, aber im Großen und Ganzen haben alle brav geübt und gelernt, und auch der Inhalt der Erste-Hilfe-Pakete ist in den meisten Fällen komplett.

Nach so vielen Strapazen haben die Prüflinge jetzt selber Erste Hilfe nötig. Zum Glück gibt es im nahe gelegenen Gasthaus Stärkung. Dann wird bis zum späten Nachmittag gewartet, bis alle Prüfungsprotokolle vorliegen. Die Verkündung der Ergebnisse verläuft unspektakulär: „Folgende Nummern haben leider nicht bestanden, die anderen sind alle durchgekommen. Wir gratulieren!" An diesem Tag können sich von den 65 angetretenen Prüflingen 60 auf die Ausbildungskurse der Bergrettung freuen. Ihre aufregende Zeit als qualifizierte Bergretter kann beginnen.

Grund- und Fortbildungskurse im Jamtal

Das Ausbildungszentrum Jamtal am Talschluss des Paznaun im Silvrettagebiet nimmt in der Ausbildung der Bergrettung eine besondere Rolle ein. Die meisten Sommer- und Winterkurse finden hier statt. Die Einrichtung war früher Ausbildungsstätte für die Zoll- und Alpinausbildung, ab 1972 konnte die Bergrettung das Gebäude für ihre Kurse kostenlos mitbenützen. 2006 wurde das Gebäude dem Land Tirol übertragen und der Bergrettung zur Verfügung gestellt.

Haben die BergrettungsanwärterInnen die Aufnahmeprüfung bestanden, lernen sie im Jamtal das „Grundhandwerk des Bergretters". Sie absolvieren einen dreitägigen Sanitätskurs und werden in einem jeweils einwöchigen Sommer- und Winterkurs ausgebildet in Bergetechnik, Schnee- und Lawinenkunde, Skifahren, Klettern und Eisklettern. Bei den Kurswochen mit anschließender Prüfung wird nicht nur technisches Können, sondern auch die Freude an Sport und Geselligkeit vermittelt, damit aus dem Jamtal kein Jammertal wird.

Bild oben: Der Weg ins Jamtal zum Ausbildungszentrum der Bergrettung Tirol ist lang. Mitunter kann er wegen Lawinengefahr oder anderen Hindernissen nicht passiert werden.

Bild unten links: Das Jamtal bietet ein optimales Trainingsgelände für die Bergrettung.

Bild unten rechts: Ein erstes Kennenlernen und Kräftemessen auf dem Weg zum Ausbildungszentrum

Ausbildung: vom Anwärter zum Bergretter

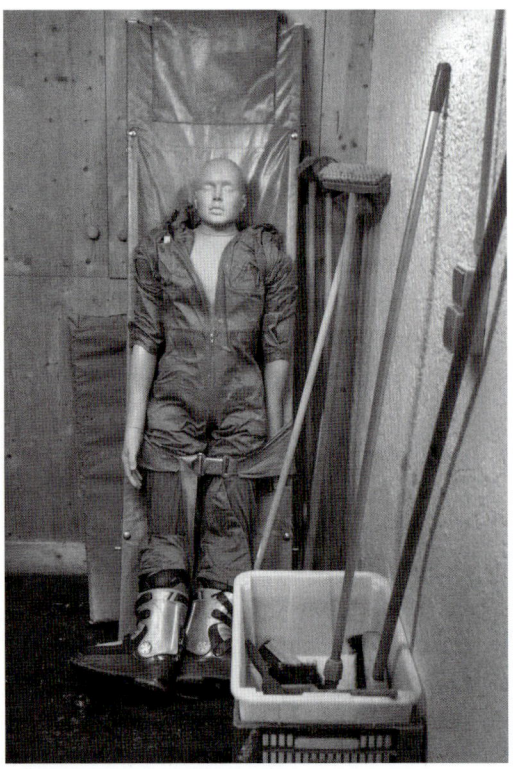

Die Jamtalhütte, Basislager der Bergrettungskurse

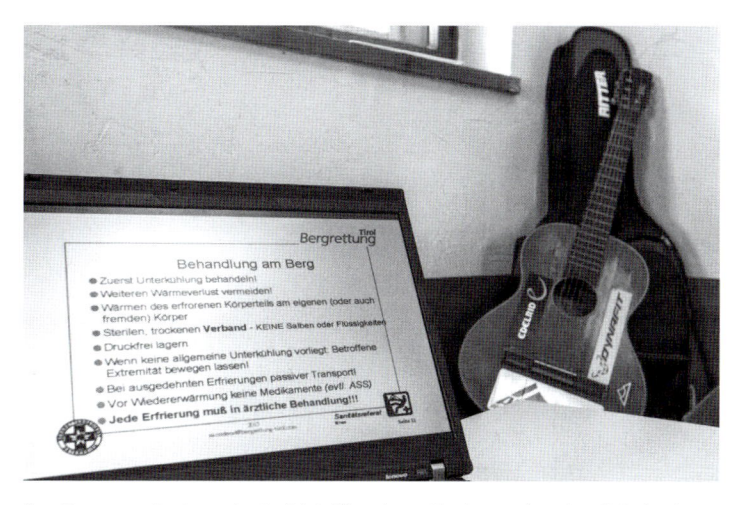

Das Programm im Jamtal teilt sich in Theorie und in den praktischen Teil „Outdoor".

Im Hüttenbuch findet sich so manches Kunstwerk.

Niemand darf selbst zum Sorgenkind werden

Christian Eder, *geb. 1968, Berg- und Skiführer, seit 1992 bei der Bergrettung, Ortsstelle Ginzling (Zillertal), seit 2001 Ortsstellenleiter, seit 2011 Bezirksleiter Schwaz, sportlicher und bergetechnischer Ausbilder der Tiroler Bergrettung:*

„Obwohl die Aufnahmeprüfung für BergrettungsanwärterInnen in den letzten Jahren strenger geworden ist und ein fundiertes bergsteigerisches Grundkönnen verlangt, hapert es manchmal bei den Teilnehmern an gewissen technischen Fähigkeiten. Viele sind gute Sportler, aber nicht unbedingt gute Kletterer oder Tiefschnee-Fahrer. Es ist aber sehr wichtig, dass Bergretter auch abseits der Bergsteige, Wanderwege und Pisten nicht unsicher werden. Wer nicht darauf trainiert ist, sich in Fels, Schnee, Eis und brüchigem Gelände routiniert zu bewegen, wird Schwierigkeiten damit haben, schweres Gerät zu tragen oder einen Verletzten abzutransportieren. Bei einem Einsatz muss aber jeder seine Aufgabe übernehmen und darf nicht selber zum Sorgenkind werden.

Am Ende der Kurswochen gibt es eine Prüfung, wer sie nicht schafft, kann sie ein anderes Mal wiederholen. Die meisten schaffen sie, denn es sind ja wie gesagt durch die Reihe gute Sportler mit starker Kondition, denen nur noch der richtige Schliff fehlt. Diesen Schliff zu bekommen, ist im Interesse eines jeden Bergretters, das zeigt auch der Umstand, dass die nicht verpflichtenden Fortbildungskurse für Bergretter ständig ausgebucht sind."

Uwe Eder, *geb. 1971, Installateur sowie Berg- und Skiführer, bei der Bergrettung seit 1990, Ortsstelle Mayrhofen (Zillertal), sportlicher und bergetechnischer Ausbilder der Tiroler Bergrettung:*

„Wir schinden niemanden her, sondern versuchen die Lehr-Inhalte kameradschaftlich zu vermitteln, ein Bergretterkurs ist ja keine Berufsausbildung. Jeder geht freiwillig zur Bergrettung, bekommt keine Bezahlung und muss sich für die Kurse meistens freinehmen. Da wäre es nicht angebracht, jemanden heimzuschicken, weil er vielleicht gerade nicht in Topform ist. Ein scharfes Regiment führt höchstens der Koch. Er kocht sehr gut, deshalb ist ihm niemand böse, wenn er uns Ausbilder herumkommandiert wie die Küchenbuben. Wir müssen beim Servieren, Abräumen und Abspülen helfen. Einmal hat es mich mit ihm im Jamtal eingeschneit, damals mussten wir den Kurs absagen, aber es gibt Schlimmeres, als mit

Bild oben: Die Jamtalhütte ist so gebaut, dass man hier Bergrettungspraktiken üben kann, z. B. Seiltechnik im Fels und bei einer Bergung.

Bild unten: Schwere alpinistische „Bewaffnung"

einem guten Koch einen Tag lang eingeschneit zu sein. Wir haben uns die Zeit mit Kartenspielen vertrieben. Zum Glück ist die Hütte im Jamtal nicht lawinengefährdet. Nur der Zustieg kann manchmal kritisch sein, aber da schauen wir schon, dass niemand sich einer Gefahr aussetzt. Was die geografische Lage betrifft, ist das Jamtal ein wenig abgelegen, vor allem für die Osttiroler ist die Anreise sehr weit, aber infrastrukturell ist es bestens geeignet, hier Bergrettungskurse und Seminare abzuhalten."

Bild oben: Trockenraum für die Schuhe
Bild unten: Das Panorama vor der Jamtalhütte

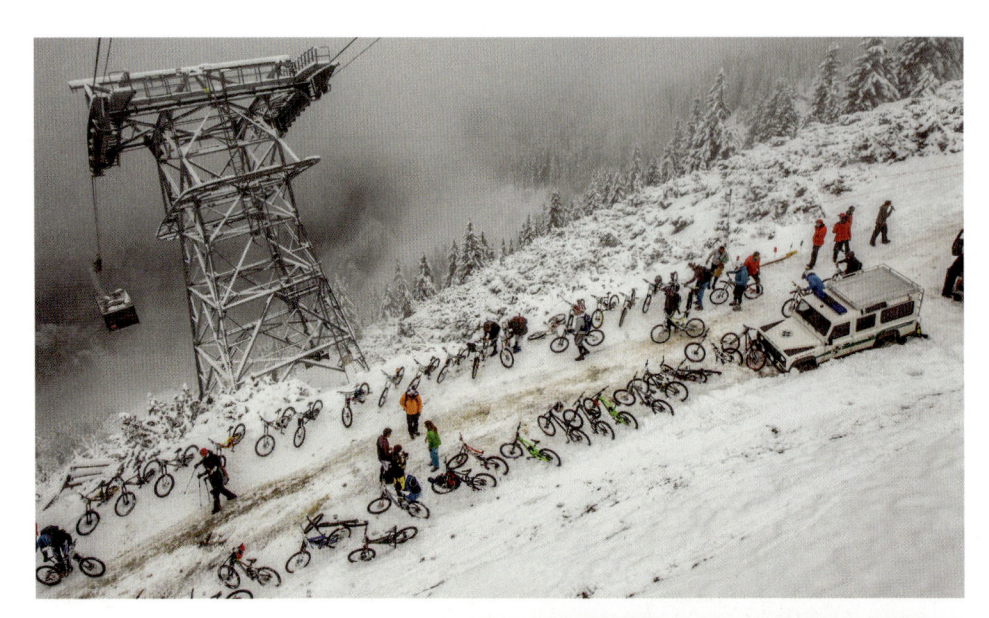

Das Nordketten-Quartett ist ein 4-Disziplinen-Wettkampf auf Bike und Skiern. Bei schlechtem Wetter eine echte Herausforderung für die Bergrettung Innsbruck, die Ambulanzdienst leistet.

Bild rechts: Dieser Hund möchte gerne einmal selbst zum Einsatz fahren.

Wer lenkt das Einsatzfahrzeug?

Bei Einsätzen in schwierigem Gelände ist oft schon die Anfahrt ein Abenteuer. Es geht hinauf und hinunter über schmale, holprige Forstwege, über zum Teil vereiste oder extrem steile Wegstücke, nicht selten entlang von gefährlichen Abgründen. Die Einsatzfahrzeuge der Bergrettung sind geländegängig, aber sind auch die Fahrer „erfahren" genug, um unter extremem Zeitdruck, oft bei Nacht und Nebel, das Fahrzeug mitsamt seinen Insassen sicher über prekäre Strecken zu steuern?

Bei der Bergrettungs-Ortsstelle Innsbruck muss auch verkehrsreiches Stadtgebiet in Eiltempo durchquert werden, bevor es ins freie Gelände geht. Das Fahren mit Blaulicht hat seine eigenen Gesetze. Einsatzfahrzeuge haben immer Vorrang, aber eine rote Ampel können die Einsatzfahrer nicht einfach ignorieren, es bedarf höchster Aufmerksamkeit, damit keine Unfälle geschehen. Und es muss auch auf Fußgänger, Radfahrer und andere Verkehrsteilnehmer geachtet werden, die sich nicht immer korrekt verhalten, wenn ein Einsatzfahrzeug naht.

Damit bei der Anfahrt nichts passiert, wenn am Berg etwas passiert ist, hat die Bergrettung Innsbruck begonnen, ihre Einsatzfahrer zu schulen. Ortsstellenintern hat man sich ein 6-moduliges System ausgedacht, das ein sicheres Fahren unter schwierigen Bedingungen ermöglicht und den Fahrern Selbstvertrauen gibt. Es umfasst u.a. Fahrzeug-, Gesetzes- und Geländekunde sowie Fahren im Gelände und einen Schleuderkurs.

Bild oben: Die Ortsstelle Kramsach macht sich mit dem „Zweibein" auf den Weg zu einer Felsübung im Rofangebirge.

Bild unten: Die Ortsstelle Sillian verfügt über ein paar Pinzgauer, die der Bergretter und Inhaber eines Autohauses, Franz Heinrich, zur Verfügung gestellt hat. Hier: Innervillgraten, Osttirol, Streckenposten-Dienst beim Openair Konzert von Franui

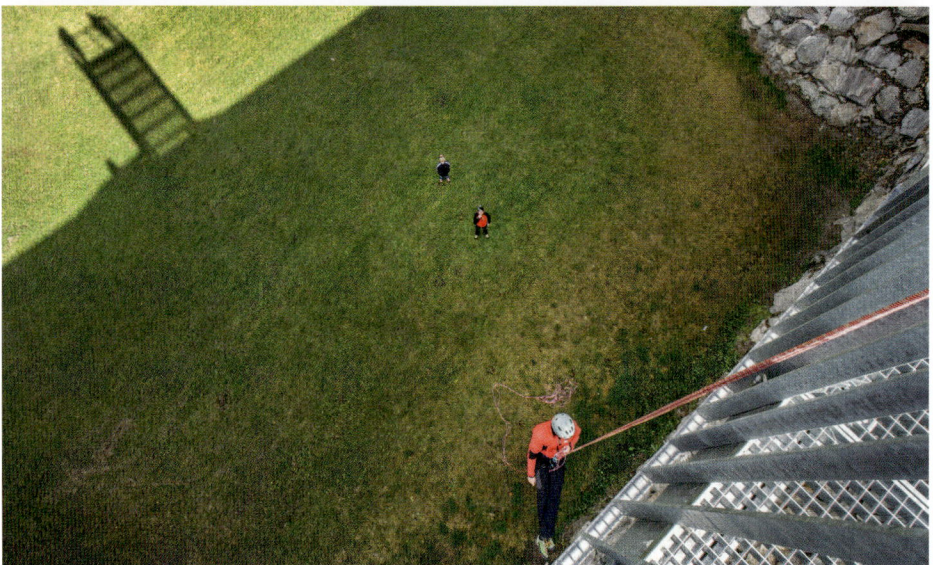

Bild oben: Bergrettungs-Ortsstelle Schwaz: Ein neues Bergrettungsauto wird vom Pfarrer geweiht.

Bild unten: Abseilübung von der Aussichtsplattform auf dem Alpinarium

Bild oben und links: Das Alpinarium Galtür ist Lawinenschutzmauer und zugleich Klettergarten und Übungsgelände für die Ortsstelle Galtür. Es beherbergt ein Museum, Bergrettung, Feuerwehr und Bergwacht.

Bild unten rechts: Christian Walter, Ortsstellenleiter Bergrettung Galtür

Ausbildung: vom Anwärter zum Bergretter

Lawinenschutzmauer und Bergretterspitz

Die Bergrettungs-Ortsstelle Galtür hat im Bereich des Augstenberges einen „eigenen" Berggipfel – den Schwabenkopf, mitunter auch „Bergretterspitz" genannt. Er wird sich seinen Spitznamen gern gefallen lassen, schließlich ist es eine Ehre, für das Klettertraining der Bergrettung auserkoren zu sein. Allerdings macht es die 3.104 m hohe Spitze ihren Bezwingern nicht leicht, sondern fordert ihnen klettertechnisch einiges ab. (Schwierigkeit: 3, 4+, 5-, 5+, 5 Seillängen bis zu 100 Meter).

Die Route „MIKLI" gehört zu einer ganzen Serie von Klettertouren, die von der Tiroler Bergrettung als Übungsklettereien für den Nachwuchs der Einsatzkräfte organisiert und mitfinanziert wurde. Sie wurde 2009 von den Tiroler Bergrettern Günter MItterer und Karl KLInec erstbegangen und eingerichtet, deshalb wird sie MIKLI-Route genannt.

Oft greifen die Bergrettungsleute von Galtür beim Training auch auf ihr hervorragendes Übungsterrain mitten im Dorf zurück: Die Schutzmauer beim Alpinarium Galtür mit den imposanten Ausmaßen von 345 m Länge und bis zu 19 m Höhe lässt sich ideal fürs Klettertraining nützen und eignet sich vor allem für die Jugendausbildung optimal.

Im Einklang mit der Natur

Christian Walter, *geb. 1970, Landwirt, bei der Bergrettung seit 1989, Ortsstelle Galtür (Paznauntal), Ortsstellenleiter seit 2010:*

„Bei der Bergrettung Tirol ganz allgemein und auch hier in Galtür haben wir zurzeit keine Nachwuchsprobleme. Wir veranstalten regelmäßig Jugendcamps für 6–10-jährige Klettermaxe, von denen dann später ein hoher Prozentsatz als Anwärter zur Bergrettung kommt.

Auch wenn es nicht mehr ganz so ist wie früher, so wachsen unsere Kinder doch noch im Einklang mit der Natur auf, sie lernen schon früh das trittsichere Gehen in weglosem Gelände und kennen die Gefahren im Gebirge. Außerdem lernen sie Kameradschaft und Zusammenhalt. Das ist sehr wichtig in einem Dorf, das von derart hohen, zum Teil vergletscherten Bergen umgeben ist, die sich nicht immer menschenfreundlich verhalten, manchmal Steinschlag schicken und winters Lawinen.

Damit die Hilfseinsätze so optimal wie möglich funktionieren, teilen wir uns mit der örtlichen Feuerwehr die Kommandozentrale und arbeiten eng mit den Hoteliers und Wirtsleuten im Ort zusammen. Diese wiederum leiten ihre Gäste an, bei der Rezeption nähere Informationen bekanntzugeben, sobald sie zu einer Bergtour aufbrechen, damit man ihnen gute Tipps geben kann und im Notfall Bescheid weiß, wo man suchen muss. Das funktioniert in so einem kleinen Ort sehr gut. Wenn sich trotzdem jemand versteigt und nicht mehr zurückfindet, rücken wir aus und setzen in die reale Situation um, was wir bei vielen Übungen und Einsätzen trainiert haben."

Seit Kindertagen in den Bergschuhen

Raimund Gritsch, *geb. 1962, selbständiger Veranstalter im Bereich Bergsport, bei der Bergrettung seit 1980, Ortsstelle Sautens (Ötztal), zwölf Jahre Ortsstellenleiter, seit 2012 Bezirksleiter Imst:*

„Schon als junger Bursche hatte ich großes Interesse für den Bergsport. Mein Vater war bei der Bergrettung und ebenfalls ein Bergfex, unvergesslich unsere gemeinsamen Touren. Gerne lauschte ich damals den Geschichten von Einsätzen und Bergabenteuern seiner Bergrettungskameraden. Im Alter von 13 Jahren war ich bereits ziemlich bergtauglich, wie alle, die das von zuhause mitbekommen. In diesem Alter nahmen mich einmal Gäste – meine Eltern führten eine kleine Pension – zu einer Gletschertour mit.

Die Gäste gaben sich sehr bergerfahren und ich hatte keine Zweifel an ihrer Kompetenz, bis der Mann auf eine gefährliche Stelle zuging. Ich erkannte das und riss ihn zurück, in diesem Moment fiel eine Schneebrücke in sich zusammen und eine große Spalte klaffte vor uns auf.

Das war ein einschneidendes Erlebnis. Ich war stolz darauf, den Mann und somit uns vor einem Bergunfall bewahrt zu haben, gleichzeitig wurde mir bewusst, wie sehr manche Menschen die Gefahren der Berge unterschätzen. Von da an konnte ich es kaum erwarten, volljährig zu werden, um zur Bergrettung gehen zu dürfen. In meiner Jugend durfte man das erst mit achtzehn. Nach einer Eingliederungszeit in der Ortsstelle folgte endlich die Ausbildung in der Bergrettung. Gleich zu Eintrittsbeginn war ich an einem Bergeeinsatz, der an meine körperliche Belastungsgrenze ging, erfolgreich beteiligt. Dies bestärkte meine Entscheidung, bei der Bergrettung tätig zu sein.

Genaue Analyse der Übungen und Einsätze
Noch immer bin ich voll Begeisterung dabei. Ich analysiere alle unsere Einsätze und Übungen genau, um die Rettungskette noch weiter verbessern zu können. Ein wichtiges Anliegen ist mir auch die Prävention. Die Bergrettung ist diesbezüglich eine sehr wichtige Einrichtung. Allein schon die Bergsportgeräte, die durch die Bergrettung Tirol entwickelt wurden, wie Multifunktionshelm oder die Förderpakete mit Lawinen-Airbag sowie Bergsicherheitstage und Aufklärungskampagnen in diversen Medien tragen zu mehr Sicherheit am Berg bei.

Wenn trotzdem etwas passiert, helfe ich gerne Menschen in einer Notsituation. Selbst wenn ich bei grauslichstem Wetter ausrücken muss, macht mir das nichts aus. Wenn wir erfolgreich helfen konnten, ist das die schönste Bestätigung unseres Engagements und man vergisst alle körperlichen und psychischen Strapazen, die damit oft verbunden sind."

Eine Gemeinschaftsübung am Rettenbachferner in Sölden. Mittels Zweibein wird eine Gletscherspaltenbergung geübt. Siehe auch Bild auf der folgenden Doppelseite

NERVEN WIE SEILE

Ausbildung: vom Anwärter zum Bergretter

Zweibeinbergungen:
Bild oben: Rofangebirge, Übung,
Bergrettung Kramsach

Bild Mitte: Steinplatte in Waidring,
Dreh für den „Bergdoktor", Ortsstelle
Scheffau-Söllandl

Bild rechte Seite: Rofangebirge,
Übung, Bergrettung Kramsach

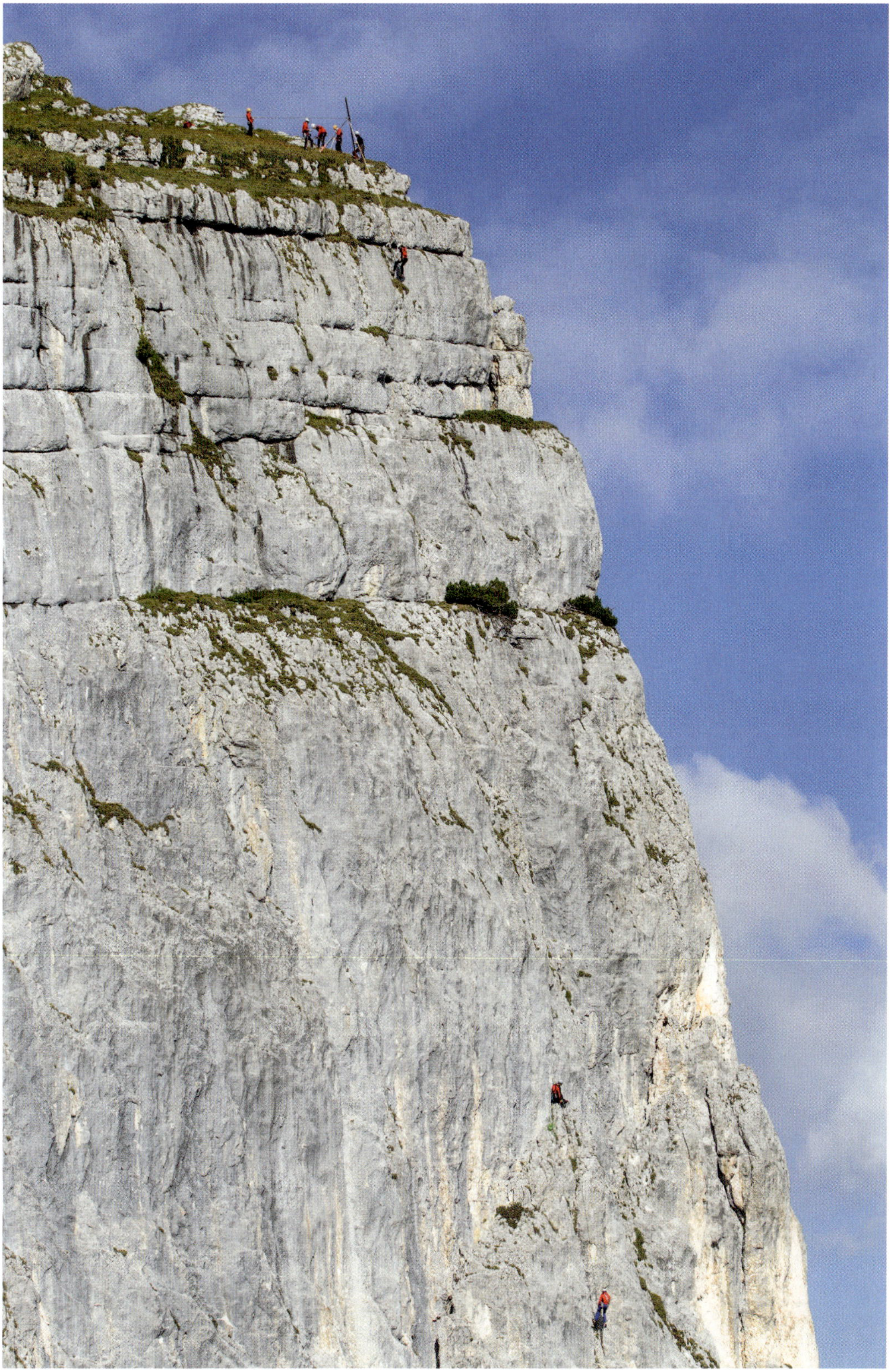

Wenn die Schlappler schlapp machen

Jeder ist ihnen schon einmal begegnet: den Badelatschen- oder Sandalen-Berglern, die mit der Seilbahn in höchste alpine Regionen gondeln und sich unverdrossen auf den Weg über Stock, Stein und felsiges Gelände begeben. Immer wieder passiert es, dass sie schlapp machen, die Schlappler, und Hilfe brauchen. Und wehe, diese kommt nicht hurtig gesprungen!

Weiters trifft man am Berg die bestens ausgerüsteten, durchtrainierten Rambos, die es darauf angelegt haben, die Natur zu einem Duell herauszufordern. Die Natur ist in jedem Fall stärker, nur spielt sie diesen Trumpf nicht immer aus. Diese zweifelhaften Helden können ganz schön reumütig sein, wenn es sie erwischt und sie darauf angewiesen sind, dass die Bergrettung sie – oft unter hohem eigenem Risiko – in Sicherheit bringt.

Dann gibt es noch die forschen Bergtouristen, die ihre Kondition und ihr Können überschätzen. In Österreich kommen jährlich ca. 300 Menschen bei Alpinunfällen ums Leben, viele davon sind Wanderer, die entweder aus Erschöpfung einem Herz-Kreislauf-Versagen erliegen oder stolpern, ausgleiten und abstürzen. Zwei Drittel dieser traurigen Statistik sind Österreicher.

Aber es trifft auch die anderen, die Bedachtsamen und Verantwortungsbewussten, die nichts falsch gemacht haben und doch in eine Falle der unberechenbaren Natur geraten oder einen Unfall erleiden. Soll man ihnen Vorwürfe machen, dass sie sich gern in schöner Berglandschaft bewegen? Der Mensch braucht die Energiequelle Natur, damit er sich physisch und psychisch gesund erhält. Dabei kann er sich nicht immer nur die Gefahren vor Augen halten.

Eines jedoch sollte man immer bedenken: Im Hochgebirge kann auch eine zuerst als harmlos erscheinende Situation schnell ins Bedrohliche kippen. Man befindet sich in der Wildnis, oft weitab der Zivilisation. Wenn es dann ernst wird, geht es um nichts weniger als das blanke Leben.

Selbstüberschätzung und Leichtsinn

Helmut Haas, *geb. 1966, Angestellter, seit 1992 bei der Bergrettung, Ortsstelle Neustift (Stubaital), seit 2010 Ortsstellenleiter:*

„Selbstüberschätzung, mangelnde Vorbereitung und schlechte Ortskenntnis machen oft die Hilfe der Bergrettung nötig. Bei widrigsten Bedingungen gelang uns vor ein paar Jahren die Bergung von drei jungen Studenten, die bei Schneefall, Sturm und einbrechender Dunkelheit am Stubaier Höhenweg im Streckenbereich Regensburger Hütte – Dresdner Hütte in Bergnot gerieten. Es war eine beschwerliche Aktion mit extremen äußeren Bedingungen. Trotz guter Ausrüstung hätten die Verirrten die Nacht sicher nicht unbeschadet überstanden.

Ähnlich gelagert war die Bergung eines jungen Briten im Dezember 2012. Er hatte sich in den Kopf gesetzt, im Hochgebirge im Zelt zu übernachten. Auch hier waren die äußeren Bedingungen nicht einladend. Neuschnee, teilweise hüfthoch, erschwerte das Weiterkommen. Er bekam Angst und setzte einen Notruf ab. Es gelang uns nach Stunden, das Opfer unbeschadet ins Tal zu bringen.

Mit etwas Vernunft wären solche Einsätze nicht nötig, aber wir würden niemals einem in Not geratenen Menschen einen Vorwurf machen. Auch wenn jemand aus Leichtsinn in diese Situation geschlittert ist, sind wir froh, wenn wir helfen können.

Bild oben: Dunkle Wolken ziehen über die Sextener Dolomiten zum Karnischen Höhenweg.
Bild unten: Im Herbst kommt der Schnee gerne früh in die Höhenlagen des Gschnitztals.

Schwer Verständnis entgegenbringen konnten wir allerdings einem Touristenpaar, das angab, sich verletzt zu haben und nicht mehr gehen zu können. Mittels Einradtragen holten wir beide vom Berg. Im steilen Gelände eine Knochenarbeit. Im Tal sprangen beide von der Trage, bedankten sich knapp, stiegen ins Auto und waren auch schon weg. In so einer Situation fühlt man sich ausgenützt und es bleibt neben der Erschöpfung ein Gefühl der Leere zurück."

Suche nach einer vermissten Person im Brixental, an der sich Bergrettung, Feuerwehr, Polizei und Bundesheer beteiligten

Keine Zeitreserven

Harald Aschaber, *geb. 1965, Bankangestellter, bei der Bergrettung seit 1981, Ortsstelle Leutasch, Ortsstellenleiter seit 2001:*

„Es wundert mich oft, mit welch schlechter Routenplanung sich auch versierte Bergsteiger und Kletterer auf den Weg machen. Vor allem im Herbst, nach der Zeitumstellung, müssen wir sehr oft im Dunkeln ausrücken und sie z.B. vom Schüsselkar bergen, weil sie die Schwierigkeit der Route völlig unterschätzen und nicht bedenken, wie überhängend es dort ist. Einen Kletterer haben wir schon zweimal bei völliger Dunkelheit aus der Wand geholt, weil er aus seiner ersten Notlage offenbar nichts gelernt hatte. Manche Wanderer wiederum verirren sich in unwirtliche Latschengebiete oder Felsregionen, weil sie die Zeit für die Tour nicht richtig einschätzen und weder Taschen- noch Stirnlampe bei sich haben. Im Dunkeln dürfen wir dann zaubern und sie aus ihrer Notlage retten. Ich bin schon mit 16 Jahren als Anwärter zur Bergrettung gegangen, seitdem ist allgemein eine nachlässigere Haltung beim Wandern und Bergsteigen zu beobachten. Man verlässt sich auf Handy und Hubschrauber. Aber im Dunkeln fliegt er halt nicht, der Heli, da hilft nichts – die Verirrten, Verschreckten oder Verunfallten müssen warten, bis wir bei ihnen sind, auch wenn sie sich inzwischen den Allerwertesten abfrieren."

Touristen und Einheimische

Josef Gstraunthaler, *geb. 1951, Software-Entwickler und Touristiker, bei der Bergrettung seit 1980, Ortsstelle Gries am Brenner, ehem. interimistischer Ortsstellenleiter:*

„Als Touristiker war es mir immer ein großes Anliegen, Gästen die vielfältige Natur unseres Landes zu zeigen und ihnen Erlebniswerte zu vermitteln, damit sie schöne Erinnerungen mit nach Hause nehmen können. Ausflüge auf Almen und ins Hochgebirge gehören dazu. Aber nicht alle Gäste können die Gefahren richtig einschätzen. Manche nehmen sie auf die leichte Schulter nach dem Motto: Der Hubschrauber wird mich schon holen, wenn ich nicht mehr weiterkann. Dass aber nicht immer Flugwetter ist, daran denken sie mit ihrer Vollkasko-Mentalität nicht.

Andere sind zwar vorsichtig, aber ängstlich. Manchmal können wir Bergler uns gar nicht vorstellen, wie das Gebirge auf Flachländer wirkt. Im letzten Jahr rettete ich eine Frau, die sich auf einem normalen Wandersteig weder vor noch zurück traute, bloß weil es auf einer

Seite nach unten ging. Nicht steil und spektakulär, sondern gemäßigt, keine ausgesetzte Stelle. Ich wärmte ihr die vor Angst eiskalten Hände, nahm ihr den Rucksack ab und begleitete sie vorsichtig ins Tal. Sie konnte nicht verstehen, warum der Weg als nicht schwieriger Wanderweg eingestuft ist.

Aber nicht nur Touristen passieren Fehleinschätzungen. Auch die Einheimischen sind davor nicht gefeit. Bei unserer Ortsstelle und bei den Nachbarortsstellen sind Lawinen ein großes Thema. Da kommt der Leichtsinn der guten Skifahrer zum Tragen, die trotz problematischer Verhältnisse eine pulvrige Abfahrt riskieren. Auch auf den Klettersteigen muten sie sich oft zu viel zu. Insgesamt gesehen halten sich die Berge-Einsätze für Gäste und für Einheimische bei uns die Waage."

Alpines Gelände, abseits der Zivilisation

Christian Mauracher, *geb. 1963, Techniker, bei der Bergrettung seit 1995, Ortsstelle Hall in Tirol, Ortsstellenleiter seit 2009:*

„Menschen, die in Bergnot geraten, sind nicht immer nur mangelhaft ausgerüstete Grünhörner mit schlechter Kondition, sondern oft starke Persönlichkeiten, die nicht wegen jeder Kleinigkeit um Hilfe rufen. Sie wissen meistens sehr genau, wie knapp es war. Wenn sie noch nicht einmal richtig sprechen können vor Erschöpfung, sieht man doch die Dankbarkeit in ihren Augen, wenn wir ihnen zu Hilfe kommen.

Im alpinen Raum ist man sehr schnell abseits der Zivilisation und weg von dort, wo die Rettung innerhalb von sieben Minuten eintreffen kann. Man sitzt zum Beispiel mit gebrochenem Knöchel oder einer offenen Wunde im Hochgebirge, schaut bei Einbruch der Dämmerung hinunter ins dicht besiedelte Tal, wo das Leben vibriert. Man hat die ganze Infrastruktur in Sichtweite, muss aber fürchten, dass man die eiskalte Nacht nicht überlebt, wenn es nicht gelingt, Hilfe zu holen.

Manchmal wird ein ansonsten medizinisch unspektakulärer Einsatz auch für uns kniffllig. Einmal bekamen wir einen Notruf herein, weil eine Frau am Weg zwischen Glungezer und Navisjoch mit dem Fuß umgeknackst war und nicht mehr weiterkam. Sie hatte sich das Fersenbein gebrochen, wie sich später herausstellte. Ihr Begleiter war bei ihr, konnte aber nichts tun. Es war Sommer, aber es war abzusehen, dass die Null-Grad-Grenze in der Nacht unter 2.000 Meter sinken würde. Es hatte schon den ganzen Tag leicht geregnet, der Nebel hing über den Bergen. Deshalb war kein Hubschraubereinsatz möglich. Also machte ich mich mit einer Truppe auf den Weg. Weil das Paar seine Position nicht genau genug angegeben hatte, absolvierten wir zweieinhalb Stunden Anmarsch durch schwieriges Blockgelände, bis wir sie endlich ausfindig machten.

Ein rettendes Nebelfenster

Wir hatten eine Radtrage mitgebracht, das ging eine Weile, aber mit der Zeit wurde der Weg rutschig und steil und es gab bereits eine leichte Schnee-Auflage, sodass bald feststand, der Transport würde so nicht gelingen. Dabei hatten wir erst die Hälfte der Strecke hinter uns gebracht. Wir richteten uns darauf ein, die Nacht mit dem Paar am Berg zu verbringen. Die Frau hatte große Schmerzen und wir verpflegten sie so gut wir konnten. Aber wir sind nicht berechtigt, Spritzen zu geben. Wobei allein schon die Tatsache, dass wir da waren, ein großer Trost für die beiden war.

Wir mühten uns weiter, um zumindest einen halbwegs tauglichen Platz für die Nacht zu finden. Da riss plötzlich die Nebeldecke auf. Wir riskierten es und forderten bei der Leitstelle einen Hubschrauber an. Er wurde genehmigt, innerhalb von zehn Minuten war er da. Gerade noch rechtzeitig, denn das Nebelfenster war bloß eine Viertelstunde offen. Diese Piloten leisten wirklich Großartiges!"

Mit Turnschuhen auf die Zugspitze

Christian Spielmann, *geb. 1956, Gastwirt und Hotelier, bei der Bergrettung seit 1984, Ortsstelle Ehrwald (Bezirk Reutte), seit 2002 Ortsstellenleiter:*

„Unser Einsatzgebiet wird dominiert vom Wettersteingebirge und der Mieminger Kette, insbesondere von der Sonnenspitze und der Zugspitze. Beide Berge sind Magneten für zumeist routinierte Kletter- und Skisportler, die trotz guter Ausrüstung und technischem Können vor schweren Unfällen nicht gefeit sind.

Gewiss gibt es aber auch jene Leichtsinnigen, denen man den Vorwurf von Dummheit nicht ersparen kann und die durch fahrlässiges Verhalten gefährliche Großeinsätze auslösen. Vor einigen Jahren, Ende Juli, wollte ein Urlauber das Zugspitzeck über den Nordwestpfeiler bezwingen. Für diese Route braucht man großes Können und eine gute Ausrüstung. Er war aber mit Jeans, einer Sommerjacke und Turnschuhen bekleidet und hatte nur einen Regenschirm und eine Banane dabei. Der Regenschirm war sein Glück, weil er sich dadurch ein wenig schützen konnte, denn es gab einen Schlechtwettereinbruch mit Schneefall, was in der Höhe auf fast 3.000 Meter auch im Sommer jederzeit passieren kann.

Der Standort des Vermissten wurde nach stundenlanger Suche gesichtet, wir wussten, dass er noch lebt, aber da keine Hubschrauberbergung möglich war, mussten wir eine Stahlseilbergung vom 2.900 Meter hohen Zugspitzeck aus in Angriff nehmen. 32 Bergretter rückten aus. Es war ein sehr schwieriges Unterfangen, denn es ist ein brüchiges, oft überhängendes und von vielen Schluchten durchzogenes Gelände, dazu brach die Dunkelheit herein und ein Schneesturm kam auf. Ein tobender Hexenkessel und sehr gefährlich auch für die Retter. Wir mussten das Seil immer noch weiter verlängern, bis die Retter endlich beim zwar unverletzten, aber schon sehr erschöpften und unterkühlten Mann waren. Dann kam erst noch das sehr komplizierte Aufwinden.

Von den beiden an den Bergeseilen hängenden Rettern trafen folgende Funksprüche ein:
22:45 Uhr: Beginnen und schnell aufwinden, da es eisig kalt ist!
22:50 Uhr: Noch schneller aufwinden, da wir in einem Wasserfall hängen!
22:55: Stopp, das Seil schneidet sich in eine Felskante ein und wird beschädigt!
Um 23:00 Uhr waren bereits 100 Meter Seil eingeholt und der zweite Retter wieder am Bergeseil.
23:10 Uhr: Schneller aufwinden, damit wir über diese Kante kommen, sonst haben wir keinen Halt mehr!
23:30 Uhr: Jetzt ist alles aus, sind 10 Meter in eine Schlucht gependelt, an der Gegenwand angeschlagen und werden nach oben und unten geschleudert. Sind leicht verletzt und haben kein Licht mehr. Die Lampe liegt 5 Meter unter uns. 5 Meter zurück, um die Lampe zu holen. Weiter aufwinden!
Um 23:45 Uhr waren 200 Meter Seil eingeholt. Die Stimmung der Bergemannschaft begann wieder zu steigen. Um 00:10 Uhr hatten die Männer Sichtkontakt mit der Bedienungsmannschaft an der Stahlseilwinde, die inzwischen höchste körperliche Arbeit unter extremen Bedingungen geleistet hatte. Inzwischen war auch der Abtransport vorbereitet worden. Weil alle an der Bergung Beteiligten hervorragend zusammenarbeiteten, glückte das Unterfangen. Einer der beiden Einsatzleiter war damals übrigens unser geschätzter Kollege Karlheinz Schennach, einer unserer besten Männer und einer der ersten Flugretter Tirols, der vielen Menschen das Leben gerettet hat. Er kam Jahre später ohne Eigenverschulden auf der Zugspitze unter eine Lawine. Wir, seine Kollegen, konnten ihn nur noch tot aus den Schneemassen ausgraben."

Felsübung mit dem Zweibein der Ortsstelle Kramsach im Rofangebirge

Wenn die Schlappler schlapp machen

Gewitterstimmung über den Sextener Dolomiten

Wenn die Schlappler schlapp machen

Rucksäcke mit integriertem Lawinenairbag sind mittlerweile Standard.

Retter bei jedem Wetter

Bergretter müssen wetterfest sein, denn sie werden meist dann gerufen, wenn der Hubschrauber nicht fliegen kann. In hohen Gebirgsregionen ändert sich das Wetter schnell – man geht bei herrlichem Sonnenschein los, ein paar Stunden später braut sich ein Gewitter zusammen oder es kommt gar zu einem Kälteeinbruch mit Schneefall.

Trotzdem muss niemand von schlechtem Wetter überrascht werden. Wetterkarten in Zeitung und Fernsehen zeigen, was einen erwartet. Für Extrem-BergsteigerInnen sind solche Informationen bei einer Expedition allerdings zu wenig. Sie brauchen einen „Wettercoach". Für Gerlinde Kaltenbrunner war das auf ihrem steilen, gefährlichen Weg auf die 14 Achttausender der Welt der Tiroler Meteorologe Dr. Karl (Charly) Gabl. Eine Nervenprobe für beide Seiten, denn nicht immer konnte Karl Gabl einen „Schönwetterdienst" zur Verfügung stellen. Als Gerlinde Kaltenbrunner sich nach der Eroberung des K2 bei ihrem viele Tausende Kilometer entfernten „Begleiter" am Telefon bedankte, gingen die Emotionen hoch. Nach acht Jahren meteorologischer Betreuung hatte sie ihr Ziel erreicht.

Aber nicht nur das Wetter, sondern die gesamte „Sicherheit am Berg" ist für Karl Gabl, der selbst viele schwierige Gipfelbesteigungen absolviert hat, ein wichtiges Thema, dem er sich mit großem Engagement widmet.

Meteorologen – die Mediziner der Atmosphäre

Dr. Karl „Charly" Gabl, geb. 1946, Meteorologe und Präsident des Kuratoriums für Alpine Sicherheit, Berg- und Skiführer, seit 1965 bei der Bergrettung, Ortsstelle St. Anton am Arlberg:

„Ich war schon als Kind und Jugendlicher gern in der Natur und liebte das Klettern und Bergsteigen. Weil das nicht ungefährlich ist, ging ich zur Bergrettung, denn dort lernte ich, mich im alpinen Gelände noch besser zu bewegen und in Bergnot geratenen Menschen zu helfen. In den Anfangszeiten waren wir mit grauem Filzhut, Schnürlsamt-Knickerbocker und kariertem Hemd unterwegs. Ähnlich einfach ausgerüstet war damals auch die Meteorologie. Im Vorcomputer-Zeitalter waren die Wetter-Prognosen katastrophal schlecht und es gibt sicher keinen Tiroler Meteorologen, der mich in der Statistik der Fehlprognosen noch einholen könnte.

Heute, mit modernsten Computermodellen, sieht die Sache anders aus. Wir messen bis in 30 Kilometer Höhe, es gibt 50.000 Bodenmessgeräte über die ganze Erde verteilt und 1.200 Wetterballons schicken zweimal am Tag genaueste Daten. Wir Meteorologen sind sozusagen die Mediziner der Atmosphäre: Statt Blutdruck messen wir den Luftdruck und statt Röntgenbilder machen wir ein Wolkenradar. Das alles verhilft zu ziemlich genauen Prognosen, zumindest für den Zeitraum von ein paar Tagen. Wenn ich also in der Zeitung lese: ‚Von Wettersturz überrascht', denke ich, die Leute haben einfach den Wetterbericht ignoriert, denn ein Wettersturz wird immer schon ein paar Tage früher angekündigt.

Bei Lawinen ist es anders, sie können nicht so gut vorhergesagt werden. Die Gleichung heißt: Solange die Festigkeit in der Schneedecke größer ist als die Spannung, kann nichts passieren. Aber um das herauszufinden, müsste man im gefährlichen Gebiet alle eineinhalb Meter eine Mess-Sonde haben. Das ist nicht möglich. Es wäre auch ein viel zu gefährliches Unterfangen, sie zu installieren.

Bei uns in St. Anton am Arlberg werden wir häufig mit Lawinenabgängen konfrontiert, wir lernen schon in der Jugend, mit der Gefahr umzugehen. Trotzdem schlägt der sinnlose Tod am Berg immer wieder zu. 1976 traf es meine Cousine, die Skirennläuferin Gertrud Gabl. Ihr Lawinentod hat dazu beigetragen, dass ich mich nicht nur mit Wetterprognosen befasste, sondern mich insgesamt für die alpine Sicherheit stark zu machen begann.

Beim SWATCH Freeride World Cup-Rennen in Fieberbrunn stellte die Bergrettung die Streckenposten und übernahm den Ambulanzdienst. Wegen erhöhter Lawinengefahr wurde das Rennen um einen Tag verschoben. Die Bergretter begaben sich nach sorgsamer Prüfung der Gegebenheiten ins Gelände, um das Materialdepot am Renneinstieg zu sichern.

Verhalten bei Gewittern

Doch auch wenn man vorsichtig ist und viel Erfahrung hat, kann man sich nicht vor allen Gefahren schützen. Und selbst wenn man den Wetterbericht gründlich studiert hat, passiert es mitunter, dass man in ein Unwetter kommt. Auch ich habe einige heftige Gewitter am Berg miterlebt. Natürlich braucht man dabei Glück, aber es ist auch das richtige Verhalten ausschlaggebend: Steht man an einem exponierten Punkt, heißt die Devise ‚ab durch die Mitte', also den Ort so schnell wie möglich verlassen. Im Weitergehen sollte man die Schrittspannung vermindern, indem man kleine Schritte setzt. Unterschlupf sollte man nicht unter den höchsten, dicksten und trockensten Bäumen suchen, sondern sich im Gestrüpp verkriechen und klein machen.

Ansonsten gilt für die alpine Sicherheit ein wichtiger Grundsatz: wenn möglich immer zu zweit oder in einer Gruppe unterwegs sein, vor allem, wenn die Wetterbedingungen ungünstig sind. Und die Gruppe sollte zusammenbleiben, das gilt sowohl für Ski- und Snowboardtouren als auch für Wanderausflüge. Gerade beim Skifahren in herrlichem Pulver vergessen viele auf diese Vorsichtsmaßnahme, rufen „Holladrio" und stürzen sich den Hang hinunter, ohne ein Auge auf die Kameraden zu haben.

Ganz wichtig ist es auch zu wissen, wo man sich befindet, damit man im Notfall schnell Bescheid geben kann. Ein GPS oder Höhenmessgerät tut gute Dienste. Und eine Karte! Auf eine gute Wanderkarte kann man bei aller modernen Technik nicht verzichten!"

Im Gewitter am Klettersteig

Karl Klinec, *geb. 1958, Zimmermann, Berg- und Skiführer, bei der Bergrettung seit 1977, Ortsstelle Nauders (Reschenpass), seit 1987 Ortsstellenleiter, seit 1990 Ausbilder bei der Bergrettung Tirol:*

„Es war uns immer bewusst: Gewitter am Klettersteig heißt Lebensgefahr! Dann aber, an einem heißen Augusttag, trifft um 15:30 Uhr ein SMS von der Leitstelle Tirol ein: ‚Einsatz Klettersteig Bergkastelspitze – 2 Personen unverletzt' und eine Telefonnummer.

Gerade wollte ich mich in der Zirmstube nach einer wegen der hohen Gewittergefahr früh angetretenen Tour ein bisschen ausrasten, jetzt ein Blick aus dem Fenster: ein Gewitter im Abzug, gleichzeitig aber wieder dunkle Ambosswolken aus dem Engadin – also das nächste Gewitter in kurzer Zeit!

Beim Wählen der angegebenen Nummer nehme ich mir vor, die beiden Unverletzten zu beruhigen, ihnen zu sagen, dass sie sich sichern sollen und dass wir nach dem Gewitter aufsteigen werden. Aber beim ersten Wort des Mannes spüre ich seine Panik. Seine Frau könne sich nicht mehr halten, sie stürze ab. Ich frage nach, ob sie denn keine Klettersteigausrüstung zum Sichern hätten. ‚Doch', antwortet der Mann aufgeregt, ‚aber nach dem ersten Gewitter kamen wir weder nach oben, noch nach unten weiter, deswegen sind wir vom Klettersteig in eine Rinne gestiegen und können nun nicht mehr zum Klettersteig zurück. Wir sind am Ende der Kräfte und jetzt fängt es wieder an zu regnen und zu blitzen!'

Nach kurzer Geländebefragung war klar: Aus eigener Kraft würden die zwei noch dazu ortsunkundigen Touristen es nicht schaffen – also voller Einsatz! Binnen Minuten war die Mannschaft bereit, rasante Fahrt mit dem Geländefahrzeug so weit wie möglich hinauf, kurze Einsatzbesprechung: Eine schnelle, kleine Gruppe steigt mit den leichten, 200 Meter langen Dyneema-Seilen über den Nordgrat auf, die anderen gehen zum Wandfuß und versuchen von unten, die Verstiegenen zu finden.

Schnell steigen wir über den ausgesetzten Grat, aber noch schneller ist das Gewitter: Regen, Graupel, Blitze, Donner. Wir haben ernsthafte Bedenken weiterzugehen, in diesem Augenblick jedoch wieder das Telefon: ‚Bitte helft, wir können uns nicht mehr halten, wir stürzen ab!' Also weiter über den Grat bis zum oberen Teil des Klettersteiges und über diesen hinunter bis zum vermutlichen Standort der Erschöpften. Endlich sehen wir die zwei in einer felsdurchsetzten Steilrinne, sie klammern sich verzweifelt an brüchiges Gestein. Rasch bauen wir einen Stand auf, hängen zwei Seile in die Bremse und schon ist einer von uns an den Seilen hängend zu den beiden unterwegs. Er kann die vorbereiteten Karabiner einhängen, die beiden sind aus der unmittelbaren Lebensgefahr gerettet!

Inzwischen trifft auch die Mannschaft von unten bei uns ein. Sie sind in einem Höllentempo die 300 Höhenmeter durch die Felsrinne aufgestiegen. Nun sind wir jedoch alle in Lebensgefahr: Das Gewitter lässt nicht locker! So schnell wie möglich seilen wir die zwei Erschöpften und den Retter 200 Meter ab, kurzer Standplatzwechsel, dann endlich sind die Gäste am Wandfuß. Schnell und geschickt wie Zirkusartisten seilen sich die Bergretter ab. Jetzt sind wir alle unterhalb der Felsen und müssen so schnell wie möglich weg vom Klettersteig. Endlich sind wir außerhalb der größten Gefahr!

In einer knappen Stunde Gehzeit können wir, die Erschöpften stützend, zum Einsatzauto absteigen. Das Gewitter tobt noch immer, aber letztendlich geht alles gut aus. Mit etwas Voraussicht von Seiten der Gäste wäre dieser Einsatz zu verhindern gewesen. An heißen Sommertagen sollte man die Touren früh antreten, um am frühen Nachmittag wieder im Tal oder in der Hütte zu sein. Eine uralte Regel, aber immer noch ganz aktuell!"

Die Bergrettung Nauders stellte Ende Juli 2013 ein Bergrettungskreuz auf der Ganderbildspitze auf. Seppl Waldegger, Bergretter, Bauer, Schnitzer und Restaurator, schnitzte das schwere Edelweiß und trug es selber auf den Berg.

Wenn die Schlappler schlapp machen

Die Freude bei der Einweihung des Gipfelkreuzes ist groß. Die exponierte Stelle machte den Transport mit einem Helikopter schwierig.

Bild rechte Seite: Glaube an himmlische Mächte und Vertrauen in die Ausrüstung liegen bei der Bergrettung oft nahe beieinander.

NERVEN WIE SEILE

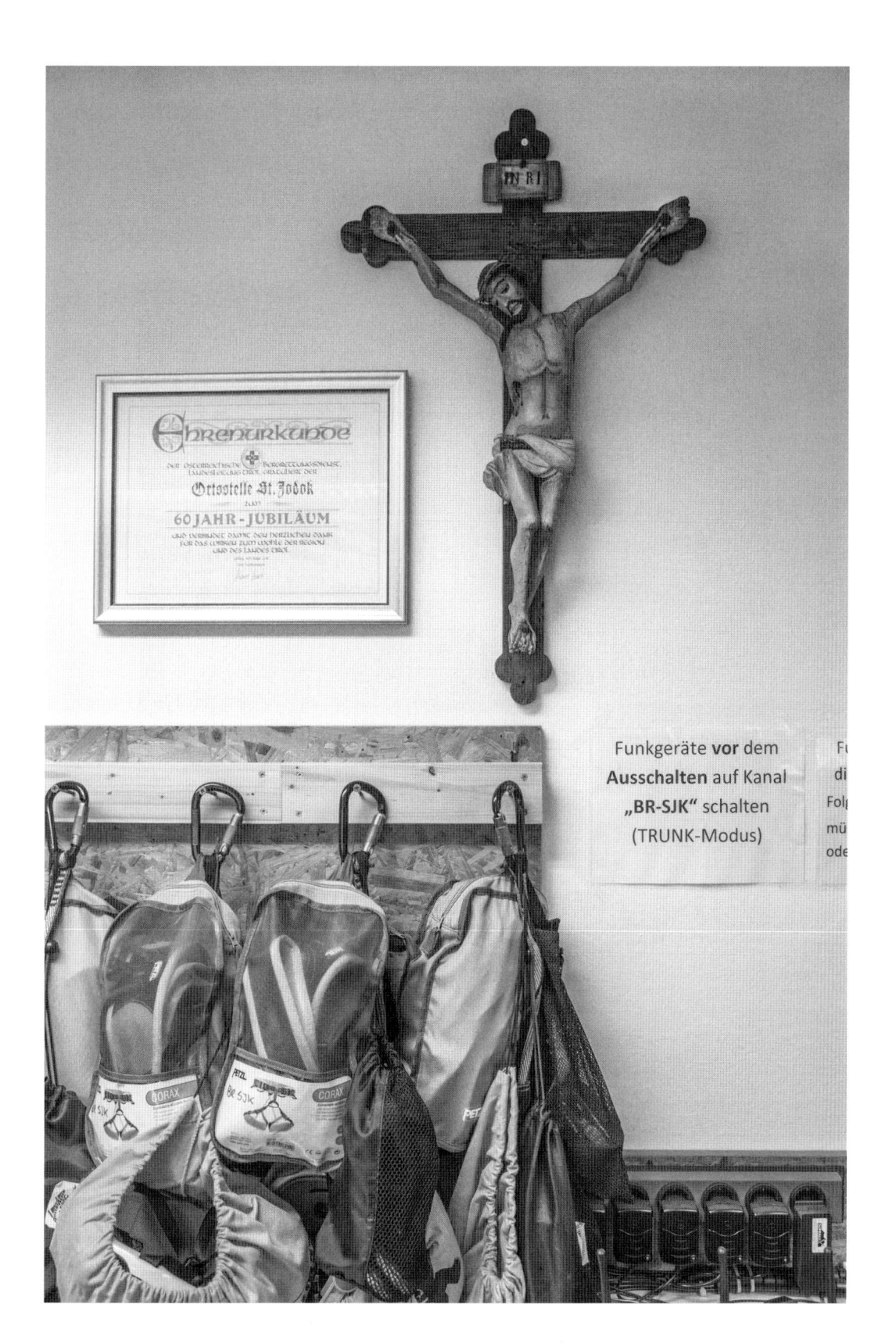

Funkgeräte **vor** dem **Ausschalten** auf Kanal „BR-SJK" schalten (TRUNK-Modus)

Wenn die Schlappler schlapp machen

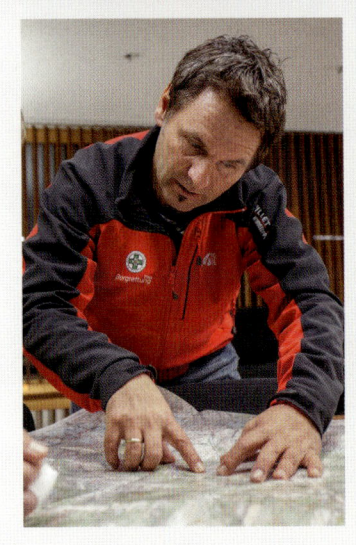

Fotoimpressionen Bezirk Innsbruck-Land

Bezirk Innsbruck-Land

Fotoimpressionen Bezirk Innsbruck-Land

Bezirk Innsbruck-Land

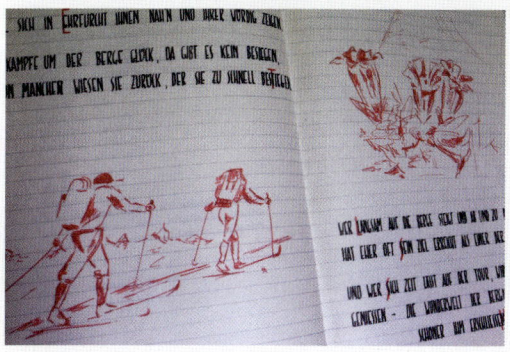

Lawinenhelfer, Notfallsanitäter und Rettungssanitäter müssen beim Lawinenkurs im Jamtal ihre Kenntnisse im alpinen Gelände unter Beweis stellen.

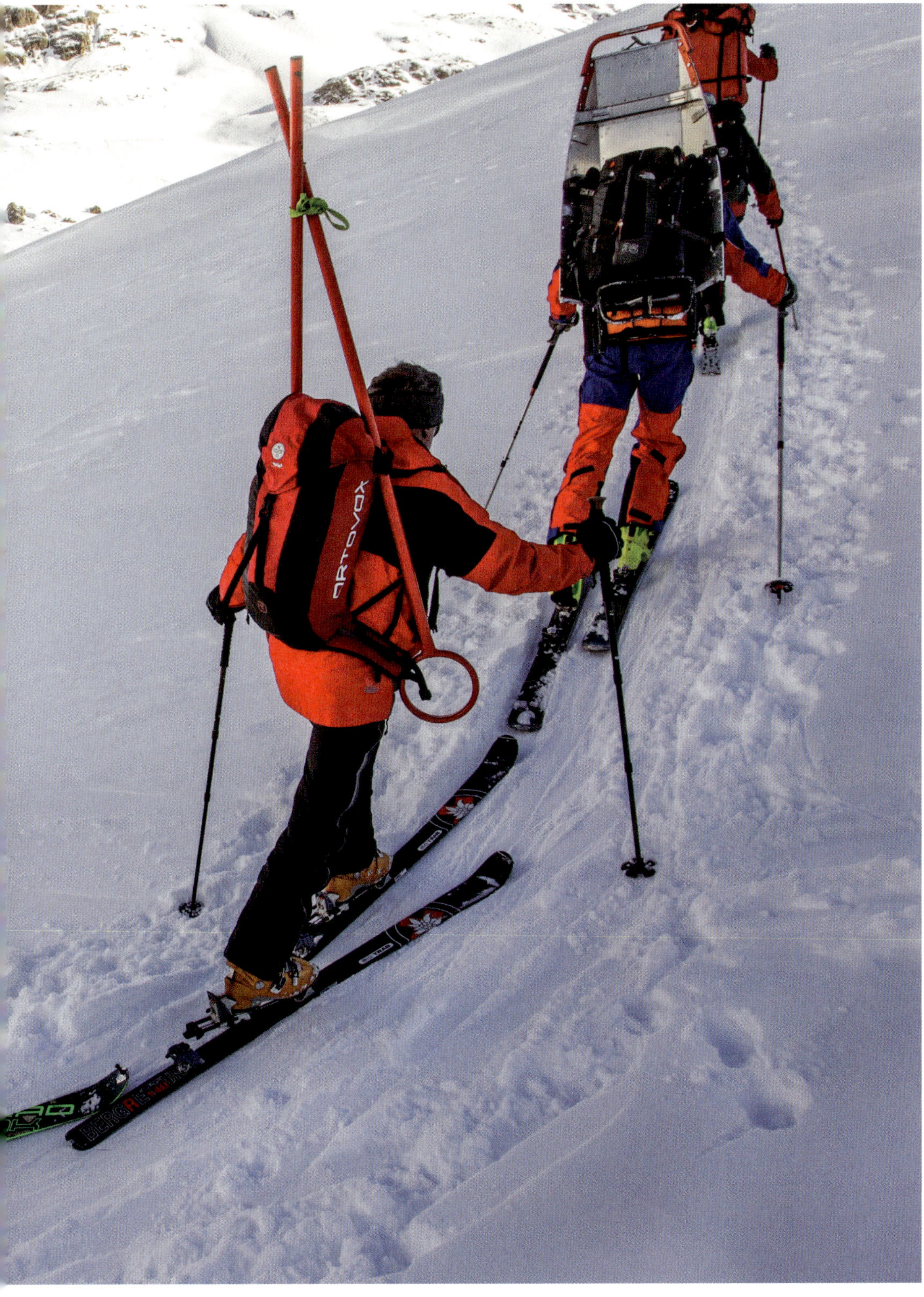
ORTOVOX

Erste Hilfe mit und ohne Notarzt

Bergretter kommen aus allen möglichen Berufen. Von der Hotelfachfrau bis zum Zimmermann ist nahezu jede Berufsgruppe vertreten. Unabhängig davon gilt für alle: Verunfallte oder akut Erkrankte im alpinen Gelände sicher bergen und kompetent erstversorgen – abhängig vom Ausbildungsgrad, von Erster Hilfe bis hin zur notfallmedizinischen Versorgung als Bergrettungsarzt. Eine ausführliche Grundausbildung in Erster Hilfe und vertiefende Fortbildungskurse zu Theorie und Praxis der Bergrettungsmedizin sorgen dafür, dass Patienten in den Bergen bei allen Bergrettern in sehr guten Händen sind.

Natürlich wäre es in vielen Fällen optimal, wenn sofort ein Arzt vor Ort wäre, aber die Kombination von versiertem Bergsteiger und ausgebildetem Notarzt ist nicht so häufig, außerdem werden die Notärzte im Tal gebraucht. Sie auf eine oft vielstündige Suchaktion auf die Berge zu schicken, wäre viel zu zeitaufwändig. Zudem stellt notfallmedizinische Tätigkeit am Berg nicht selten eine extreme Herausforderung dar.

Notfallmedizin mit Improvisationstalent

> **Dr. Jutta Wechselberger**, *geb. 1976, Notärztin und Flugrettungsärztin, bei der Bergrettung seit 2007, Ortsstelle Tux-Lanersbach (Zillertal), seit 2009 Landesärztin der Bergrettung Tirol und gemeinsam mit Landesarzt Dr. Wilhelm Furtwängler zuständig für die Sanitätsausbildung der Bergrettung Tirol:*

„Das Prinzip der Notfallmedizin bleibt immer das Gleiche, ob im Tal oder im Gebirge. Aber am Berg, in exponierter Lage, ist die Versorgung ungleich schwieriger. Man hat häufig wenig Platz, und es steht bei weitem nicht so viel Material und Gerätschaft zur Verfügung wie in einem Notarzt-Einsatzfahrzeug oder Notarzthubschrauber. Man muss sich also auf eine minimalistische Medizin konzentrieren und sich trauen zu improvisieren.

Lange, schwierige Anmärsche zum Einsatzort können die Mannschaft an ihre eigene körperliche Grenze bringen. Wenn dann auch noch Dunkelheit und schlechtes Wetter herrscht, es regnet oder schneit, ist die praktische Umsetzung der Bergrettungsmedizin eine echte Herausforderung. Mit eiskalten Händen kann das an sich sehr banale Prozedere des Legens eines Venenzugangs zur Schwierigkeit werden, besonders dann, wenn der Patient unterkühlt und schockiert ist. Bei Minusgraden ist auch das Verabreichen einer Schmerzinfusion nicht möglich, weil die Flüssigkeit im Infusionsschlauch sofort gefriert.

Hausverstand, Courage und gute Ausbildung

Wenn kein Notarzt vor Ort ist, können Erste-Hilfe-Maßnahmen durch den Bergretter lebensrettend sein. Dazu braucht es Hausverstand, Courage, aber vor allem auch eine gute Ausbildung – sie gibt Sicherheit in der Versorgung und in den weiteren Entscheidungen. Ein gutes Beispiel ist der abgestürzte Patient mit einer Brustkorbverletzung: Was zuerst wenig dramatisch aussieht, kann innerhalb der nächsten zwei Stunden zu einer lebensgefährlichen inneren Blutung führen. Schon vorher daran zu denken, kann lebensrettend sein!

Parallel zur stetig steigenden Zahl der Bergwanderer verhält sich die Häufigkeit der Fälle an akuten internistischen Erkrankungen. Durchschnittlich 25 bis 30 Prozent der Alpintoten sterben an einem akuten Herz-Kreislauf-Stillstand, dem sog. plötzlichen Herztod. Auch diese dramatische Situation müssen wir als Bergretter managen können. Wir brauchen bei der Bergrettung also nicht nur versierte und kraftvolle Alpinisten, sondern auch gute Sanitäter und Notfallsanitäter, die sich in medizinisch schwierigen Fällen zu helfen wissen.

Deshalb liegt mir die medizinische Aus- und Fortbildung unserer BergretterInnen sehr am Herzen. Eine fundierte Grundausbildung konnte etabliert werden, darüber hinaus sollen neueste medizinische Erkenntnisse und der Umgang mit modernem Equipment in die Ortsstellen transportiert werden. Hauptaugenmerk liegt auf den Anforderungen für jeden Bergretter, unabhängig vom medizinischen Ausbildungsgrad. Eine Unterscheidung zwischen technischem und medizinischem Bergretter soll es nie geben. Natürlich gibt es vertiefende Fortbildungen für Interessierte, Sanitäter und Notfallsanitäter, denn diese Kameraden sind für die Ortsstellen enorm wichtig, besonders dann, wenn kein Bergrettungsarzt verfügbar ist. Dieser Umstand ist leider eher die Regel als die Ausnahme, weshalb wir verstärkt nach jungen Ärzten und Ärztinnen mit Interesse für den Bergrettungsdienst suchen."

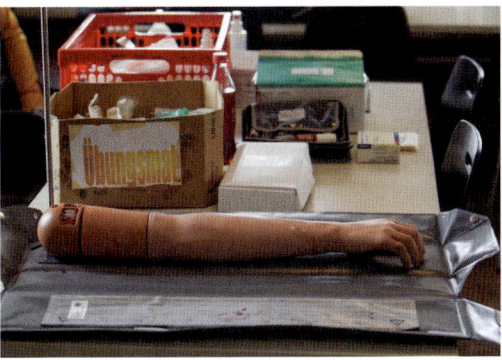

Bei den Fortbildungskursen stellen sich Bergretter als Figuranten bzw. Opfer zur Verfügung. Intubieren und Zugänge legen wird an der beliebten Puppe namens Sepp Schnorchel geübt.

Erste Hilfe mit und ohne Notarzt

Bergsteigerisch top, medizinisch kompetent

Markus Isser, *geb. 1972, Intensiv-Krankenpfleger an der Univ. Klinik Innsbruck und für die Tyrol Air Ambulance, bei der Bergrettung seit 1997, Ortsstelle Hall i. Tirol, Leiter des San-Referats der Bergrettung Tirol:*

„Mein Vorgänger als Sanitätsreferatsleiter der Bergrettung Tirol und nunmehr Bundesarzt des Österreichischen Bergrettungsdienstes, Dr. Matthias Haselbacher, hat bezüglich medizinische Ausbildung für Bergretter große Fortschritte erreicht. Auch die Bergrettungs-Landesärzte Jutta Wechselberger und Willi Furtwängler sowie das motivierte Ausbilderteam des San-Referates stecken viel Engagement in die medizinische Ausbildung der Bergrettung.

Dabei wird auch darüber nachgedacht, ob die medizinische Kompetenz noch weiter ausgebaut werden kann. Ein Bergretter, der nicht Arzt ist, darf weder Spritzen noch Medikamente verabreichen. Als Intensivkrankenpfleger mache ich das zwar täglich völlig legal in der Klinik, aber am Berg ist es mir aus rechtlichen Gründen untersagt. Im Grunde holen wir heute noch die Verletzten vom Berg wie in früheren Zeiten: ohne Verabreichung von Schmerzmitteln mit einer Bergetrage, egal in welche Richtung ein Arm oder Bein absteht. Das ist weder für den Patienten noch für die Bergretter angenehm.

Umso wichtiger ist es, dass sich die Bergretter bei den Basismaßnahmen sicher sind. Es gibt in den verschiedenen Ortsstellen unterschiedliche Beanspruchungen. Jene, die viele Pisteneinsätze haben, sind zumeist auch in Erste Hilfe routinierter, Ortsstellen mit vorwiegend Sucheinsätzen sind mitunter weniger in Übung. Wir wollen in ganz Tirol bei der Bergrettung einen einheitlichen medizinischen Standard schaffen. In Zukunft wird es sicher auch noch mehr Bergespezialisten geben, die intensiv zusammenarbeiten. Ein Beispiel: Ginzling hat viele erfahrene Bergführer, Mayrhofen viele Notfallsanitäter. Bei einem Einsatz mit schwer verletzten Patienten werden oft beide Ortsstellen informiert, damit man sich gegenseitig aushelfen kann. Dabei können die einen von den anderen lernen und es gibt weniger Berührungsängste, mit Verletzten umzugehen. Diese Philosophie gilt auch zukunftsweisend für das San-Referat – gemeinsam alle Ressourcen nutzen zum Wohle des Patienten."

Die Übungssituationen werden so wirklichkeitsnahe wie möglich konzipiert.

Erste Hilfe mit und ohne Notarzt

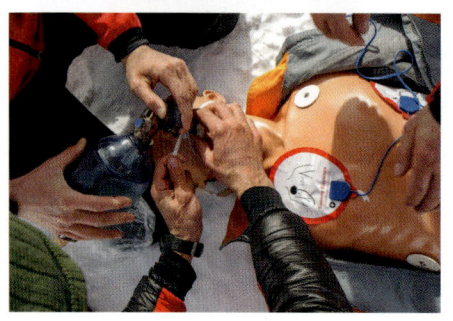

Im Gegensatz zum Bergretter Florian Wechselberger spürt „Sepp Schnorchel" zum Glück keine Schmerzen: Arbeit mit und an der Puppe.

Gemeinsam effizient: Das Osttiroler Bergrettungs-Notärzte-Team

Dr. Franz Krösslhuber, *geb. 1949, Facharzt für Kinder- und Jugendheilkunde, Arzt für Allgemeinmedizin und Notarzt bei Flugrettung (Christophorus 7) und Notarztsprengel Lienz, bei der Bergrettung seit 1975, zuerst in Salzburg, seit 1984 Ortsstelle Lienz. Er hat das spezielle Osttiroler Bergrettungsärzte-Konzept initiiert und maßgeblich mitentwickelt:*

„In Osttirol entwickelten wir ein eigenes Bergrettungs-Notärztekonzept, weil die Notärzte ungleich über den Bezirk verteilt waren. Die meisten waren in Lienz, in anderen Teilen Osttirols gab es entweder nur einen oder gar keinen. Gemeinsam mit der Leitstelle Tirol haben wir deshalb das Alarmierungskonzept so gestaltet, dass alle vier bis acht Osttiroler Bergrettungs-Notärzte gleichzeitig über einen Notfall in Osttirol informiert werden. Wir entscheiden dann, wer von uns zum Einsatz eilt.

Wenn er gerufen wird, nimmt der einsatzbereite Notarzt seinen Notarztrucksack und seine persönliche Alpinausrüstung. Wir haben für unterschiedliche Einsätze unterschiedliche Ausrüstungsmodule zusammengestellt, er wählt das entsprechende aus und macht sich auf den Weg zur Einsatzzentrale, wo ihn Bergretter der jeweiligen Ortsstelle erwarten, um ihn zum Unfallort zu begleiten. Meistens fliegen wir mit dem Hubschrauber, in unserem Fall ist das Christophorus 7. Wenn das nicht möglich ist, hat uns bisher das Rote Kreuz mit einem Blaulicht-Einsatzfahrzeug transportiert, nun steht dafür auch ein Einsatzfahrzeug der Bergrettung Lienz zur Verfügung.

Dieser gemeinsame „Notärzte-Pool" bringt auch finanzielle Vorteile. Wir brauchen insgesamt nur eine Notarztausrüstung, diese ist allerdings sehr hochwertig – inklusive Beatmungs- und Wiederbelebungsgeräte. Die Bezirks-Verwaltung war bereit, das zu finanzieren, weil sie allen acht Osttiroler Bergrettungs-Ortsstellen zugutekommt. Auch die Medikamente können umsichtiger verteilt werden und müssen nicht wegen eines überschrittenen Ablaufdatums weggeworfen werden.

Die Ortsstelle Sillian in Osttirol übt jährlich auch die Zusammenarbeit mit der Feuerwehr. Eine „Autobergung mit drei Verletzten" brachte beide Mannschaften ordentlich ins Schwitzen.

NERVEN WIE SEILE

Erste Hilfe mit und ohne Notarzt

Die dritte Säule unseres Konzeptes umfasst die medizinische Fortbildung der Bergretter. Jeder der acht Bergrettungsärzte hält Praxiskurse und Vorträge bei allen Ortsstellen, zudem nimmt er dort an den Übungen teil. Dadurch lernt er auch die anderen Kameraden und die jeweiligen Einsatzgebiete besser kennen. Dieses System hat sich sehr bewährt. Die Bergretter fühlen sich einerseits selbst gut ausgebildet, andererseits gibt es ihnen Sicherheit, dass ein Notarzt dabei ist, wenn nötig. Bei 100 Bergrettungseinsätzen in den letzten zwei Jahren mangelte es in Osttirol nur ein einziges Mal an einem Arzt vor Ort, in den anderen Fällen war einer da oder es wurde keiner gebraucht."

Liegen haben wir keinen gelassen

Hans Noichl, *geb. 1952 in Kitzbühel, seit 1975 bei der Bergrettung, Ortsstelle Kirchberg, seit 2009 Bezirksleiter Kitzbühel:*

„Ich bin auf einer Alpenvereinshütte aufgewachsen, auf der Oberlandhütte in Aschau bei Kirchberg. Meine Eltern und dann mein Bruder hatten sie gepachtet. Sie war vor allem ein Stützpunkt für Skitourengeher, das heißt, bei Verletzungen hatten wir es hauptsächlich mit Knochenbrüchen zu tun. In dieser Zeit oblag das alpine Rettungswesen noch dem Hüttenwirt. Mein Vater hatte keine Erste-Hilfe-Ausbildung, das war damals noch nicht gang und gäbe. Auch die technische Kommunikation war erst in den Anfängen. In ganz Aschau gab es nur ein Telefon und man telefonierte nur, wenn es unbedingt sein musste, also bei größeren Katastrophen. Es gab zwar damals schon die Bergrettung Kirchberg, aber bei „O'ghaxten", also bei Beinbrüchen und sonstigen Knochenbrüchen, machte man keinen großen Zinnober, sondern barg die Verunfallten mit Hilfe von ein paar Gästen. Der Beinbrüchige wurde „verpackelt", mit einem speziellen Ski-Schlitten ins Tal gebracht und dort dem Roten Kreuz übergeben. Unter diesen Umständen war die Bergung aus heutiger Sicht nicht immer absolut fachgerecht und die Patienten mussten manchmal schon etwas ‚aushalten'. Aber draußen liegen haben wir keinen gelassen.

Seit diesen Zeiten hat sich viel geändert. Ausrüstung, Ausbildung und Kommunikation haben sich wesentlich verbessert. Heute greift man in die Hosentasche, drückt ein paar Knöpfe auf dem Handy und schon setzt man Himmel und Hölle in Bewegung. Vom Notarzthubschrauber, der Bergrettung, dem Roten Kreuz bis zur Feuerwehr kommt alles herbeigeeilt, was man zur Hilfe braucht.

Im großen Hilfsnetzwerk sind wir von der Bergrettung diejenigen, die man ruft, wenn jemand in einem schwer zugänglichen alpinen Gebiet in Not geraten ist. Die Informationen, die wir bekommen, sind oft rudimentär: ‚Da ist etwas passiert', oder ‚Wir stecken fest, wissen aber nicht wo'. Eine klare Situationseinschätzung oder gar Diagnose gibt es nicht immer, wir starten nicht selten ins Ungewisse. Unter diesen Bedingungen muss dann das Sicherheitsrisiko, das für die Verunfallten, deren Begleiter und für das Rettungsteam besteht, abgewogen werden, denn im alpinen Gelände gelten im Vergleich zu den mit Verkehrswegen erschlossenen Talgebieten andere Bedingungen.

Es braucht gute Bergsteiger und gute Sanitäter
Bei der Bergrettung braucht es beides: gute BergsteigerInnen und gute SanitäterInnen, die dazu auch noch gute Kommunikatoren sein müssen, um auf Menschen in einer Notlage entsprechend beruhigend einwirken zu können.

Unsere Mitglieder sind sehr gute Bergsteiger und müssen sich in den meisten Fällen die fachmedizinische Ausbildung in Kursen aneignen. Von uns wird hohe Flexibilität gefordert. Wir müssen uns in unserem alpinen Einsatzgebiet, nicht selten auf uns alleine gestellt, so bewegen können, dass wir unseren Auftrag der Hilfeleistung erfüllen können und uns und andere dabei nicht gefährden. Dabei stehen wir manchmal vor einem Dilemma. Die durch hochentwickelte medizinische Geräte und Techniken unterstützte Erstversorgung, die im Tal in kürzester Zeit zur Verfügung steht, kann im alpinen Gelände nicht im gleichen Umfang zu den Verunfallten oder Erkrankten transportiert werden.

Die Notärzte unter den Bergrettern können keine schweren Ausrüstungskoffer mit medizinischen Gerätschaften schleppen, das würde sie in ihrer Beweglichkeit extrem einschränken, unter Umständen sogar gefährden. Wir sollen ja so schnell wie möglich zur Stelle sein und den Verunfallten beistehen. Deshalb sind wir gezwungen, mit eher einfachen Mitteln zu helfen, das bringt uns manchmal auch an die Grenze zur Improvisation. Oft wäre es auch gar nicht möglich, in einer prekären Situation, in Fels, Eis oder sonstigem steilen Gelände umfassende medizinische Maßnahmen zu ergreifen, nicht einmal für Ärzte. Auch unsere Autos sind geländegängig und werden in Gebieten eingesetzt, wo ein normaler Rettungswagen nicht mehr fahren kann, sie sind aber keine Intensivstationen."

Freiwillige aus der Region sind wichtig

Christian Mauracher, geb. 1963, Techniker, bei der Bergrettung seit 1995, Ortsstelle Hall in Tirol, Ortsstellenleiter seit 2009:

„Bei der medizinischen Ausbildung wäre bei der Bergrettung noch viel möglich, aber wir können nicht alle Ärzte oder Notfallsanitäter werden. Es ist trotzdem gut, wenn Freiwillige aus der Region diese Aufgaben übernehmen. Niemand hat so viel Ortskenntnis wie sie.

Bei uns rief einmal eine Frau an, sie sei auf einem Gipfel und könne nicht mehr absteigen. Auf welchem Gipfel, fragte mein Kollege. Das wisse sie nicht, sagte die Frau, es sei aber ein Gipfelkreuz da. Wie das Gipfelkreuz denn aussehe? Die Frau beschrieb es, war aber sehr aufgeregt. ‚Fehlt auf dem Kreuz ein Stück vom rechten Balken?', fragte mein Kollege. Die Frau bestätigte das. ‚Dann sind Sie auf der Kreuzspitze!' Der Einsatz konnte beginnen."

Fotoimpressionen Bezirk Kitzbühel

84 NERVEN WIE SEILE

Bezirk Kitzbühel

Fotoimpressionen Bezirk Kitzbühel

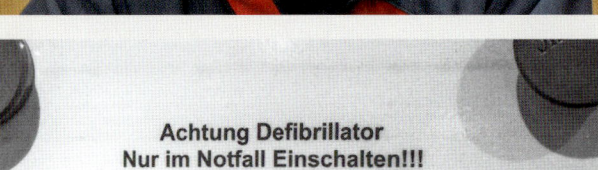

**Achtung Defibrillator
Nur im Notfall Einschalten!!!**

Jede Einschaltung kostet viel Strom und muss protokolliert werden.

Nach 25 Einschaltungen muss Batterie getauscht werden.
Ansonsten 5 Jahre Stand-by.

86 NERVEN WIE SEILE

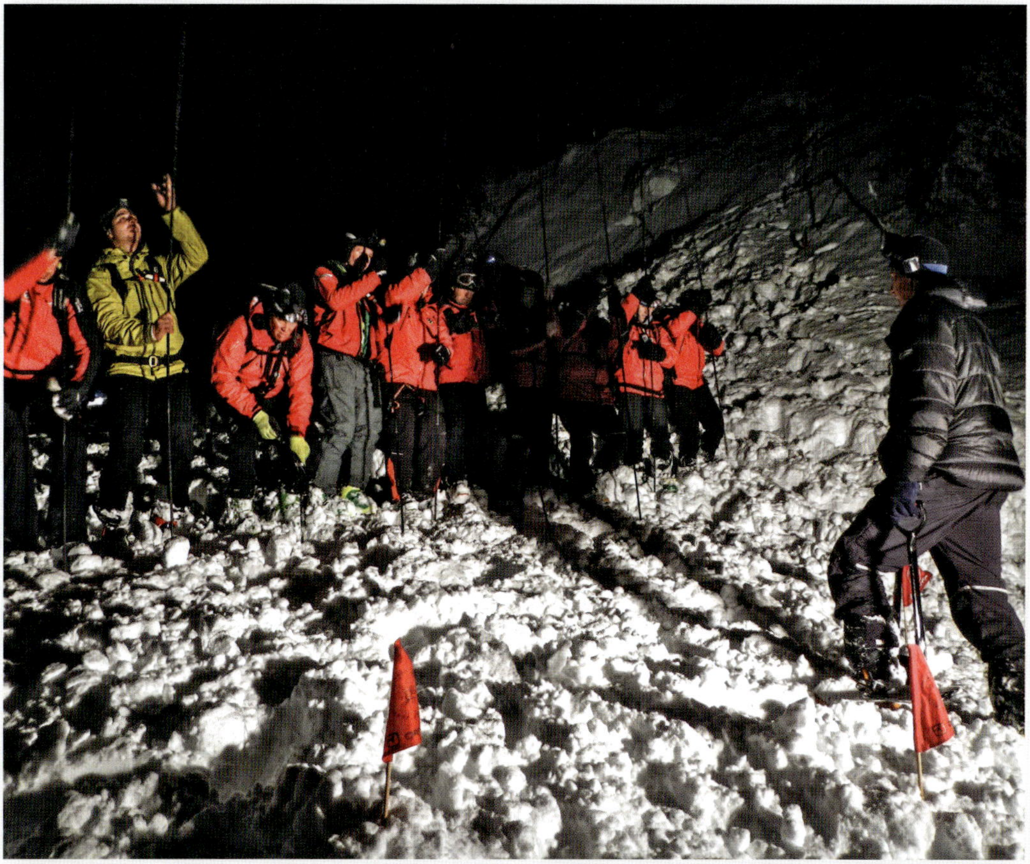

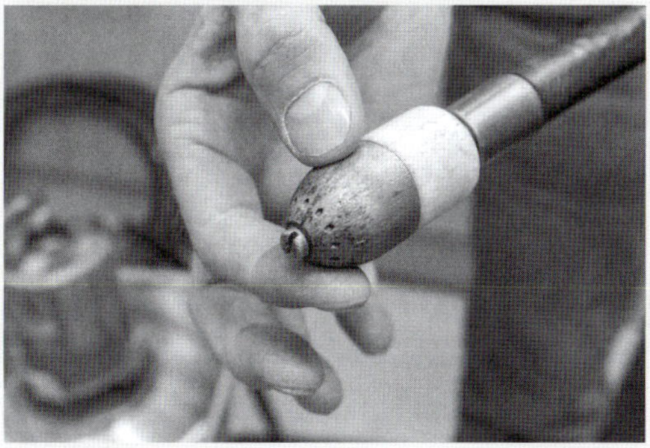

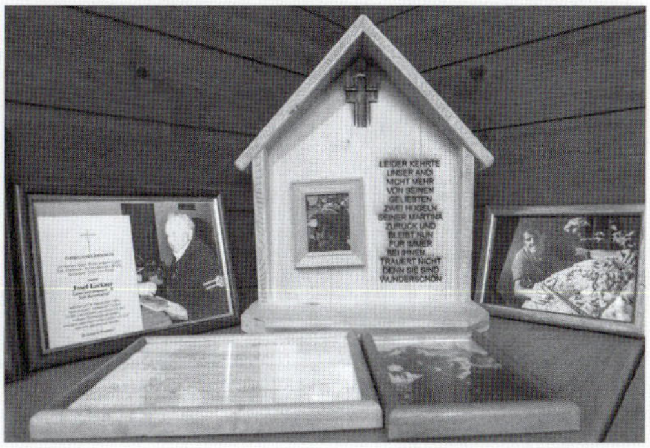

Lawineneinsätze: Zeit ist Leben!

Blauer Himmel und herrlicher Neuschnee. Der Tiroler Winter weiß, wie man Skifahrer und Snowboarder auf Touren bringt. Aber im ungesicherten Gelände lauern Gefahren. Wenn Lawinen zu Tal donnern und Menschen mitreißen, beginnt die Uhr zu ticken. Viel Zeit bleibt den Helfern nicht. Schaffen sie es innerhalb von 18 Minuten, die Verschütteten zu bergen, liegt die Wahrscheinlichkeit, dass diese überleben, bei knapp über 90 Prozent. Danach sinkt der Wert rapide ab. Der Sauerstoff ist aufgebraucht, die Opfer drohen zu ersticken, es gibt erste Erfrierungserscheinungen. Zwischen 18 und 35 Minuten Verschüttungsdauer sinken die Überlebenschancen auf 34 Prozent, nur sieben Prozent überleben eine Verschüttungsdauer von mehr als 130 Minuten, wenn die Atemhöhle groß genug ist und ihre Verletzungen nicht tödlich sind. Die Kameradenbergung mit sofortigem Beginn der Rettungsaktion verzeichnet 69 Prozent Lebendbergungen. Sie ist die verlässlichste Hilfe.

Es gibt drei hauptsächliche Todesursachen bei einem Lawinenunfall: Ersticken (58 Prozent), Verletzungen (32 Prozent), Unterkühlung (1,4 Prozent). Die „Internationale Kommission für Alpines Rettungswesen" (IKAR) verzeichnet durchschnittlich 150 Lawinentote im Jahr, in Österreich gibt es im Schnitt jährlich 25 Lawinentote. In dieser tragischen Statistik will niemand Aufnahme finden. Eine genaue Sicherheitsabwägung und ein Blick auf die Homepage des Tiroler Lawinenwarndienstes http://lawine.tirol.gv.at sind deshalb bei jeder Tour unerlässlich.

Rasterfahndung im Schnee

Das Lawinenunglück im Jahr 1999 in Galtür zeigte, dass bis dahin bei Lawinen-Großeinsätzen zu wenig systematisch vorgegangen wurde. Deshalb setzte man in den letzten Jahren bei den Rettungsorganisationen neue Schwerpunkte. U.a. wurde die Leitstelle Tirol als Alarmierungszentrale für ganz Tirol installiert und die Bergrettung entwickelte unter Geschäftsführer Peter Veider die Rasterfahndung im Schnee. Dadurch wurde die Suche von Lawinenopfern nach chronologischer Wichtigkeit standardisiert und eine zweckdienliche Einsatzhierarchie ausgearbeitet.

Die Reihenfolge des Einsatzes lautet bei jedem Lawinenunglück mit Vermissten:
1) Kameradensuche mit LVS (Lawinenverschütteten-Suchgerät)
2) Suche mit Lawinenhund
3) Suche mit RECCO-System
4) Sondierkette (Schnüre als Hilfsmittel)
5) Einsatz der Dampfsonde und Ortungskamera
6) Neuerliche Suche mit dem Lawinenhund

Kameradensuche mit LVS (Lawinenverschütteten-Suchgerät)

Suche mit Lawinenhund

Suche mit RECCO-System

Sondierkette (Schnüre als Hilfsmittel)

Einsatz der Dampfsonde und Ortungskamera

Neuerliche Suche mit dem Lawinenhund

Lawineneinsätze: Zeit ist Leben!

Mittels Fähnchen werden die Feldlinien des Sendegerätes sichtbar gemacht.

Lawineneinsätze: Zeit ist Leben!

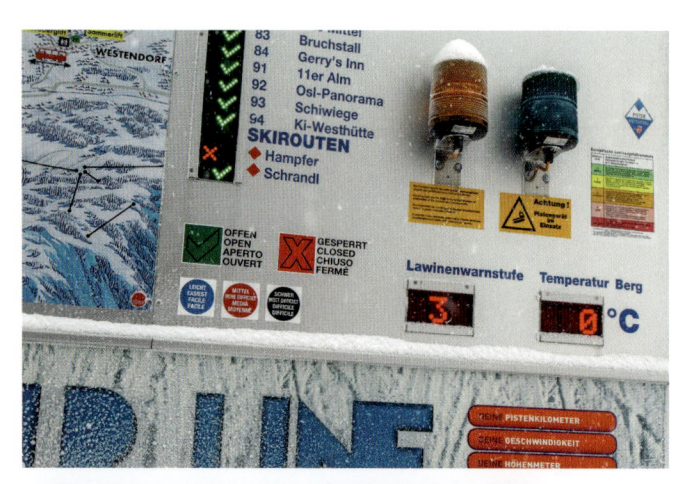

Ein Bergsicherheitstag der Bergrettung Tirol

Im Schnee auf einer blauen Decke liegt ein lebloser Körper in einem roten Skianzug, die Gliedmaßen leicht verdreht. Die Helfer beugen sich über ihn und lösen sich bei den Wiederbelebungsmaßnahmen ab. Wie lange drücken und beatmen sie jetzt schon? Zehn Minuten? Zwanzig Minuten oder noch länger? Keine Chance, diese Person hier wird nicht mehr lebendig, war es auch nie, denn es handelt sich um eine Puppe zum Zweck medizinischer Demonstration.

Die Übung wird im Rahmen eines Tiroler Bergsicherheitstages durchgeführt, die Bergrettung stellt Fachpersonal und Referenten zur Verfügung, um Laien im Fach Lawinenbergung zu unterweisen. Heute ist Maurach am Achensee an der Reihe. Ca. 80 Leute sind zum Langlaufgelände von Pertisau gekommen, um sich die Grundsätze für die Erste-Hilfe-Maßnahmen nach einem Lawinenabgang anzueignen. Die meisten von ihnen sind Tourengeher, sie sollten sich im Notfall zu helfen zu wissen. Fast alle sind vorbildlich ausgerüstet, tragen bei ihren Ausflügen Lawinenpieps, Sonde und Lawinenschaufel mit sich, aber damit auch wirklich alles funktioniert, wenn es einmal ernst werden sollte, muss man üben.

Mit einer Sonde kann nicht einfach planlos gestochert werden, es braucht System und Erfahrung. Auch die technisch relativ einfach zu bedienenden LVS-Geräte sollte man genau kennen, damit sie einen nicht in die Irre führen. Das funktioniert bei den meisten Teilnehmern tadellos, so lange nur ein Gerät unter dem Schnee auszumachen ist, bei zwei Verschütteten

Dieser Bergsicherheitstag im Westendorfer Skigebiet fand unter „klassischen" Bergrettungsbedingungen statt.

wird es schon komplizierter, weil sich die Signale in die Quere kommen können. Dabei bietet das Gelände im Langlaufgebiet beste Bedingungen. Auf einem Lawinenkegel ist die Suche noch viel schwieriger.

Hat man einen Verschütteten geortet, muss man zu graben beginnen. Je mehr Helfer mit ihren Lawinenschaufeln zur Stelle sind, umso besser. Läuft das Schaufeln unkoordiniert ab, stehen sich aber alle gegenseitig im Weg. Deshalb wird hier auch das richtige Graben geübt: Man bildet ein auf dem Kopf stehendes V und der Mann oder die Frau an der Spitze sticht große Blöcke aus dem Schnee, die anderen transportieren den lockeren Schnee in einem Förderbandsystem zur Seite. Im Uhrzeigersinn wird abgewechselt, denn die Arbeit an der Frontstelle ist sehr ermüdend. Im Schnitt müssen bis zu 700 Kilo Schnee bewegt werden, bis eine Person ausgegraben ist. Heute darf bei der Arbeit ruhig ein wenig gescherzt und getrödelt werden, im Ernstfall geht es um Sekunden.

Die Rippen machen klackklack

Im Ernstfall hat man es auch mit (hoffentlich) noch lebenden Menschen zu tun und nicht mit einer Puppe, der man durch unvorsichtige Behandlung nicht schaden und bei den Reanimationsmaßnahmen keine Rippen brechen kann. Es macht nicht „klackklack", wie das ansonsten oft genug passiert. In 50 Prozent der Fälle, sagt der für den Kurs abgestellte Sanitäter, werden bei den Wiederbelebungsmaßnahmen Rippen gebrochen, ein Kollateralschaden, den man beim Kampf ums Leben in Kauf nehmen muss. Und so probieren es alle Teilnehmer:

Lawineneinsätze: Zeit ist Leben!

Bild oben: Schaufeln will gelernt sein, sonst endet es in einer sinnlosen Schneeschlacht, die unnötig Kräfte raubt.

Bild unten: Karl Klinec und Christian Eder, Ausbilder der Bergrettung im Jamtal, verrichten ihre Aufgabe mit Humor. So bleibt zumindest bei den Übungen Zeit zum Lachen.

30 Mal Mitte Brustbein drücken, dann zweimal beatmen. Wenn man bedenkt, dass oft zwanzig Minuten oder noch mehr bis zum Eintreffen der Rettung oder des Hubschraubers vergehen, ist das Schwerarbeit.

Liegt die Person lebend auf der Decke, ist schon viel getan, denn auch bei der Bergung selbst kann einiges passieren. Besonders gefürchtet ist der Bergungstod. Wird dem Körper zu kalt, zieht er das Blut aus den Gliedmaßen zurück und zentriert es in der Herzgegend. Strömt das kalte Blut zu schnell wieder in den übrigen Körper zurück, kann das zum Tod führen. Deshalb muss man mit Lawinenopfern besonders behutsam umgehen und darf sie nur so schonend wie möglich bewegen, selbst wenn die Zeit knapp ist. Gut, wenn bei einer Bergung Fachkräfte vor Ort sind, aber in den meisten Fällen ist Kameradenbergung angesagt. Beruhigend zu wissen, dass die Kollegen, mit denen man auf Tour ist, etwas von Erste Hilfe verstehen.

Erste Hilfe bei Lawinenunfall

Lawinenunfall-Suche:
1) **Erfassungs- und Verschwindepunkt festhalten** (wie viele Verschüttete?)
2) **Notruf absetzen** (wähle 140 oder 112, wenn ohne Zeitverlust möglich)
3) **Suchbereiche festlegen** (wo sind wahrscheinliche Verschüttungspunkte)
4) **Oberflächensuche** (suche den Lawinenkegel mit Augen und Ohren ab)
5) **LVS-Gerät-Suche** (schalte nicht suchende LVS-Geräte aus)
6) **Sondieren** (überprüfe das Suchergebnis, lass die Sonde stecken)
7) **Ausschaufeln** (grabe großflächig, achte auf eine Atemhöhle für den Verschütteten)
8) **Bergen und Erste Hilfe** (lege zuerst Gesicht und Atemwege frei, sorge für Kälteschutz)

Erste Hilfe nach dem Auffinden der Verschütteten:
1) **Ausgraben und Kopf freilegen**
   Falls Verschütteter bewusstlos:
   - Atemhöhle vorhanden?
   - sofort Atemwege von Schnee befreien
   - anschließend Kopf überstrecken

2) **Atemkontrolle**
   Falls normale Atmung feststellbar:
   - vorsichtig weiter bergen
   - stabile Seitenlage
   - vor Kälte schützen und überwachen

3) **Sofortige Beatmung**
   Falls keine normale Atmung feststellbar:
   - sofort mit der Beatmung beginnen
   - weiter ausgraben

4) **Herz-Lungen-Wiederbelebung 30:2**
   Falls normale Atmung zwischendurch nicht einsetzt:
   - sobald durchführbar (fester Untergrund ...)
   - Herzdruckmassage: Beatmung 30:2 (30 mal Herzmuskel drücken, 2 mal beatmen)

Dieser Lawinenabgang am Wildseeloder in Fieberbrunn endete glücklich, Hilfe war in wenigen Minuten zur Stelle.

Adis Gespür für Schnee

Mit der Einteilung der Lawinengefahr in gering – mäßig – erheblich – groß – sehr groß leistet der Tiroler Lawinenwarndienst wertvolle Dienste. Die im Winter täglich neu erstellten Prognosen helfen Tourengehern bei der Routenplanung. Wer die Warnungen ernst nimmt, ist auf der sicheren Seite und spielt nicht leichtsinnig Lawinen-Roulette. Erfahrene Bergretter kennen sich aus im Gelände und mit der Schneebeschaffenheit. Viele von ihnen werden deshalb in den Lawinenkommissionen ihrer Gemeinden eingesetzt. Einer von ihnen ist Adi Kerber aus dem Tiroler Außerfern.

> **Adi Kerber**, geb. 1956, Fliesenleger, Berg- und Skiführer, bei der Bergrettung seit 1974, Ortsstelle Steeg (Lechtal), 17 Jahre Bezirksleiter Reutte. Seit 1991 Mitglied der Lawinenkommission der Gemeinde Steeg, seit 1992 Arbeit für den Lawinenwarndienst Tirol:

„Weil ich viele Jahre hauptberuflich als Berg- und Skiführer tätig war, wurde ich Anfang der 1990er Jahre gebeten, im Bereich Lechtal für den Lawinenwarndienst zu arbeiten. Dazu wurde eine elektronische Wetterstation in meinem Haus installiert, mit der ich die Wetterabläufe und Neuschneemengen genau beobachten kann. Die Messungen beginnen je nach Schneelage Anfang oder Mitte Dezember und dauern bis zum 1. Mai. Täglich um sechs Uhr früh nehme ich die Messungen vor, protokolliere sie und gebe sie an den Lawinenwarndienst weiter. Das dauert ungefähr eine halbe Stunde. Zudem erstelle ich alle 10 bis 14 Tage ein Schneeprofil auf der Jöchlspitze. Dabei bin ich vier bis fünf Stunden im Gelände unterwegs. Ich prüfe den Aufbau der Schneedecke, registriere die Veränderungen, ziehe daraus meine Schlüsse und werte die Lawinengefahr nach der vorgegebenen Skala von eins bis fünf.

Diese Beobachtungen vor Ort sind sehr wichtig, die menschliche Erfahrung lässt sich nicht durch noch so genaue elektronische Geräte ersetzen. Außerdem könnte man diese aus Kostengründen nicht überall installieren. Seit 1992 hat es vielleicht insgesamt zehn Tage gegeben, an denen ich keine Daten durchgegeben habe. Es ist eine sehr zeitintensive Tätigkeit. Aber als Bergretter weiß ich, wie wichtig es ist, bei Gefahr bereits im Vorfeld zu warnen und damit tragische Unfälle zu verhindern. Zum Glück halten sich die meisten Tourengeher an die Empfehlungen des Lawinenwarndienstes. Ein paar Gscheitlinge gibt es natürlich immer, die alles besser zu wissen glauben. Manche von ihnen bezahlen ihren Leichtsinn mit dem Leben.

Ebenso wichtig sind die Prüftätigkeiten für die Lawinenkommissionen der Gemeinden. In einer fünfköpfigen Kommission – es muss immer eine ungerade Zahl sein – entscheiden wir, ob zum Beispiel ein Straßenabschnitt gesperrt wird. Das letzte Wort hat der Bürgermeister, bei ihm liegt die Hauptverantwortung. Lawinenkommissionen arbeiten oft unter großem Druck, weil viele Touristen es nicht verstehen können, wenn Straßen gesperrt werden und sie dadurch an der Zufahrt zum Urlaubsort oder am Abfahren gehindert werden. Auch die Hoteliers rufen in so einem Fall ständig bei uns an und fragen nach, ob wir die Straße nicht endlich freigeben. Natürlich gibt es dummes Gerede und Vorwürfe, wenn während der Sperre keine Lawine abgeht. Aber das ist das kleinste Problem. Diesen Druck gilt es auszuhalten, denn wenn etwas passiert, hat niemand etwas davon.

Mit Zeitdruck und nervlicher Anspannung müssen wir auch bei der Bergrettung gut umgehen können. Seit ich das Amt des Bezirksleiters zurückgelegt habe, ist mein Tagesablauf um einiges ruhiger geworden. Bis dorthin habe ich neben meinem Job als Fliesenleger zahlreiche Telefonate und Gespräche geführt. Am Abend standen dann Sitzungen, Verhandlungen, Übungen und Ausbildung auf dem Programm. In meinen 17 Jahren als Bezirksleiter fuhr ich 125.000 Kilometer und wendete ca. 636 Arbeitstage für die Bergrettung auf."

Angst und Adrenalin: erste Lawineneinsätze

Maren Krings, geb. 1980, Fotografin (als solche Fotoautorin dieses Buches), bundesdeutsche Staatsbürgerin, Anwärterin bei der Bergrettung, Ortsstelle Westendorf (Bezirk Kitzbühel):

„Als Anwärterin bei der Bergrettung blieb ich lange Zeit vor einem Lawineneinsatz verschont und konnte unter dem Schutz meiner Ortsstelle mein Wissen über die Bergung aus einer Lawine durch Übungen erweitern und immer wieder überprüfen. Dann, am 5. Februar 2013, ist es so weit, ein SMS erreicht mich: ‚Leitstelle Tirol: Einsatz Bergrettung Westendorf, Lawinenabgang Jochberg. Treffpunkt Bergrettungsheim Westendorf, 17:00 Uhr, Einsatzleiter Ager Christoph!'

Hektik erfasst mich, ich renne in der Wohnung herum, will alles zugleich machen: Tee kochen, Einsatzrucksack packen mit Sonde, Lawinenschaufel, Fellen, Harscheisen, Taschenlampe, Müsli-Riegel, Ersatzshirts, Kappe, Helm und Handschuhen. Skier aus dem Keller holen, Schuhe (Außenschalen nicht vergessen!) und Stöcke einpacken. Die richtige Kleidung anziehen, Pieps nicht vergessen einzuschalten ... jetzt noch einmal durchatmen. Alles ist gepackt, ich setze mich ins Auto, muss mich trotz der Eile an die Verkehrsregeln halten, denn der Rest der Welt weiß nicht, dass ich auf dem Weg bin, Menschenleben retten zu wollen.

Chaos im Kopf

Mich erfasst eine wirre Mischung aus – unter Bergrettern so genannter – Einsatzgeilheit, Aufregung und Angst, ob ich dem, was nun auf mich zukommt, gewachsen bin. Kaum bin ich im Kreise meiner Kameraden, wird alles besser, die Ruhe der ‚alten Hasen' überträgt sich auf mich. Im Bergrettungsraum halten wir die Einsatzbesprechung ab: wer, was, wann, wo und wie. Ein junger Bursche wird vermisst, ein Einheimischer.

Die erste Gruppe zieht los, ich bin dabei. Das Einsatzfahrzeug der Bergrettung braust mit Blaulicht Richtung Jochberg. Im mitgehörten Funk geht es so chaotisch zu wie in meinem Kopf. Plötzlich ertönt ein Ruf aus dem Funk: ‚Funkdisziplin einhalten!' Das genügt, alle Ortsstellen halten ihre internen Besprechungen wieder auf ihren eigenen Kanälen ab und nur die kurzen Ansagen, die für alle gelten, kommen über den gemeinsamen Kanal.

Wir werden, angehängt mit Seilen, am Skidoo ca. fünf Kilometer durch den Saukasergraben auf die Lawine transportiert. Ich bekomme vom Festhalten Krämpfe im Unterarm. Aber im Ernstfall achtet man nicht auf die eigenen Schmerzen, die Gedanken fokussieren sich auf die bevorstehende Aufgabe. Wir kommen am Fuß der Lawine an, eine enge Schlucht mit einem riesigen Wasserloch, das von Schnee überlagert ist. Ein kleiner Trampelpfad führt daran vorbei auf den Lawinenkegel. Alle beteiligten Ortsstellen suchen sich im Getümmel einen Platz für ihr Materialdepot. Pistenbullys fahren immer wieder vorbei, ihre Signale und der Lärm der Skidoos ergeben eine unheimliche Geräuschkulisse, dazu die Ansage des Einsatzleiters, wer als nächstes auf die Lawine geht, Sondierketten bildet, zum Schaufeln hochgeschickt wird.

Das alles läuft erstaunlich geordnet ab, Lichter sind aufgestellt, die mit Hilfe von Notstromaggregaten funktionieren und die Arbeit in der Nacht erheblich erleichtern. Wir packen unsere Sonden aus und verlängern sie mit drei Teilen. Wir werden sie brauchen, die Lawine ist zum Teil tiefer als vier Meter.

Unsere Gruppe ist jetzt dran, im Gänsemarsch und Laufschritt eilen wir auf die Lawine und stellen uns in einer Linie für die Sondierkette auf. Dabei stehen wir Schulter an Schulter, so eng, dass sich Ruhe oder Unruhe vom Nebenmann überträgt. Obwohl ich die einzige Frau unter fast 70 Bergrettern bin, spielt das keine Rolle. Daran merke ich, dass die Lage sehr ernst ist, denn normalerweise fallen immer ein paar Kommentare über die Präsenz einer weiblichen Kameradin, nicht heute!

Abbruch bzw. Unterbrechung

Ein anderes Team löst uns ab. Ein Bergretter führt Buch über jeden, der auf die Lawine geht und sie wieder verlässt. Er blickt auf, sucht den direkten Augenkontakt, ein kurzer Klaps auf die Schulter. Das gibt mir in diesem Moment ein Gefühl von Sicherheit. ‚Schaufler!', gellt wenig später ein Schrei durch die Nacht. Ich habe eine Schaufel in der Hand, also laufe ich los, hinter den anderen Schauflern immer weiter hinauf auf die Lawine. Bald schon sind meine Kräfte am Ende, aber das ist ein Ernstfall, also renne ich weiter.

Wir kommen an die Stelle, an der ein Fund vermutet wird, die Sonde steckt. Wir schaufeln so schnell wie möglich. Binnen kürzester Zeit ist ein drei Meter tiefes Loch entstanden, immer wieder trifft mich eine Ladung Schnee vom Vordermann, egal, weitermachen! Ich denke nicht mehr nach, stecke nur alle Kraft in das, was in diesem Moment von mir verlangt wird, und das ist jetzt eben schaufeln. Wir stoßen auf etwas Braunes, die Anspannung in den Gesichtern steigt und geht in Enttäuschung über, als wir feststellen, dass der Fund nur ein Wurzelwerk ist. Es geht weiter: sondieren, schaufeln, suchen …

Gegen 22:00 Uhr raunt es durch die Mannschaften: ‚Abbruch!' Die Lawinensituation wird zu gefährlich, aufgrund der Dunkelheit wissen wir nicht, wie der obere Teil des Kessels aussieht und ob dort eventuell noch Schnee abrutschen könnte. Selbst wenn es niemand ausspricht, aber wir wissen alle, dass das ein Todesurteil bedeutet. Zwar wären die Chancen für den noch vermissten Burschen ohnehin sehr klein gewesen, weil eine Lawine solchen Ausmaßes meist tödliche Verletzungen mit sich bringt, aber es ist trotzdem immer unsere Hoffnung, eine Lebendbergung durchführen zu können.

Nachdenkliche Nachbesprechung

Auch das Wort ‚Abbruch' dürfen wir nur intern benutzen, da es psychologisch gravierende Folgen für die Angehörigen birgt. Offiziell heißt es ‚Unterbrechung'. Die Depots werden wieder abgebaut, wir fahren mit den Skiern Richtung Parkplatz. Nun steht noch eine Nachbesprechung in den Räumlichkeiten der Feuerwehr Jochberg an. Alle 70 Personen sitzen mit Jausenbroten und Tee in einem Raum, Kleider und Helme liegen auf Tischen und Stühlen, die meisten Kameraden sind schweigsam, hin und wieder sorgt ein Spaßvogel mit einem Witz für Gelächter. Fast könnte man meinen, es sei eine lockere Zusammenkunft. Ein Blick in die Gesichter der Jochberger Mannschaft zeigt, dass es nicht so ist. Sie sind noch betroffener als die anderen, denn sie kennen den Verschütteten. Die Unterhaltungen über belanglose Dinge helfen aber auch ihnen. Es ist eine Art, das Geschehene zu verarbeiten.

Wir sind nun endlich auf dem Heimweg, es ist 23:30 Uhr. Kurz nach Gundhabing werden wir von einer Polizeistreife mit Blaulicht überholt. Zufällig fahren nun drei Einsatzfahrzeuge hintereinander: Ein NEF (Notarztwagen), das Polizeiauto und unser Bergrettungseinsatzfahrzeug. Dann geschieht etwas, mit dem wir nicht gerechnet haben: Der Notarztwagen fährt über eine Kuppe, weicht plötzlich aus, weil ein PKW unkontrolliert auf der falschen Straßenseite auf eisiger Fahrbahn daherrutscht. Die Polizeistreife kann nicht mehr reagieren, kollidiert mit dem PKW und saust über eine Böschung hinab. Wir kommen zum Glück noch rechtzeitig zum Stehen.

Wir steigen aus und sehen folgendes Szenario: die Frau im PKW ist schwer verletzt, die beiden Polizisten wurden ebenfalls verletzt und stehen unter Schock. Auch die Besatzung des Notarztwagens ist leicht geschockt, sie müssen einen anderen NEF für den Einsatz organisieren, zu dem sie unterwegs waren. Nun sichern wir Bergretter die Unfallstelle ab und kümmern uns als Erste um die Verletzten. So können wir an diesem Tag doch noch erfolgreich helfen."

Tragisches Lawinenunglück in Jochberg. Trotz des Einsatzes vieler Bergrettungs-Ortsstellen und der Unterstützung von Feuerwehr und Bergbahn gab es einen Toten.

Die Dampfsonde als Joker

Bei Lawineneinsätzen hat die Tiroler Bergrettung einen Joker parat: Die Lawinen-Dampfsonde. Mit ihr lassen sich Verschüttete schneller orten, sie reicht weiter durch den Schnee als herkömmliche Sonden, außerdem sorgt sie mittels eines Schlauches für Luftzufuhr. Der Dampf taut auch harten, komprimierten Schnee auf und frisst sich schnell durch dichte Schnee- und Eisschichten. In den geschmolzenen Kanal wird ein Kabel mit einer kleinen Präzisionskamera eingeführt. Deren Filme und Fotos können abgespeichert werden und tragen zu einer exakten Analyse der Situation bei: Handelt es sich beim aufgespürten Widerstand um einen Graswasen, um Erdreich, um einen Skischuh, um ein Stück Stoff oder um menschliche Haut?

Bild oben: Unterweisung zur Nutzung der Dampfsonde im Jamtal
Bild unten: Ein bisschen Spaß beim Üben muss sein.

Nicht immer ist das leicht zu erkennen, deshalb braucht es ein Spezialistenteam, das mit der Lawinen-Dampfsonde vertraut ist. In Tirol sind das neun Männer der Bergrettung St. Johann, unter ihnen der Konstrukteur Stefan Lackner aus Kirchdorf, Elektrounternehmer und Mitglied der Tiroler Bergrettung. Er ersann die technische Innovation im Jahr 2002 nach einem Lawinenunglück in Peru, wo mehrere Menschen bis zu 15 Meter tief verschüttet wurden und auch Bergretter der Ortsstelle St. Johann im Bergeeinsatz waren.

Die Lawinen-Dampfsonde schont die Einsatzkräfte, weil man sich durch die genauere Analyse oft das erschöpfende Ausheben von Schneegräben erspart. Allerdings ist sie schwer zu transportieren, denn sie wiegt mit Gas- und Wasserbehältern bis zu 14 Kilo. Sie ist kein Artikel für die Massenproduktion, aus Kostengründen gibt es in Tirol deshalb einstweilen nur zwei einsatzbereite Geräte, jeweils in St. Johann und in Osttirol. Sie sind ein wichtiger Teil der Lawinen-Rasterfahndung der Bergrettung und können mit dem Spezialistenteam über die Leitstelle Tirol angefordert werden.

Lawinenkurse für Jugendliche

Thomas Schöpf, *geb. 1964, Innenarchitekt, bei der Bergrettung seit 1983, Ortsstelle Vorderes Stubai, Ortsstellenleiter, seit 2012 Bezirksleiter Innsbruck-Land:*

„Da wir für ein Skigebiet zuständig sind, das viele junge Freerider anzieht, setzen wir wie auch andere Tiroler Bergrettungs-Ortsstellen auf Sensibilisierungsmaßnahmen bei jungen Leuten. Diese müssen begreifen, dass sie mit dem Leben spielen, wenn sie bei Lawinenwarnstufe 3 oder sogar 4 in ungesichertes Gelände einfahren. Die meisten sind heutzutage top ausgerüstet, mit dem guten Material unter den Füßen wagen sie Abfahrten in bis zu 40 Grad steilen Rinnen. Viele sind mit der Helmkamera unterwegs, filmen ihre Mutproben, stellen sie ins Internet und finden auf diese Weise Nachahmer. Noch mehr Tafeln mit Verbotsschildern aufzustellen bringt nicht viel, Aufklärung ist besser. Deshalb veranstalten wir in Zusammenarbeit mit der Mittelschule Fulpmes regelmäßig Lawinenkurse. Viele Laienhelfer – ob Jugendliche oder Erwachsene – können zwar mit den technischen Geräten gut umgehen, aber sobald ein Verschütteter geortet ist, beginnt das Chaos. Ohne funktionierendes System braucht man für die Bergung viel zu lange. Das richtige Verhalten wird bei den Kursen theoretisch gelernt und in der Praxis geübt. Die jungen Leute sind mit Begeisterung dabei und wir haben schon viel erreicht, wenn sie noch einmal nachdenken, bevor sie sich auf leichtsinnige Abfahrten einlassen."

Bild rechte Seite: Gigantische Wechte in der Windau im Brixental

Lawineneinsätze: Zeit ist Leben!

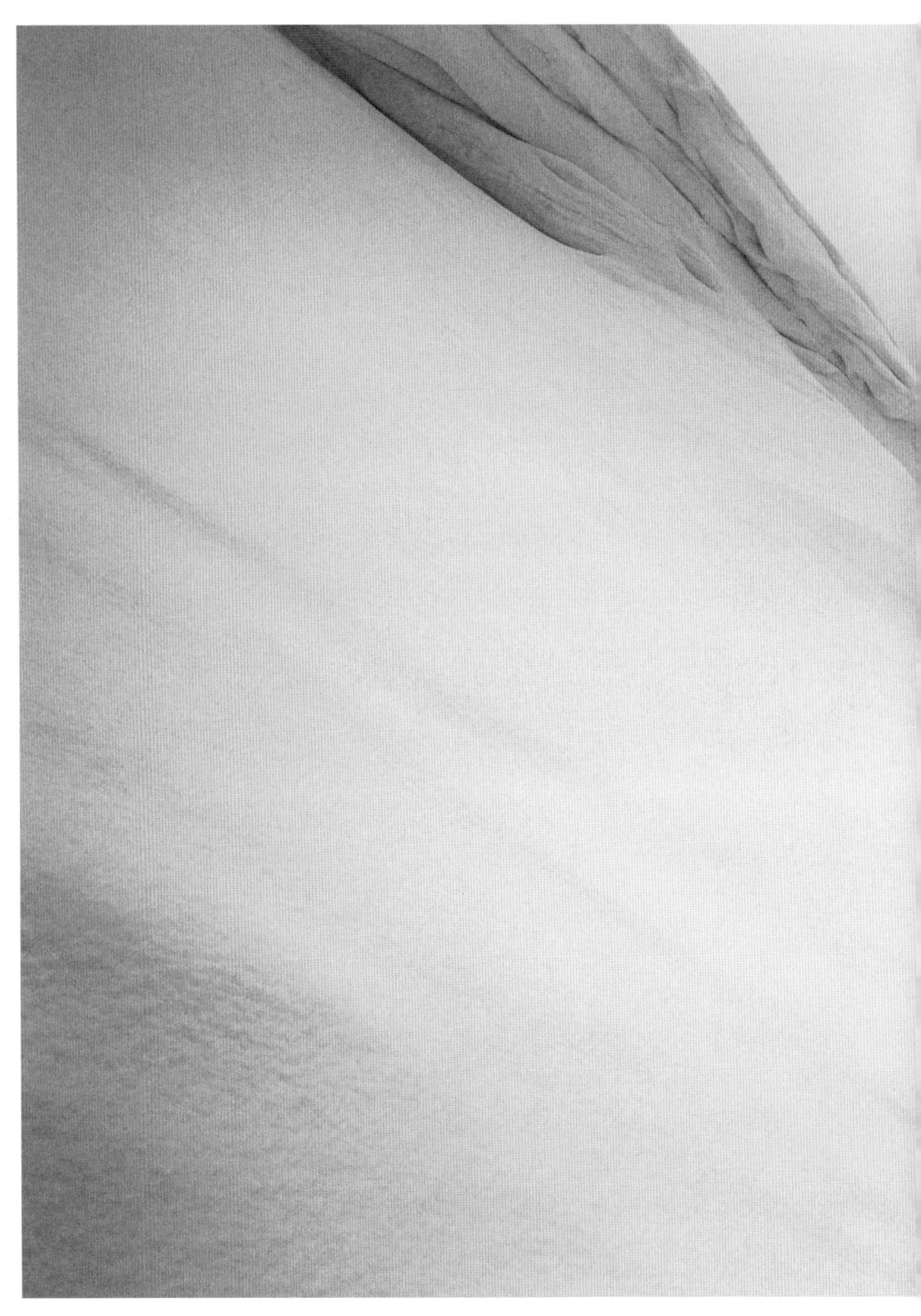

Die Schneebeschaffenheit zu kennen ist überlebenswichtig bei einer Skitour in ungesichertem Gelände.

Lawineneinsätze: Zeit ist Leben!

Die Suche nach Vermissten und Verschütteten

Die Suche von vermissten und abgängigen Personen obliegt gemäß Gesetzeslage der Polizei. Weil solche Einsätze sehr personalintensiv sind, fordert diese dazu oft die Unterstützung der Bergrettung an. Manche Sucheinsätze in weitläufigem Gelände ziehen sich über Wochen oder verursachen Großeinsätze mit mehreren beteiligten Organisationen.

Auszug aus einem Einsatzbericht der Ortsstelle Obertilliach-Kartitsch:
Am Sonntag, den 08.10., musste die Bergrettung Obertilliach-Kartitsch zu einem großen Sucheinsatz ausrücken. Einziger Anhaltspunkt war das Auto, das auf dem Parkplatz bei der Sportanlage Kartitsch gefunden wurde. Keine Spur, kein Anhaltspunkt, wohin die vermisste Frau Renate M. ging. Innerhalb kurzer Zeit standen zusätzlich die Alpinpolizei, die Bergrettung Sillian, die Bergrettungshundestaffel, die Feuerwehren von Obertilliach und Kartitsch im Einsatz. Die Hubschrauber des Innenministeriums und der ÖAMTC (Christophorus 7) unternahmen Mannschaftstransportflüge und Suchflüge. Die Bergrettung Sexten, San Stefano und ein italienischer Hubschrauber unterstützten die Suche auf italienischem Gebiet. Nach Einbruch der Dunkelheit musste die Suchaktion am Abend ergebnislos abgebrochen werden. Am nächsten Tag wurde die Suche mit 70 Bergrettern und Feuerwehrleuten fortgesetzt. Auch zwei Spezialhunde aus Südtirol („Bluthunde") nahmen an der Suche teil. Die intensive Recherche bei Jägern, Wanderern, Verwandten, Freunden und Arbeitskollegen hat letztlich zu einer konkreten Spur geführt, die dann traurige Gewissheit wurde. Frau Renate M. wurde unterhalb der sogenannten „Kleinen Mauerspitze", im hinteren Winklertal, in einer Rinne tot aufgefunden.

Vermisstensuche in Kirchberg

Die Eingehtour der Hundestaffel im Kühtai ist die Voraussetzung für die Kursteilnahme. Nur wer körperlich fit ist, darf seinen Hund auf einen Einsatz führen.

Die Suche nach Vermissten und Verschütteten

Die Hundestaffel der Bergrettung Tirol absolviert schon seit Jahren im Kühtai ihre Winterausbildung. Am Morgen jedes Kurstages laufen Mensch und Tier zu den angelegten Lawinenfeldern, um dort zu üben.

Die Suche nach Vermissten und Verschütteten

Übung für die Hunde: Beim Skifahren „Bei-Fuß" gehen und beim Skidepot zu verweilen, ohne sich mitsamt den Skiern des Herrchens davonzumachen.

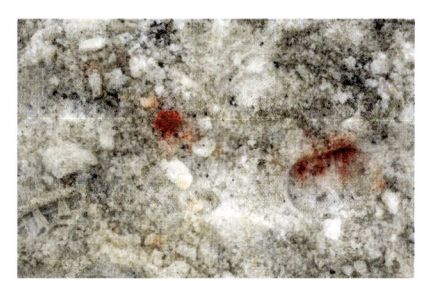

In die von Pistenbullis vorbereiteten Schneehügel graben die Bergretter Löcher, wo sich die Figuranten verstecken. Markierungen im Schnee zeugen von der Aufregung der Hunde.

Die Suche nach Vermissten und Verschütteten

Der Lawinenhund hat den Figuranten gefunden und wird nun mit einem Spielzeug belohnt. So bleibt die Suche für den Hund ein Spiel.

Bilder oben: Auch Fliegen am Tau und Transportflüge im Heli werden geübt, damit die Hunde im Ernstfall wie das Herrchen Ruhe bewahren.

Bild unten: Ein junger Rüde beginnt seine Karriere als Lawinensuchhund.

Die Suche nach Vermissten und Verschütteten

Fliegen am Tau ist aufregend, aber die Hunde mögen es und die BergretterInnen meistens auch.

Die Suche nach Vermissten und Verschütteten

Bild oben: Isolationsschichten und Sonnenbrillen gehören beim Hund genauso zur Bergrettungs-Grundausstattung wie beim Menschen.

Bild unten rechts: Melanie Mader mit ihrer Urkunde zum bestandenen Kurs. Frauen sind noch eine Seltenheit in der Hundestaffel.

Bild unten links: Auch die Hundegesundheit steht auf dem Programm der Theoriestunden.

Suchhunde: Heiße Spur mit kalter Schnauze

Lawinen- und Suchhunde sind unersetzbar bei der Suche nach Vermissten und Verschütteten. Es bedarf eines konsequenten Trainings, damit aus Hund und Herrl (oder Frauerl) ein eingespieltes Team wird. Früher bildete man nur Schäferhunde für Suchteams aus, mittlerweile kommen mehr Rassen zum Einsatz: Border Collies, Golden Retriever, Labradors usw.

Bei der Tiroler Bergrettung gibt es zwischen 50 und 60 Suchhundeführer. Sie sind über Tirol verteilt, so ist in jedem Einsatzgebiet im Notfall schnell ein Fachmann mit Fachhund zur Stelle. Sie müssen Anfänger-, Fortgeschrittenen-, und Perfektionskurse absolvieren, außerdem wird nach abgeschlossener Ausbildung sommers wie winters regelmäßig trainiert. Mehr Sucheinsätze gibt es im Sommer, dabei müssen vermisste Menschen in oft schwierigem und sehr weitläufigem Gelände aufgespürt werden.

Eine Lebensabschnitts-Partnerschaft

Männer und Hunde – das ist im Fall der Bergrettung nicht einfach Hund und Herrl, das ist eine Lebensabschnitts-Partnerschaft. Gestandene Männer teilen ihre Befehle an den Hund oft recht harsch aus: „Sitz, Platz, such voran!" Wenn sich die Bergretter jedoch unbeobachtet fühlen, gibt es Koseworte und sanfte Streicheleinheiten. „Hast du gut geschlafen, mein Schatzi? Ja, bist ein Braver, ein ganz, ganz Braver!" Bei Lawinensuchhunde-Übungen kann man abends belauschen, wie sich ansonsten hartgesottene Kerle wie Mütter über ihre Kinder unterhalten: „Was? Du gibst ihm dieses Futter? Da würde ich doch lieber dieses probieren!" Und die Hunde sind auch ganz friedlich und sanft, obwohl sie wie ihre Besitzer gern Stärke zeigen und Hochleistungssportler sind.

Stefan Hochstaffl ist einer dieser begeisterten Lawinenhundeführer. Sein Vater Johann Hochstaffl war Gründungsmitglied der Ortsstelle Gerlos, sein Onkel Heinrich war ebenfalls aktiver Bergretter. Beide Männer waren als Lawinen- und Suchhundeführer im Einsatz und so war es für Stefan schon als Bub klar, dass er einmal in ihre Fußstapfen treten würde. Mit seinem „Sam", einem Golden Retriever, bestritt er bereits viele wichtige Einsätze. Sam ist ein aufgeweckter, gelehriger Hund, der das Training liebt und genau weiß, wenn es ernst wird und es heißt: „Such voran!"

„Such voran!"

Stefan Hochstaffl, geb. 1975, Gastwirt, seit 1993 bei der Bergrettung, Ortsstelle Gerlos (Zillertal), Bundesvizepräsident der österreichischen Bergrettung und Lawinenhundeführer:

„Ich hatte bis jetzt zwei Suchhunde: Den Schäferhund Ron und den Golden Retriever Sam. Ron ist leider inzwischen verstorben, Sam macht mir immer noch große Freude. Er ist ein talentierter Suchhund, aber dieses Talent führt nur durch ständiges Training zum Ziel.

Die Karriere eines guten Suchhundes beginnt schon bei der Auswahl aus dem Wurf. Er soll von mittlerer Größe sein und nicht zu kurzhaarig, damit er bei frostigen Einsätzen im Winter gut geschützt ist. Im Alter von acht bis zwölf Wochen holt man ihn zu sich nach Hause und beginnt spielerisch mit dem Training, vor allem mit kleinen Versteckspielen. Jeder Hund sucht gern, für sein Fressen muss er dann eben Gegenstände suchen. Sein Jagdinstinkt wird umgelenkt, sodass er nicht mehr einem Hasen nachjagt, sondern zum Beispiel einem Ball, den sein Trainer vor ihm versteckt.

Die Einsatzüberprüfung, hier am Stubaier Gletscher, ist Pflicht für aktive Hundeführer. Nur wenn sie bestanden ist, kann das Team auf die Einsatzliste. Der Test wiederholt sich jährlich.

Spielerisches Training und Ernstfall

Nach ein paar Wochen geht es hinaus auf einen Schneehügel, am besten auf eine bereits abgegangene Naturschneelawine, um Bedingungen wie bei den Einsätzen zu haben. Dort versteckt sich das Herrl in einem offenen Schneeloch. Die nächste Stufe ist ein Schneeloch mit zwei eingegrabenen Personen – vorne liegt eine fremde Person, weiter hinten das Herrl. Der Hund wird beim Aufspüren der ersten Person bereits bestätigt, sodass er auf den menschlichen Geruch konditioniert wird. In der nächsten Phase muss er eine oder mehrere fremde eingegrabene Personen aufspüren. Dieselben Übungen werden anschließend bei geschlossenen Schneelöchern absolviert.

Auch bei Hunden gibt es Früh- und Spätentwickler, aber nach ungefähr einem Jahr kann man bei den meisten erkennen, ob sie für diese schwierige Aufgabe taugen. Wenn sie alle Kurse absolviert haben, kommen sie zu ihren ersten Einsätzen. Die Hunde merken, wenn es ernst wird, weil man sich auch selber anders verhält als bei einem spielerischen Training. Meistens werden wir mit einem Hubschrauber zum Einsatzort hingeflogen, das macht den Hunden nichts aus, im Gegenteil, sie sind vom Helikopterfliegen genauso begeistert wie wir Bergretter. Nur dass solche Einsätze eben meistens einen dramatischen und oft auch tragischen Hintergrund haben.

Sam in seinem Element

Sommereinsätze sind schwieriger

Sommereinsätze fordern Hunde und Führer in den meisten Fällen mehr, weil ein Lawinenkegel von der Größe her überschaubarer ist als weitläufiges alpines Gelände, wo oft tagelang auf gut Glück gesucht werden muss. Aber auch Lawineneinsätze sind sehr anstrengend und stellen hohe Anforderungen. Gerade im Frühjahr ist der Lawinenschnee äußerst dicht, sodass nur schwer ein menschlicher Geruch durch die komprimierte Masse dringt. Für den Hund ist es dann nicht leicht, seine Aufgabe zu erfüllen.

Wenn er es geschafft hat, wird er belohnt. Für ihn macht es keinen Unterschied, ob er eine lebende oder zu Tode gekommene Person oder bloß einen Rucksack aufspürt. Für uns Bergretter natürlich schon. Bevor der Mensch nicht gut geborgen ist, gibt es aber keinen Grund für Euphorie. Leider ist bei Lawinenabgängen die Bergung von Toten weit häufiger als von Lebenden. Dementsprechend sieht auch die Statistik von Sam und mir aus.

Aber einige Male konnten wir eine lebende Person aufspüren. Zum Beispiel wurde 2012 in Kaltenbach ein argentinischer Skilehrer bei einem Lawinenabgang abseits der Piste verschüttet. Er hatte keine Notfallausrüstung bei sich, also auch keinen Pieps. Sam und ich wurden vom Heli 4 aufgenommen und zur Unglücksstelle gebracht. Ich ließ ihn frei und sprach mich noch mit einem Pistenretter ab, da eilte Sam bereits los. Kurz darauf sah ich ihn beim Graben. Wir gruben ein dreiviertel Meter tiefes Loch, dann kam der Helm des Verschütteten zum Vorschein. Der Mann schrie, das hieß, er war noch am Leben und einigermaßen bei Kräften. Er war ganz blau im Gesicht und seine Körpertemperatur auf 32 Grad abgekühlt, aber nach vier Tagen konnte er ohne Schäden aus der Klinik entlassen werden. Das war eine Superleistung von Sam!"

Sam gelingt ein Fund bei einer Übung, sein Können hat er auch im Ernstfall mehrfach erfolgreich unter Beweis gestellt.

Wie sucht man einen Suchhund aus?

Dr. med. vet. Sigrid Vogl, *geb. 1970, praktizierende Tierärztin, seit 2011 bei der Bergrettung, Ortsstelle Schwaz und Umgebung:*

„Such- und Lawinenhunde brauchen geeignete körperliche Voraussetzungen, deshalb werden sie vor Antritt einer Ausbildung gewissenhaft untersucht. Ein großes Augenmerk wird dabei auf die Hüften gelegt, diese werden geröntgt. Gerade bei großen Hunden, und es werden ja nur solche für die Suche ausgebildet, ist die Hüfte oft eine Schwachstelle. So eine Ausbildung dauert drei Jahre und ist teuer, da kann man kein Risiko eingehen. Aber erfahrene Hunde-Ausbilder haben einen guten Blick dafür, sie suchen sorgfältig Welpen aus einem Wurf aus und schauen sich auch die Elterntiere an.

Das Geschlecht spielt beim Suchtrieb keine Rolle. Der Charakter ist viel wichtiger. Die Hunde sollten nicht allzu sensibel auf Stress reagieren. Sowohl Übungen als auch Einsätze bedeuten für sie immer eine enorme Aufregung. Vor allem, wenn sie bei einer Ausbildung mit vielen anderen Hunden zusammenkommen, steigert das die Nervosität. Viele bekommen Durchfall vom Stress, manche ziehen sich vom vielen Schneefressen Rachen- oder Mandelentzündungen zu.

Ein Suchhund kann nicht stundenlang suchen, nach ungefähr einer halben Stunde ist er erschöpft. Und natürlich lässt sich auch sein Spürsinn irritieren. Wenn zu viele Menschen vor Ort sind, kann er sich nicht mehr auf den Geruch eines unter einer Lawine liegenden Menschen konzentrieren. Es kommt auch darauf an, wie tief der Mensch unter dem Schnee begraben liegt, ob der Hund bei der Suche erfolgreich ist. Ist ein Suchhund gleich vor Ort, sind seine Erfolgschancen groß, aber meistens wird er mit dem Hubschrauber herangeflogen, da sind oft schon die Sucher mit den Sonden unterwegs.

Suchhunde müssen fit und schlank sein. Es wäre zu umständlich, einen 60-Kilo-Hund mit einem Hubschrauber zu transportieren und das Suchen auf Lawinenkegeln oder in schwierigem Gelände erfordert Kraft und Wendigkeit. Aber Hunde von Bergrettern laufen ohnedies nicht Gefahr, dick zu werden. Sie sind dauernd auf Tour und haben auch außerhalb der Einsätze und Übungen viel Bewegung.

Gegen das Risiko von Nachlawinen sind die Suchhunde leider genauso wenig geschützt wie ein Mensch. Sie haben keinen speziellen Instinkt dafür. Viele meinen, Tiere können einen Lawinenabgang vorausspüren, aber wenn man sieht, wie viele Gämsen winters von Lawinen begraben werden, liegt die Vermutung nahe, dass das nicht stimmt."

Der Osttiroler Hundenachwuchs inspiziert vorab den BMI-Hubschrauber.

Vermisstensuche mit Pendel

Die Einsatzgebiete, die bei einer Vermisstenmeldung abgesucht werden müssen, sind oft enorm groß. Wenn trotz gründlicher Recherche jegliche Anhaltspunkte fehlen, kann das für die Suchtrupps frustrierend sein. Man überlegt sich, welche Wege die Vermissten gegangen sein könnten, und marschiert mit mehreren Teams auf gut Glück los. Manche Helfer verlassen sich dabei auf ihr Bauchgefühl, andere vertrauen auf die systematische Suche. Der langjährige Leiter der Ortsstelle Hopfgarten, Fritz Biedermann, zieht bei schwierigen Einsätzen sein Pendel zu Rate.

Das Pendeln ist keine anerkannte Suchmethode der Bergrettung, es gehört nicht zum Ausbildungsprogramm, aber in verzweifelten Situationen greift man manchmal auch auf unkonventionelle Methoden zurück.

Das Gefühl funktioniert besser als der Kopf

Fritz Biedermann, *geb. 1946, Techniker und Unternehmer, seit 1968 bei der Bergrettung, Ortsstelle Hopfgarten (Brixental), 37 Jahre Lawinen- und Suchhundeführer, 25 Jahre Ortsstellenleiter:*

„Das Pendeln hat mir ein Hopfgartner gezeigt, der sehr ‚gspürig' war und viele Krankheiten heilen konnte. Mit ihm habe ich in Häusern oft Wasseradern und Störzonen ausgependelt. Einer meiner ersten Pendeleinsätze erfolgte bei der Suche nach zwei Langläuferinnen, die auf der Steinplatte als vermisst galten. Sie hatten sich bei einem Schneesturm verlaufen und waren in gefährliches Gelände geraten. Das Gebiet konnte mit Pendel und Rute eingegrenzt werden, allerdings war zum damaligen Zeitpunkt eine Lebendbergung aufgrund zu hoher Lawinengefahr unmöglich. Im Jahr 2010 wieder ein Pendel-Einsatz: In Kufstein wurde ein Pensionist vermisst. Die dreitägige Suche durch Kollegen war erfolglos geblieben. Aber mit Hilfe meines Pendels konnte ich den Aufenthaltsort auf ca. 40 Meter bestimmen, der Pensionist konnte lebend geborgen werden. Solche Fälle könnte ich noch etliche aufzählen.

Wenn ich ein Suchgebiet auspendle, mache ich das nicht im freien Gelände, sondern von zu Hause aus. Ich lege eine möglichst genaue Karte des Einsatzgebietes auf den Tisch, halte das Pendel über die Karte und befrage es. Meine allererste Frage ist immer, ob ich die vermisste Person finden darf. Die Schwingung des Pendels gibt mir Bescheid. So frage ich mich durch, bis ich Informationen über den Zustand der vermissten Person und ihren Aufenthaltsort habe.

Such-Erfolg in Peru

Manchmal verweigert sich das Pendel, manchmal bekomme ich erstaunlich genaue Informationen. Ich nehme an, es ist die Seele eines Menschen, die sich bemerkbar macht, bzw. seine Energie. Jedenfalls kommen dabei andere geistige Ebenen ins Spiel. Selbst wenn ein Mensch tot ist, kann man nach ein paar Tagen noch seine Anwesenheit fühlen. Wenn sich die Seele schon verflüchtigt hat, geht's kaum mehr, dann muss ich mich bei der Suche auf seinen Rucksack oder einen seiner Ausrüstungsgegenstände konzentrieren. Oder, wenn ich darf, das Geistige nützen.

Das Pendel funktioniert auch für weit entfernte Gebiete. Im Jahr 2002 machte ich mit Bergretterkameraden und anderen Bergfreunden eine Tour auf den Huarascarán in Peru, dabei wurden vier Kameraden von einer Lawine in eine Gletscherspalte gerissen. Wir fanden unsere Bergsteigerkollegen nicht und mussten unverrichteter Dinge zurückkehren. Drei der tödlich Verunglückten wurden nach einer Woche noch am Seil hängend im Rahmen einer spektakulären Aktion gefunden, wobei man auf 6.600 Meter Höhe ein 24 Meter tiefes Loch in die Gletscherspalte grub. Einer blieb vermisst. Ihn hatte es vom Seil gerissen. Seine Fundstelle in der ca. 250 Meter breiten Lawine pendelte ich zuhause aus und gab dann die Mitteilungen per Telefon nach Peru weiter. Sie fanden ihn nach meinen Angaben, ca. sechs Meter vom gegrabenen Loch entfernt, in 15 Metern Tiefe.

Belächelt wird niemand gern

Viele glauben trotzdem nicht daran, aus diesem Grund dränge ich mich nie auf. Aber wenn ich darum gebeten werde, versuche ich zu helfen. Einmal ergriff ich die Initiative und gab einem Einsatzleiter einen Tipp. Sie suchten schon drei Tage. Als erfahrener Bergretter weiß ich, was da in einem vorgeht. Es war dem Einsatzleiter anzumerken, dass er mir nicht glaubte. Er dachte wahrscheinlich, da ist ein Depperter am Telefon. Nach dem Motto: ‚Ja, such ma hoit', wurde jemand zu besagter Stelle ausgeschickt. Tatsächlich wurde man dort fündig. Es war eine Lebendbergung.

Belächelt wird natürlich niemand gern, ich auch nicht. Ich könnte es ja so machen, dass ich mir den Fundort auspendle und dann auf eigene Faust suchen gehe, ohne jemandem etwas davon zu sagen. Aber seltsamerweise funktioniert das nicht gut. Das Pendeln ist wirklich eine sehr sensible Sache. Damit ich aus meinen Fehlern lerne, führe ich Buch und notiere mir bei Misserfolgen, was genau schiefgelaufen ist. Beim Pendeln dann allerdings muss das Denken wieder in den Hintergrund rücken und ganz andere Kräfte übernehmen die Regie."

Gut geborgen – Liftevakuierungsübungen

Liftbergeübung am Pengelstein in Kitzbühel

Die vielen Liftanlagen und Seilbahnen sind Hauptschlagadern des Tourismuslandes Tirol. Aber selbst bei bester Wartung können technische Gebrechen auftreten. Wer kümmert sich dann um die Evakuierung der Liftinsassen? Richtig, die Bergrettung! Mittels fundierter Ausbildung stellt sie auch auf diesem Gebiet Fachleute. Die Bergrettung Tirol hat sogar ein eigenes, vorbildliches Liftevakuierungssystem entwickelt.

Eine Liftbergung ist auch logistisch ein enormer Aufwand, es braucht bis zu zwölf Bergetrupps bei einem Einsatz, denn es muss für jede Stütze ein Team bereitgestellt werden, das sich mit Tragseil-Fahrwerken zu den Gondeln oder Liftsesseln vorarbeitet und die Passagiere aus ihrer Notlage befreit. Alle Ortsstellen der Bergrettung Tirol nehmen an Liftberge-Kursen teil, zu einem Einsatz trifft es wahrscheinlich nur wenige, aber wenn der Ernstfall doch einmal eintritt, muss alles klappen wie am Schnürchen.

Liftbergeübung Schlick 2000

Unter der Führung der Bergrettung Vorderes Stubai mit der bewährten Einsatzleitung von Thomas Schöpf sind diesmal noch mit dabei die Ortsstellen der Bergrettung Wattens, Steinach und Matrei am Brenner. Insgesamt 40 Bergretter sind bei der Übung im Einsatz, 30 Personen haben sich als zu bergende Liftpassagiere zur Verfügung gestellt. Trainiert werden fünf im Ernstfall zum Einsatz kommende Lift-Bergesysteme. Auch die Shuttlebergung von Gondel zu Gondel, die man in Lawinenstrichen anwenden muss, weil man die Passagiere aufgrund eventueller Lawinengefährdung nicht direkt auf den Boden abseilen kann.

Abseilen aus schwindelerregender Höhe

Bei der Einsatzbesprechung in der Mittelstation des Kreuzjochliftes teilt der Einsatzleiter die Bergretter in neun Teams ein. Sie sind jeweils für eine Sektion der Anlage – also von einer

Stütze bis zur nächsten – zuständig. Sobald die Gondelbahn außer Betrieb gesetzt ist, machen sie sich mit ihrer Ausrüstung auf den Weg. Die Bergretter wissen, was zu tun ist. Aber wie geht es inzwischen den Menschen in der Gondel?

Zuerst ganz gut. Ein kurzer Stopp der Anlage bedeutet ja noch nichts. Es kann jeden Moment weitergehen. Aber dann ertönt die Durchsage, dass es einen Schaden in der Antriebsanlage gibt, die Bahn deshalb nicht weiterfahren kann und alle Passagiere von den Bergeteams geborgen werden. „Wir bitten Sie, sitzen zu bleiben und Ruhe zu bewahren!"

Im Ernstfall gibt es nun möglicherweise die ersten Schweißausbrüche bei manchen Passagieren, denn geborgen werden, das heißt: abseilen. Je nachdem über welchem Teilstück man zu stehen gekommen ist, auch aus schwindelerregender Höhe. Schweißausbrüche würden sich jene wiederum wünschen, denen während der Zeit des Wartens kalt wird. Früher dauerte es oft sechs bis sieben Stunden, bis ein Lift mit ca. 300 Passagieren evakuiert war, durch das neue Liftbergesystem der Bergrettung Tirol hat sich diese Zeit wesentlich verkürzt. Man schafft es jetzt, innerhalb der gesetzlich vorgeschriebenen 3 ½ Stunden die Passagiere zu bergen. Ein wenig Geduld muss man trotzdem haben. Wenn der Hubschrauber aufgrund schlechter Witterungsbedingungen nicht fliegen kann, müssen die Bergretter, so weit es möglich ist, mit dem Auto oder einem Pistenfahrzeug und dann weiter zu Fuß oder mit Tourenskiern den Berg hinauf. Je näher der Bergstation man in so einem Fall hängt, desto länger dauert es, bis die Retter vor Ort sind.

Die Retter in den Rotjacken treffen ein

Erleichterung allerseits, wenn die ersten Rotjacken in der Liftschneise zu sehen sind. Die Bergung hat begonnen, die Passagiere sind nicht mehr sich selbst überlassen. Jetzt gilt es nur noch auszuharren, bis sich der zuständige Bergretter bis zur jeweiligen Gondel vorgearbeitet hat. Dazu steigt er mit Sitz- und Brustgurt – gut gesichert von einem Kameraden – auf die Liftstütze, hängt das Tragseilfahrwerk am Liftseil ein und arbeitet sich seilabwärts. Die Mechanik der Sicherungskarabiner rollt dabei zwangsläufig nicht wie geschmiert, sondern rattert holprig über den Stahl, was man auch in den Gondeln zu spüren bekommt. Aber das ist das kleinste Problem. Ein bisschen Rumpeln ist erlaubt, wenn man dafür gerettet wird.

Liftbergeübung in Brixen im Thale

Sobald man sieht, wie souverän die Bergretter sich dabei bewegen, bekommen auch die Ängstlichen gleich ein sicheres Gefühl und haben nicht mehr so viel Panik vor dem Abseilen.

Wer sich in einer Gondel nächst oberhalb einer Liftstütze befindet, wundert sich im ersten Moment: Die Retter, die an der Liftstütze heraufkraxeln, sind so nah, dennoch lassen sie einen im wahrsten Sinne des Wortes hängen und kümmern sich stattdessen um die Insassen der Nachbargondel in Richtung Talstation. Aber so funktioniert das System: Geborgen wird bei jedem einzelnen Sektor in Richtung Tal. Müssten sich die Retter im Fahrwerk seilaufwärts ziehen, wäre das viel zu zeit- und kraftraubend.

Bergung mit „Plastikwindel"

Hat ein Bergretter eine Gondel erreicht, klettert er auf deren Dach und arbeitet sich anschließend zum Einstieg vor. „Ich öffne jetzt gleich die Tür einen Spalt und komme dann zu Ihnen hinein", erklärt er. Weitere Erleichterung: Er strahlt Ruhe aus und scheint mit seinen am Boden stationierten Kameraden alles im Griff zu haben. Na gut, dann kann man sich ja getrost das gelbe Bergedreieck, die „Plastikwindel", anlegen lassen. Und schon geht's los. Sanft wird man zur offenen Tür hinausbugsiert, ein kurzer Blick in die Tiefe, ein schnelles Atemholen. Man merkt, das hält, und schwebt nach unten, bis man wieder sicheren Boden unter den Füßen hat. Das heißt, so sicher ist er meistens gar nicht, denn das Liftgelände kann ziemlich steil sein. Mit Skischuhen, wenn noch dazu tiefer Schnee liegt, ist der Weg nicht so leicht zu bewältigen. Aber auch für diesen Fall sind wieder Helfer zur Stelle, die – wenn nötig – inzwischen schon einen Pfad ausgetreten haben. Sie begleiten die geborgenen Passagiere zur Forststraße, wo die Autos und Versorgungszelte der beteiligten Rettungsorganisationen mit heißem Tee und medizinischer Hilfe bereitstehen.

Die Figuranten werden abgeseilt.

Liftbergeübung „Schlick 2000". Autorin Irene Prugger will es selber testen, um darüber berichten zu können.

Gut geborgen – Liftevakuierungsübungen

Pistendienste und Sondereinsätze

Nicht immer sind es akute Notfälle, bei denen Bergretter im Einsatz sind. Sie versehen im Winter Pisten-Ambulanzdienste und unterstützen damit die Seilbahnbetreiber. Auch bei Sportveranstaltungen – egal ob Skirennen, Bobrennen, Mountainbike-Downhill-Rennen, Langlaufbewerben usw. – sind sie als Rettungsbereitschaftsdienst vor Ort. Sie leisteten bei den Olympischen Jugend-Winterspielen 2012 und bei den Olympischen Winterspielen 1964 und 1976 Ambulanzdienste.

Bei der Fußballeuropameisterschaft 2008 war der Tribünenzubau des Innsbrucker Tivolistadions so steil, dass sich die herkömmliche Rettung außerstande sah, bei einem Notfall die richtigen Maßnahmen zu ergreifen. Da musste die Bergrettung her, die im Notfall die Verletzten abgeseilt hätte. Passiert ist zum Glück nichts, und die Bergretter genossen eine hervorragende Aussicht auf die Matches.

Die Lawinensuchhunde sind komplett integrierte Bergrettungsmitglieder und somit auch bei allen anderen Einsätzen mit dabei.

Die Bergrettungs-Ortsstellen Westendorf, Hopfgarten, Kirchberg und Kitzbühel stellen den Ambulanzdienst beim KitzAlpBike MTB Marathon. Oft ist dabei neben dem Streckendienst auch Hirtenarbeit im Almgelände zu leisten.

Pistendienste und Sondereinsätze

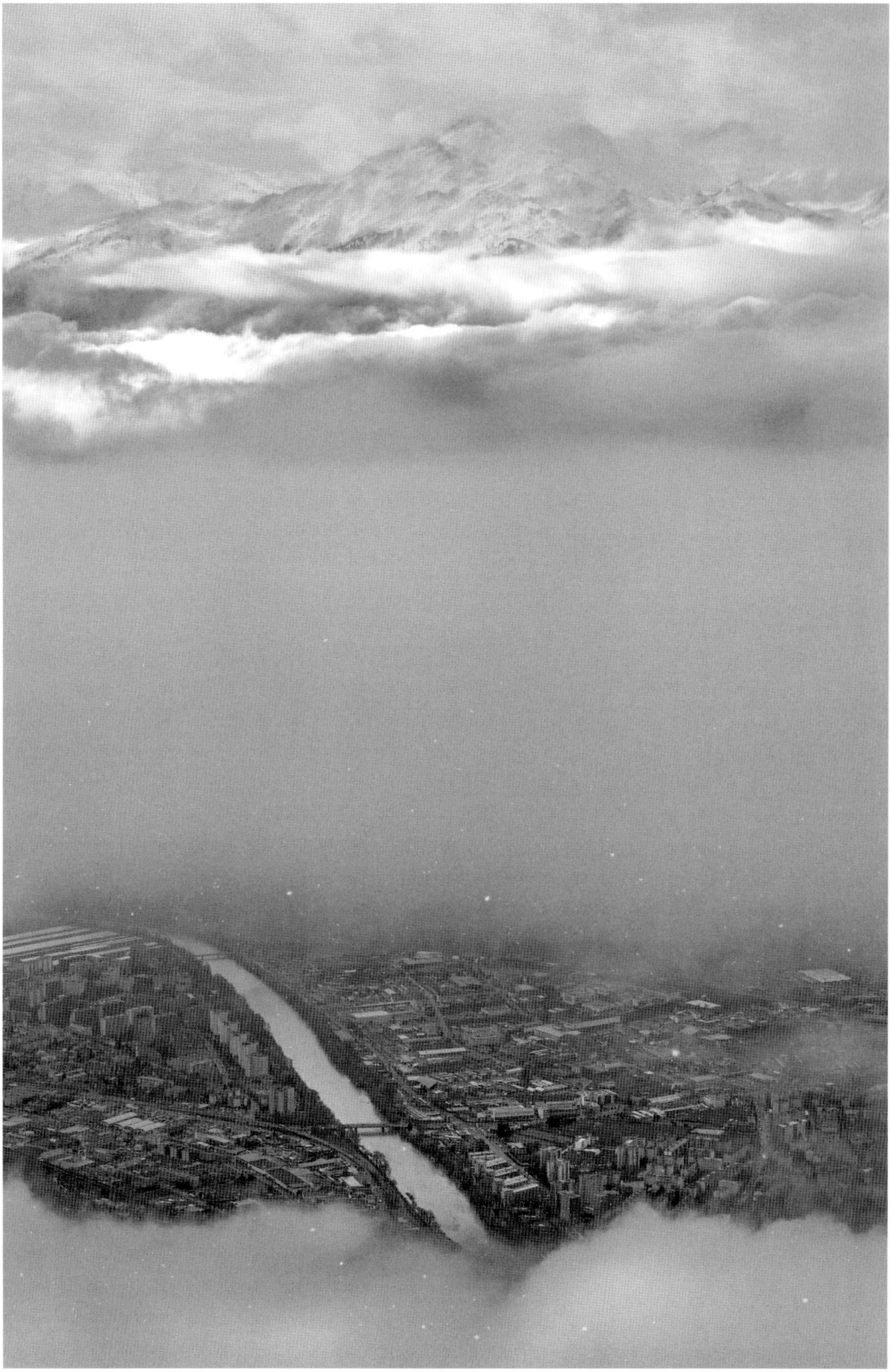

Bild oben: Die vier Disziplinen des Rennens sind MTB Uphill, Ski Uphill, Ski Downhill und MTB Downhill.

Bild unten: Die Ortsstelle Innsbruck ist gerüstet für einen Einsatz während des Rennens.

Bild linke Seite: Bizarres Wetter erschwerte beim Nordketten-Quartett den Ambulanzdienst für die Innsbrucker Bergrettung.

Pistendienste und Sondereinsätze

NERVEN WIE SEILE

Kühne Canyoning-Akrobatik

Der Pulsschlag des Lebens hat sich in den letzten Jahren erhöht, der Extremsport fordert Mut und Tribut: schneller, höher, weiter, riskanter! Die kühnen Sportarten haben zugenommen, vom Mountainbiken über steile steinige Steige bis zum Eisklettern und Drachenfliegen. Und weil die Berge nicht nur in die Höhe ragen, sondern auch von Schluchten durchzogen sind, erfreut sich das Canyoning in den Alpen großer Beliebtheit. Die Bergrettung muss auch auf solche Einsätze vorbereitet sein und regelmäßig mit Spezialeinheiten Schluchtenbergungen trainieren.

Fit bei Canyoning-Einsätzen

Alexander Riml, *geb. 1969, Berg-und Skiführer sowie Produktmanager, bei der Bergrettung seit 1998, Ortsstelle Oetz (Ötztal), Ausbilder bei der Tiroler Bergrettung u.a. für den Bereich Canyoning:*

„Beim Canyoning kommen zu den üblichen alpinen Gefahren noch einige andere Gefahren dazu. Die Retter müssen zum Beispiel bei einem Einsatz aufpassen, dass sie nicht selber vom Wildwasser überrascht werden und dadurch ertrinken. Deshalb braucht es Spezialkurse, um als Canyoning-Retter arbeiten zu können. Man kann dazu den ‚Tiroler Schluchtenführer' über den Tiroler Bergsportführerverband absolvieren und dann die einschlägigen Kurse der Bergrettung besuchen, oder die gesamte Ausbildung bei der Bergrettung durchlaufen. Dazu muss man vorher allerdings fertig ausgebildeter Bergretter sein, denn nur wer sich im alpinen Gelände zu bewegen weiß, kann überhaupt in eine Schlucht gelassen werden.

Ich habe 2012 einen Schluchtenführer herausgegeben und mir ist bei den Recherchen zu diesem Buch klar geworden, dass es im Nahbereich fast jeder Tiroler Ortsstelle eine oder mehrere Schluchten gibt. Es wäre also sehr nützlich, wenn jede Ortsstelle ausgebildete Canyoning-Retter hätte. Allein bei uns in Oetz gibt es jährlich zwischen 15 und 20 Canyoning-Einsätze, davon rückt die Bergrettung in ca. fünf bis zehn Fällen aus. Wir sind natürlich ein Tal mit besonders vielen Outdoor-Anbietern, aber da dieser Sport überall boomt, muss man in allen Teilen Tirols auf Unfälle vorbereitet sein.

Die häufigsten Unfallfolgen beim Canyoning sind Bein- und Armverletzungen. Oft wird der Hubschrauber gerufen, wobei das für die Flugretter besonders schwierige Einsätze sind. Sie sind ja nicht dafür ausgerüstet, im Wasser zu stehen, und die eingeschnittenen Schluchten bergen große Gefahren beim Manövrieren. Da wäre es oft weniger risikoreich, wenn erfahrene Bergretter das Bergen bis zum Schluchtenrand übernehmen würden.

Als Prävention müssten sich auch die Sportler selber besser vorbereiten. Bei fast jedem Sport werden Kurse absolviert, aber beim Canyoning oder Bergsteigen versuchen es viele in Eigenregie. Das geht nur bis zu einem gewissen Grad gut, dann wird es extrem gefährlich. Leider unterschätzen das viele und begeben sich leichtfertig in Gefahr."

Bild linke Seite oben: Die Bergrettung Sillian übernahm Ambulanz- und Streckenpostendienst für das Franui-Openair Konzert in Innervillgraten, Osttirol.

Bild linke Seite Mitte: Konzertbesucher mussten 2 1/2 Stunden zur Almwiese Franui wandern, nach der sich die Band benannt hat.

Bild oben: Die Canyoning-Ausbildung der Bergrettung ist in die Schluchtenführer-Ausbildung des Bergführerverbandes integriert. Hier Klammenbachl in Tarrenz bei Imst

Bild unten: Die Kaiserklamm in Kramsach eignet sich für die Ausbildung im Wildwasserschwimmen. Bergretter und Bergführer Tom Müllauer wartet auf seine Kursteilnehmer.

Mit Bergretterhosen in die Wasser-Schlucht

Fred Wallenta, *geb. 1961, Techniker, seit 1985 bei der Bergrettung, Ortsstelle Schwaz und Umgebung, seit 1997 Ortsstellenleiter:*

„Wir haben ein sehr großes Einsatzgebiet mit sieben Schluchten, die sich fürs Schluchtenwandern eignen. Als Mitte der 1990er Jahre das Canyoning aufkam, ereigneten sich auch bei uns die ersten Unfälle dieser Art. Wir mussten also darauf reagieren, das heißt, wir stellten eine Canyoning-Rettungstruppe zusammen. Dazu braucht es eine Ausbildung, die u.a. Wildwasserschwimmen und eine spezielle Seiltechnik umfasst. Mittlerweile haben wir bei unserer Ortsstelle sechs Canyoning-Retter und auch ein eigenes Bergegerät. Das ist ein 80 Meter langes Stahlseil, dessen Ende man mittels einer Armbrust aufs andere Ufer schießen und somit das Seil über die Schlucht spannen kann. An Seilrollen zieht man sich über die Schlucht, um die in Not geratenen Menschen zu bergen.

Heute sind wir schon ziemlich versiert in der Canyoning-Rettung, aber unser erster Einsatz auf diesem Gebiet war nicht nur chaotisch, sondern auch gefährlich. Wir hatten ja weder Ausbildung noch Erfahrung, von einem Bergegerät und Neoprenanzügen ganz zu schweigen. Als einmal – es war im Jahr 1992 – kurz vor Mitternacht die Meldung eintraf, dass eine vierköpfige Truppe in der Gamsgarten-Schlucht vermisst wurde, machten wir uns in unserem normalen Bergrettergewand auf die Suche. Ein Hubschrauber brachte uns auf eine nahe gelegene Alm, von dort stiegen wir in die Schlucht ein, denn diesen Weg hatte auch die Canyoning-Gruppe genommen.

Da keiner von den Bergrettern der Ortsstelle Schwaz die Schlucht je begangen hatte, war das ein langwieriges und schwieriges Unterfangen, noch dazu im Dunkeln. Wir mussten natürlich auch durchs Wasser mit unseren Berghosen und Bergschuhen, innerhalb kürzester Zeit waren wir waschelnass. Es war Anfang September und relativ frisch, es empfahl sich also nicht, irgendwo stehen- oder sitzenzubleiben, wir wären im Nu steifgefroren gewesen. Die vermisste Gruppe fanden wir in den frühen Morgenstunden nicht weit entfernt vom Ausgang der Schlucht. Sie waren allesamt wohlauf und weit besser ausgerüstet als wir, sie hatten sich bloß im Dunkeln nicht mehr weitergetraut. Wir waren nicht nur erschöpft und bis auf die Knochen durchgefroren, sondern auch beschämt wegen unserer mangelnden Ausrüstung. Als es dann immer mehr Schluchtenwanderer gab, war klar, dass wir uns darauf einstellen mussten."

Die Kaiserklamm besticht mit ihrer Schönheit, kann aber schnell zum Verhängnis werden, wenn man die Gefahren nicht richtig einschätzt.

Bilder oben: Das Abseilen durch eiskalte Gebirgsbäche in Schluchten will gelernt sein. Rutschiger Fels, Hindernisse unter dem Wasser und die Kraft der Strömung fordern technisches Können.

Bild unten: Wilfried Hauser und Martin Gstrein nehmen als Bergretter am Kurs teil. Manuel Kerber, Bergretter und Bergführer, bildet aus.

Kühne Canyoning-Akrobatik

Bilder oben: Der Fallbach in Gnadenwald bei Hall hält einen 70 Meter-Wasserfall für die Kursteilnehmer bereit. So viel Luft unterm Hintern beeindruckt auch die Bergretter.

Bild Mitte links: Man sollte wissen, wo sich ein Notausstieg aus der Schlucht befindet.

Bild unten links: Die Sicherungen in der Schlucht müssen jährlich überprüft und ggf. erneuert werden. Hochwasser bei Schneeschmelze verändert die Schluchten und reißt so manche gelegte Route mit sich.

Bilder rechte Seite: Handzeichen und Signale mit der Trillerpfeife sind strengstens zu beachten, da eine normale Kommunikation beim Canyoning wegen des tosenden Wassers nicht möglich ist.

Kühne Canyoning-Akrobatik

Die Bergrettung im Film

Die kleine Ortsstelle Scheffau-Söllandl am Wilden Kaiser ist die Spezialistentruppe für filmische Bergrettungseinsätze. Sicherungsarbeiten, Shuttleservice, Doubleszenen und direktes Mitspielen gehören zu ihrem Repertoire. Natürlich sind sie auch zur Stelle, wenn das wahre Leben den Notfall ausruft.

Ein kleines Problem haben die länderübergreifenden Filme und Serien deutlich gemacht: In Deutschland gibt es keine „Bergrettung", dort obliegen die Rettungsbelange der „Bergwacht". Nicht selten kommt es deshalb bei deutschen Touristen in Österreich zu Missverständnissen. Im Film erklärt man nicht lange, sondern überdeckt oft die Aufschriften der Bergrettungsheime mit „Bergwacht"-Schildern. Der kleine Etikettenschwindel fällt aber nur sehr genauen Beobachtern auf.

Auch der Bergdoktor braucht Bergretter

Sepp Hofer, geb 1952, bei der Bergrettung seit 1983, Ortsstelle Scheffau-Söllandl (am Wilden Kaiser), 20 Jahre Flugretter, ehem. Ortsstellenleiter, von 2003 bis 2009 Bezirksleiter Kufstein:

„Am Wilden Kaiser geht es im Sommer rund. Bei schönem Wetter sind Massen an Wanderern und Bergsteigern unterwegs. Wir sind eine kleine Ortsstelle mit knapp über 20 Leuten, wickeln aber 40 bis 50 Einsätze pro Saison ab. Bei den Kollegen der Ortsstelle Kufstein, die die Nordseite des Wilden Kaisers betreuen, sind es noch mehr. Wir in Scheffau-Söllandl absolvieren keine Pistendienste, dafür kommen bei uns regelmäßig Filmeinsätze dazu. 1998 hat das begonnen, damals fragte ein Filmteam bei uns an, seitdem buchen uns verschiedene TV-Produktionsteams regelmäßig, wobei die Drehorte über ganz Tirol verteilt sind. In einem Spitzenjahr hatten wir 23 Drehtage mit vier bis fünf Mann, das ist anstrengend, aber es macht uns Spaß. Bei Filmen wie z.B. dem „Bergdoktor" können die Zuschauer übrigens viel über die Arbeit der Bergrettung lernen, denn wir verwenden genau die Berge- und Seiltechniken, die wir auch bei unserer Ausbildung und bei unseren Übungen trainieren. In die Serie ‚Die Bergretter' sind wir nicht involviert, dort ist die steirische Ortsstelle Ramsau am Dachstein im Einsatz."

Hans Sigl und Heiko Ruprecht von der Serie „Der Bergdoktor" werden im Gelände bestens betreut. Alle Sicherungsarbeiten übernehmen die Bergretter.

Die Bergrettung im Film

Schauspielercrew bei den Dreharbeiten zur Fernsehserie „Der Bergdoktor"

Die Bergrettung im Film

Peter Habeler: der Bergrettung verbunden

Der bekannte Zillertaler Extrembergsteiger Prof. Peter Habeler stand oft ganz oben: Er schaffte spektakuläre Erstbegehungen in den Rocky Mountains, war der erste europäische Bezwinger der Big Walls im Yosemite-Nationalpark und durchstieg in Rekordzeit die Eiger-Nordwand. Er stand auf den Gipfeln des Cho Oyu, Nanga Parbat, Kangchendzönga, Hidden Peak und des Mount Everest (mit Reinhold Messner die erste legendäre Besteigung ohne künstlichen Sauerstoff) und erklomm viele weitere Berge auf der ganzen Welt mit höchstem Schwierigkeitsgrad.

Peter Habeler kennt den Wert verlässlicher Bergkameradschaft, er kennt aber auch das Ausgesetztsein am Berg und weiß deshalb die Kompetenz und Einsatzbereitschaft der Bergrettung zu schätzen.

Auch erfahrene Bergsteiger können schnell in Bergnot geraten

Prof. Peter Habeler, geb. 1942, ehem. Extrembergsteiger, Berg- und Skiführer, seit 1960 bei der Bergrettung, Ortsstelle Mayrhofen (Zillertal), 10 Jahre Bergrettungs-Ausbildungsleiter:

„Auch erfahrene Bergsteiger können schnell in Bergnot geraten, das muss nicht einmal bei einer extremen Tour sein. Auch bei mir wurde es einige Male sehr eng. Ich erinnere mich an eine Tour auf den 8.188 Meter hohen Cho Oyu im Nordwesten des Mount Everest, die ich 1985 gemeinsam mit meinem Bergkameraden, dem Schweizer Marcel Rüedi, unternahm. Die Tour verzehrte unsere ganzen Kräfte, beim Abstieg waren wir schon sehr erschöpft. Außerdem

Eine lange Freundschaft verbindet Peter Habeler und Kurt Nairz.

hatte es einen Schlechtwettereinbruch gegeben, überall Nebel, wir kamen ins gefürchtete White-out, sahen kaum noch die Hand vor Augen. Es war saukalt und wir hatten keine Daunenschlafsäcke dabei. Wir hatten ja geglaubt, ungehindert noch am selben Tag zurückkehren zu können.

Da hab ich mir gedacht: Zum Teufel, das wird knapp. Wenn wir hier bleiben müssen, überleben wir diese Nacht nicht. Das Sterben in so extremer Lage geschieht ja relativ rasch, man ist müde, ausgelaugt und froh, irgendwo sitzen zu können, man kuschelt sich so gut wie möglich ein, schläft weg und erfriert. Dass wir damals überlebt haben, war reines Glück, denn plötzlich riss die Nebeldecke auf und gab die Sicht auf unseren Abstiegsweg frei. Marcel Rüedi, dieser unglaublich tolle Freund und Partner, erfror übrigens ein Jahr später aus Erschöpfung am Makalu, dem fünfthöchsten Berg der Erde, zwischen Nepal und Tibet.

Eine Unachtsamkeit führt oft zur Katastrophe

Ein anderes Mal war ich mit einem Bergführerkollegen und einer neunköpfigen Gästegruppe im Sommer am Großen Möseler, dem zweithöchsten Berg des Zillertales. Mein Kollege ging mit fünf, ich mit vier Personen am Seil. Beim Auf- und Abstieg mussten wir eine steile Schneerinne passieren. Es war Weichschnee und es hätte eigentlich kein Problem geben dürfen, aber beim Abstieg kam die obere Gruppe trotz Pickelsicherung in dieser Rinne ins Rutschen und schlitterte in meine Gruppe hinein. Wir wurden alle mitgerissen und stürzten 300 Höhenmeter wild durcheinander hinunter, bis wir auf einem Gletscherausläufer zu liegen kamen. Das war unsere Rettung. Als ich mich aus dem Schnee hochrappelte, hielt ich meinem Kollegen eine Strafpredigt, weil er seine Gruppe nicht ordentlich gesichert hatte. Wir hätten alle tot sein können, aber wie durch ein Wunder gab es nur ein paar Leichtverletzte.

Das Beispiel zeigt, dass schon die geringste Unachtsamkeit am Berg zu einer Katastrophe führen kann. Man muss den Bergrettern und Bergretterinnen wirklich dankbar sein, dass sie in Notsituationen zu Hilfe eilen. Hut ab, wenn sich da jemand oft zu später Stunde, bei Nacht und Nebel aufmacht, um in Bergnot geratene Menschen zu holen. Ohne die Bergrettung würden auch 90 Prozent der tödlich Verunglückten nicht vom Berg geholt werden können.

Peter Habelers Heimat sind die Zillertaler und die Tuxer Berge.

Bei uns im Zillertal baute vor allem Leopold Loidl Mitte der 1950er Jahre die Bergrettung auf. Er war ein steirischer Alpingendarm, der in Mayrhofen stationiert war. Es gab einiges zu tun, denn wo viel Bergtourismus ist, passiert auch viel. Loidl machte seine Sache gut, aber als „Zuagroaster" hatte er es nicht immer leicht. Einer der bedeutenden Bergrettungspioniere war auch Hans Kröll vulgo Hansler Hansl aus Mayrhofen – Lawinenbeauftragter bei den Tauernkraftwerken und Chef des Lawinenwarndienstes.

Lebenslange Freundschaften

Weil alle meine großen Bergführervorbilder bei der Bergrettung waren, ging ich schon als junger Bursche dazu. Ich muss aber zugeben, dass ich nicht sehr häufig an Einsätzen teilnahm, weil ich meistens in einem anderen Gebiet auf Tour war, oft auf den Spuren meiner großen Motivatoren wie dem Landecker Spitzenbergsteiger Sepp Jöchler und dem Abenteurer und Bergpionier Herbert Tichy. Allerdings war ich ein paar Jahre als Ausbilder für die Bergrettung tätig.

Heute verbinden mich mit der Tiroler Bergrettung lebenslange Freundschaften, z.B. mit Landesleiter Kurt Nairz, dessen Persönlichkeit und Arbeit ich sehr schätze. Wir haben etliche, oft schwierige Einsätze im Karwendel miteinander bestritten und unsere Freundschaft auf Schulungen und bei manchen Spitzbübereien vertieft. Mit Kurt unternehme ich auch jedes Jahr eine dreitägige Tour mit Managern. Das Tätigkeitsfeld der Bergrettung strahlt ja nach vielen Richtungen aus und es braucht auch eine gute Zusammenarbeit nicht nur mit anderen Blaulichtorganisationen, sondern auch mit Firmen und Sponsoren."

Höllenstein im Tuxertal

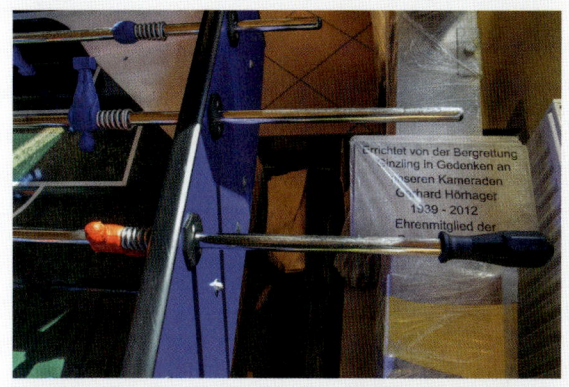

Fotoimpressionen Bezirk Schwaz

Fotoimpressionen Bezirk Schwaz

Bezirk Schwaz

Fotoimpressionen Bezirk Schwaz

Höllenstein im Tuxertal bei Nacht

Von der Brieftaube zum Digitalfunk

Für den Ausbau des Zivil- und Katastrophenfunks – vor allem für Feuerwehr und Hütten –, setzte sich Hofrat Dr. Wolfgang Rabensteiner vom Land Tirol ein, der von 1953 bis 1955 auch Landesleiter der Tiroler Bergrettung war. Er ließ die Funkstrecken zu einem sprichwörtlichen „Bergretterkanal" werden.

Der flächendeckende Ausbau des analogen Funknetzes in Tirol war sehr aufwändig, denn im gebirgigen Land brauchte es viele Relaisstationen. Außerdem funktionierten die Verbindungen bei Einsätzen oft nicht richtig, Feind und Freund hörten mit, es krachte und zischte, und manchmal platzten in die Unglücksmeldungen Lebensmittelbestellungen von Alm- und Schutzhütten oder private Plänkeleien hinein.

Nachrichtenübermittlung im Flug

Leicht zu transportieren waren die schweren Kästen auch nicht. Bis zu den 1970er Jahren waren deshalb auf den wichtigsten Hütten wie z.B. der Falkenhütte und Pfeishütte im Karwendel, der Adolf-Pichler-Hütte am Fuß der Kalkkögel und der Bergwachthütte im Wettersteingebiet Brieftauben stationiert, um Nachrichten von Bergunfällen schnell ins Tal zu bringen. Meistens schickte man zwei oder drei Tauben los, sodass selbst bei einem Angriff durch Raubvögel eine von ihnen das Ziel erreichte. Es flogen immer nur Männchen oder Weibchen miteinander, wohl deshalb, damit sie unterwegs nicht auf dumme Gedanken kamen. Wenn sie zu ihrem Schlag im 5. Stock des Landesgendarmeriekommandos Innsbruck zurückkehrten, lösten sie dort ein optisches und akustisches Signal aus, der zuständige Beamte las die Nachricht und die Rettungsaktion wurde gestartet.

Eine besonders schnelle Brieftaube schaffte die Strecke von der Pfeishütte bis zum Landesgendarmeriekommando in nur sieben Minuten. Dennoch war die Brieftaubenära mit großem Aufwand verbunden, denn die Tiere brauchten Futter und Pflege und mussten auf den Hütten jede Woche ausgetauscht werden, sonst wären sie nicht mehr zu ihrem Heimatschlag zurückgekehrt. Als Tirol flächendeckend mit einem analogen Funknetz durchzogen wurde, war die Ära der fliegenden Boten vorbei, ihnen wurde der Dienst gekündigt.

Mitte der 1970er Jahre gab es in den meisten Haushalten ein Telefon, aber dass es einmal Handys geben würde, konnte man sich nicht vorstellen. Während die Bergretter sich für den Einsatz bereit machten, alarmierten oft ihre Frauen mit dem Haustelefon die restliche Einsatztruppe.

Noch bis Anfang der 2000er Jahre funkten die einzelnen Blaulichtorganisationen auf verschiedenen Netzen, es gab sehr viele Schnittstellen in der Kommunikation. Einsatzkräfte nahmen oft zwei Funkgeräte mit – z.B. eines von der Feuerwehr und eines von der Bergrettung. Erst nach der Katastrophe von Galtür wurde das Funknetz innerhalb Tirols vereinheitlicht und die Leitstelle Tirol eingerichtet – jenes logistische Zentrum, wo sämtliche Notrufe von ganz Tirol einlangen und umgehend an die Einsatzkräfte weitervermittelt werden.

Seit ein paar Jahren gibt es Digitalfunk für alle Blaulichtorganisationen, aber die Abgleichung mit anderen Ländern funktioniert noch nicht, was nachvollziehbar ist, weil es sich ja um staatliche Sicherheitssysteme handelt. Jene Ortsstellen der Bergrettung, die länderübergreifend arbeiten, weil sich ihr Einsatzgebiet in Grenznähe befindet, stellt das oft vor besondere kommunikative Herausforderungen.

SMS, GPS, Pager und Notfall-App

Bei der großen technischen Innovation der letzten Jahre steht Tirol nicht hintan, sondern ist führend in Österreich auf dem Gebiet der digitalen Sicherheitsfunksysteme. Heute werden die Einsatzkräfte von der Leitstelle Tirol über das Warn- und Alarmsystem mittels Pager und/oder Sirene alarmiert. Zusätzlich kann eine schriftliche Einsatzinformation über Fax, E-Mail, SMS oder Drucker erfolgen. Auch das Warn- und Alarmsystem (WAS) und das Digitalfunksystem stehen als externe Systeme zur Verfügung.

Bei Lawineneinsätzen, wo alles besonders schnell gehen muss, werden umgehend alle Bergretter der zuständigen Ortsstellen benachrichtigt, bei Einsätzen anderer Art ergeht der Alarm nur an die Einsatzleiter, die ihrerseits ihre Kollegen informieren.

Notruf mit dem Handy absetzen

Natürlich wäre es auch gut, wenn sich die Wanderer und Bergsteiger mit technischen Geräten besser auskennen würden. Viele wissen nicht, wie man mit dem Handy einen Notruf absetzt, wenn nicht sicher ist, ob man eine Verbindung hat. Also: Handy ausschalten, Handy wieder einschalten und statt des PIN-Codes die europäische Notrufnummer 112 wählen. Dann wählt sich das Handy automatisch in das zur Verfügung stehende Netz ein. Wenn keine Verbindung zustande kommt, den Standort wechseln und von Neuem probieren.

Notfall-App der Bergrettung Tirol

Viele Wanderer und Tourengeher sind mit GPS ausgestattet. Auch durch die „Notfall-App der Bergrettung Tirol" spart man sich 40 bis 80 Prozent der Zeit bei der Abfrage nach dem genauen Ort. Die Bergrettung Tirol entwickelte sie 2012 gemeinsam mit der Leitstelle Tirol und stellt sie kostenlos zur Verfügung. Die App ermöglicht das Absetzen einer Notfallmeldung innerhalb Tirols. Die Koordinaten des Melders werden automatisch an die Leitstelle Tirol übermittelt und eine Telefonverbindung wird hergestellt. Die App steht für iOS und Android zur Verfügung.

Das neue Pick-Up-System hilft Leben retten

Hermann Spiegl, *geb. 1955, Techniker, bei der Bergrettung seit 1979, Ortsstelle Kramsach, 1985–2005 Flugretter, seit 2008 Hundeführer, seit 2009 Bezirksleiter Kufstein:*

„Das im Digitalfunk integrierte GPS und die Bergrettungs-App sind wichtige Innovationen der Tiroler Bergrettung in den letzten Jahren. Die technische Entwicklung vereinfacht nicht nur die Suche nach Vermissten, sondern lässt Einsätze aufgrund unmissverständlicher Positionsmeldungen wesentlich schneller und effizienter ablaufen – vor allem im Sinn der zu rettenden Personen.

Eine weitere wesentliche GPS-Anwendung und Erhöhung der Sicherheit für die Einsatzkräfte ist die mögliche Positionsbestimmung der neuen Digitalfunkgeräte, die es ermöglicht, Einsatzteams über die Leitstelle Tirol stets zu lokalisieren bzw. zu „tracken". Das hat auch das Pick-Up-System für den Transport der Lawinenhunde zur Einsatzstelle revolutioniert. In den zwanzig Jahren als Flugretter habe ich im Fall von Lawinenverschütteten kein einziges Mal eine Lebendbergung miterleben dürfen, mittlerweile war ich mit meinem Lawinenhund schon zweimal bei Lebendbergungen dabei.

Gerade bei Lawineneinsätzen kommt es ganz wesentlich auf den Zeitfaktor an. Mit einem einzigen Tastendruck können wir nun eine Statusmeldung an die Leitstelle Tirol abgeben, die alle Einsätze koordiniert. Augenblicklich erscheint am Bildschirm des Einsatzdisponenten in der Leitstelle der entsprechende Lawinenhundeführer auf der hinterlegten Landkarte – in meinem Fall ‚Hundeführer Kramsach 90'. Auf diese Weise kann über Koordination der

Leitstelle Tirol jener Lawinenhund zeitsparend aufgenommen werden, der sich am günstigsten in der Flugstrecke eines der alarmierten Hubschrauber befindet.

Automatische Übertragung der Positionsdaten

Diese Statusmeldung darf von uns Lawinenhundeführern nur bei kompletter Einsatzbereitschaft erfolgen. Wir dürfen den Hubschrauber nicht warten lassen und müssen alle Ausrüstungsgegenstände parat haben, um im winterlichen alpinen Gelände arbeiten und auch selbständig wieder ins Tal zurückkehren zu können. Üblicherweise dauert es nach Meldungsabgabe drei bis vier Minuten, bis ein Hubschrauber im Bereich der gemeldeten Position niedergeht. Früher dauerte das wesentlich länger. Natürlich kann die Kameradensuche mit Lawinenpieps dadurch nicht ersetzt werden. Leute vor Ort müssen sofort mit der Suche beginnen.

Auch bei der Vermisstensuche ist die neue Technik sehr hilfreich. Durch das GPS der Bergretter werden bei der Suche automatisch die Positionsdaten ihrer Funkgeräte an die Leitstelle übertragen, sodass die Einsatzleitung und die Leitstelle Tirol genau überblicken, wo schon gesucht wurde und wo nicht. Wenn auch von den gesuchten Personen GPS-Daten erhältlich sind, umso besser. Die neuen Smartphones haben das alle, es muss nur entsprechend aktiviert werden, da sonst die Ortung aufgrund des strengen Datenschutzes in Österreich schwierig zu bewerkstelligen ist. Setzt jemand einen Notruf mit der Notfall-App der Bergrettung ab, hat man die genaue Ortsangabe und findet schnell und zielsicher dorthin. Es hat schon Fälle gegeben, da wiesen die Bergretter den Vermissten per Handy an, wie er die Notfall-App herunterladen kann. Sobald dieses aktiviert war, wussten die Kollegen, wo sie suchen mussten.

Eine Handypeilung dürfen wir als Bergrettung nicht vornehmen, das würde dem Datenschutz widersprechen. Aber eine Vermisstensuche unterliegt sowieso der Polizei, die im alpinen Bereich oft die Bergrettung beizieht. Die Handypeilung ist sehr streng reglementiert und nur für Behörden über entsprechende Freigabe – z.B. Staatsanwalt – vorgesehen. Wenn Gefahr in Verzug ist, gibt es erleichternde Möglichkeiten über die Leitstelle Tirol in Abstimmung mit der Alpinpolizei, aber diesbezüglich muss man sich genau an die Gesetzeslage halten."

Alarmierungskette heute – die Leitstelle Tirol

Ein Notruf langt in der Leitstelle Tirol ein. Die Anruferin kann kaum sprechen vor Aufregung. Der zuständige Disponent behält die Ruhe und bittet sie, alles noch einmal deutlich zu wiederholen. Wenn es sich um freies Gelände ohne Straßennamen und Hausnummern handelt, sind mitunter über hundert „Turns" (Nachfragen) nötig, bis man das Ereignis genau verorten kann. Manche Anrufer sind extrem redselig, geben aber keine zweckdienlichen Hinweise an, andere bringen im Schock kaum ein Wort heraus, und es gibt auch die ganz Ungeduldigen, die herrisch nach einem Hubschrauber verlangen, ohne noch genaue Angaben über Unfallhergang und Unfallort gemacht zu haben.

Ferndiagnose können die Disponenten in der Leitstelle Tirol auch bei genauen Auskünften keine stellen, aber sie wissen, wer am schnellsten und effizientesten helfen kann. Umgehend werden die zuständigen Einsatzkräfte alarmiert. Ob ein Hubschrauber zum Einsatz kommt, wird aufgrund der Angaben des Melders in nur 20 Prozent der Fälle von der Leitstelle Tirol entschieden, in den restlichen Fällen liegt die Entscheidung bei externem Fachpersonal, z.B. Einsatzleiter Bergrettung, Pistenrettung, andere Leitstellen, Rettungsdienst vor Ort. Wobei die Dispositionsregel lautet, dass jenes Einsatzmittel alarmiert wird, das die kürzeste Anfahrts- bzw. Anflugzeit zum Notfallort hat.

In der Regel aber sind die DisponentInnen der Leitstelle Tirol zuständig für die gesamte Einsatzlogistik. Sie müssen oft in Sekundenschnelle die richtigen Entscheidungen treffen. Dabei dienen ihnen zwar genaue Checklisten und technische Hilfsmittel – zum Beispiel digitalisierte Landkarten für die Standortbestimmung. Letztlich sind sie aber bei der Entscheidung auf sich allein gestellt. Dementsprechend ist auch die Atmosphäre im Team Notruf-Center: ruhig und hochkonzentriert.

Bis zu 400.000 Einsätze pro Jahr

Die Leitstelle Tirol ist die Alarmierungs-, Informations- und Kommunikationszentrale der Tiroler Blaulichtorganisationen, mit Ausnahme der Polizei. Sie ist – wohl auch aus politischen Gründen – nicht unumstritten, leistet aber unverzichtbare Arbeit: 24 Stunden am Tag und sieben Tage pro Woche ist sie besetzt. Jeder im Raum Tirol abgesetzte Notruf trifft hier ein, wird bearbeitet, für die Alarmierung vorbereitet und der Einsatz disponiert. Wer im Raum Tirol die Rettung oder die Feuerwehr ruft, ruft also immer automatisch die Leitstelle Tirol an, denn sowohl 122 (Feuerwehr), 144 (Rettung), 140 (Bergrettung) und 14844 (Krankentransport) gelangen hierher. Nur wer 133 wählt, landet direkt bei der Polizei.

Je nach Tageszeit sind bis zu 18 Mitarbeiterinnen und Mitarbeiter im Leitraum tätig. Jeder von ihnen ist für die Annahme und Bearbeitung bestimmter Notrufnummern qualifiziert. Die Disponenten nehmen nicht nur die Notrufe entgegen und alarmieren die Einsatzkräfte, sondern leisten auch wertvolle Lotsendienste für die Einsatzfahrer oder versorgen die Anrufer mit Informationen zur Erste-Hilfe-Leistung. Zusätzlich zur Notrufannahme und -bearbeitung wird der qualifizierte Krankentransport über die Leitstelle Tirol angefordert und disponiert. Auch die Überwachung der Landestunnel inkl. Unterführungen und Galerien fällt in den Aufgabenbereich der Leitstelle Tirol.

Durch die zentrierte Logistik kann schnell und effizient geholfen werden und man hat bei größeren Einsätzen oder im Katastrophenfall den genauen Überblick, welche Ressourcen bereits im Einsatz sind oder noch zur Verfügung stehen. Manchmal bis zu 1.300 Einsätze an einem Tag und bis zu 400.000 Einsätze bzw. „Ereignisse" pro Jahr werden hier angenommen und abgewickelt. Immerhin ist die Leitstelle Tirol für 720.000 Einwohner zuständig, im Winter verdoppelt sich die Zahl wegen der Touristen auf eineinhalb Millionen. Von der Größenordnung her ist das dennoch nur eine „mittlere Leitstelle". Zum Vergleich: London Ambulance ist für 9 Millionen, East England für 4 Millionen, die Leitstelle Berlin für 3,5 Millionen Menschen zuständig.

Versorgungsgebiet der Leitstelle Tirol:

12.650 km² Landesfläche, davon
- **1.542 km² Dauersiedlungsraum (12,2 % der Gesamtfläche Tirols)**
- **279 Gemeinden in 9 Bezirken**
- **720.000 Einwohner (+ im Winter ebenso viele Touristen)**

Die Leitstelle Tirol ist eine Welt in sich. Riesige Datenmengen laufen hier aus ganz Tirol zusammen und werden binnen Sekunden verarbeitet.

Fotoimpressionen Bezirk Innsbruck-Stadt

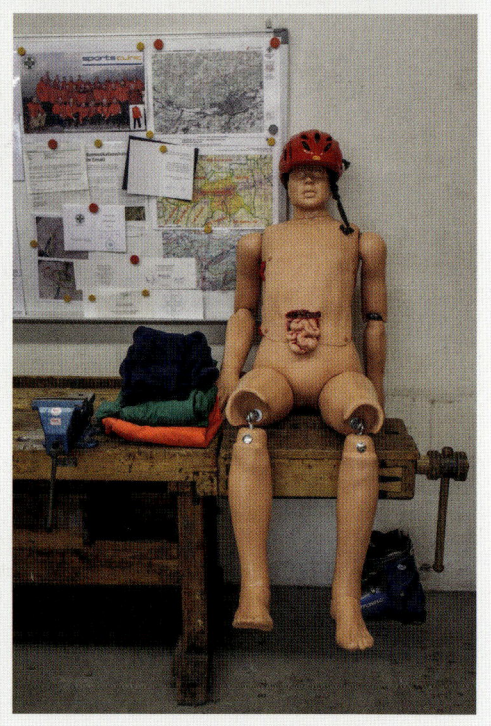

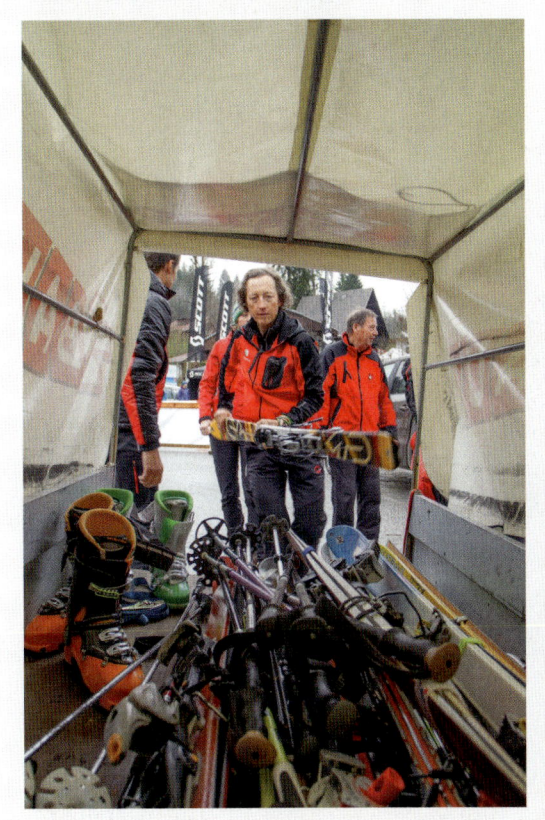

Bezirk Innsbruck-Stadt

Fotoimpressionen Bezirk Innsbruck-Stadt

Du sollst die Berge
nicht durch Rekordsucht entweihen,
du sollst ihre Seele suchen.

Luis Trenker

Seegrube, Innsbruck

Ein Stück zurück im Bergsteigerglück – Geschichte der Bergrettung

Otto Kompatscher, Bergretter der Ortsstelle Fieberbrunn, kümmert sich um ein umfangreiches Bergrettungsarchiv. Alte Lawinenhundemarken und Fotografien sind u.a. darin zu finden.

Die Geschichte des Freizeit-Bergsteigens beginnt 1336. Damals bestieg der italienische Dichter Francesco Petrarca mit seinem Bruder den Mont Ventoux in der Provence. Er empfand Vergnügen dabei und ein erhabenes Gefühl erfasste ihn beim Ausblick auf die umliegende Landschaft. Das muss vermerkt werden, denn es war etwas Besonderes. Mit der Gipfelsonne fiel ein Strahl Licht ins finstere Mittelalter. Bis dahin waren die Berge für die Menschen bedrohliche Gesellen, bewohnt von Geistern und Urwesen, die mitunter Steinschlag und Lawinen schickten. Einen Berg bestieg man nur, wenn man musste – um ins nächste Tal zu gelangen oder versprengte Tiere zu holen. Zwar wird es auch vor Petrarca Menschen gegeben haben, die Gipfelerlebnisse genossen, aber er war der Erste, der darüber schrieb. Aufgrund dieser pionierhaften „touristischen" Bergbesteigung wird er als *Vater der Bergsteiger* und als Begründer des Alpinismus bezeichnet.

Weiter geht die Geschichte nach vielen hier ungenannten Zwischenkapiteln in London. Dieses liegt durchschnittlich 15 Meter über dem Meeresspiegel. Ausgerechnet hier wurde der erste Bergsteigerverein gegründet, der „Alpine Club": Man schrieb das Jahr 1857. Erst 1862 und 1863 folgten Österreich und die Schweiz mit eigenen Vereinen. In Deutschland entstand der Deutsche Alpenverein (DAV) aus dem 1869 in München gegründeten *Bildungsbürgerlichen Bergsteigerverein.* 1873 kam es auf Anregung des Ötztaler Pfarrkuraten Franz Senn zum Zusammenschluss des *DAV* mit dem *OeAV* zum *DuOeAV*.

Die Berge als Freizeit-Arena

Mit der Entdeckung der Alpen als Freizeitarena mehrten sich auch die Alpinunfälle, vor allem mit bergunerfahrenen Touristen. Ein wichtiger Schritt hin zu organisierter Rettung war 1885 die Verpflichtung der Bergführer des Alpenraums zur Hilfeleistung und damit der Aufbau eines ersten lockeren Hilfsnetzes. Die Einführung des alpinen Notsignals 1894 folgte dem Vorschlag eines englischen Bergsteigers.

Alpine Meldestellen, Personen mit Telefonanschluss wie Bürgermeister und Gastwirte besorgten lange Zeit die Alarmierung bei Bergunfällen, örtliche Hilfsdienste sandten Retter aus – oft mit improvisiertem Bergegerät und einfachen Tragen. Auch der Alpenverein war daran interessiert, Rettungsmannschaften aufzustellen. Annalen besagen, dass sich die erste alpine Hilfsorganisation der Welt 1896 im Rax-Schneeberg-Gebiet unter dem Namen „Alpiner Rettungs-Ausschuß Wien" formierte, dem später der Österreichische Bergrettungsdienst seine Gründung verdankt. Schon wieder die Flachländer? Ja, denn viele von ihnen waren begeisterte Bergsteiger und wollten auch wieder sicher vom Berg herunterkommen.

Ebenfalls an der Wende des 19. zum 20. Jahrhundert konstituierten sich die alpinen Rettungsausschüsse von Innsbruck, Salzburg und Graz. Mitte der 1920er Jahre konnte man österreichweit ca. 350 Rettungsstellen mit rund 4.000 Rettungsleuten zum alpinen Rettungsdienst vereinen. Bergetechnik und Ausrüstung hatten sich ebenfalls massiv verbessert, eine Entwicklung, die durch den Zweiten Weltkrieg weiter vorangetrieben wurde. Diese Zeit war auch für die Alpenvereine eine dunkle Ära, weil sich oft die „Berg-Heil"-Rufe mit „Heil-Hitler"-Rufen vermischten, der Alpenverein mit rassistischer „Heimattümelei" sozusagen ein Vorreiter des Antisemitismus war und schon früh jüdische Mitglieder ausgeschlossen hat. Das traurige Kapitel der Verstrickung in Nationalsozialismus und Antisemitismus wurde inzwischen weitgehend auch öffentlich aufgearbeitet.

Nach dem Krieg konstituierte sich 1949 der „Bundesverband Österreichischer Bergrettungsdienst" (ÖBRD), bereits ein Jahr vorher wurde auf der internationalen Rettungstagung in Tirol das Fundament gelegt, das 1955 zur Gründung der IKAR (Internationale Kommission für das Alpine Rettungswesen) führte. Sie bemüht sich seitdem um die Vereinheitlichung und Weiterentwicklung der modernen Bergrettung auf Grundlage der gemeinsamen Arbeit von Fachleuten und Institutionen aus den Alpenländern, Kanada und den USA.

Die Entwicklung der Bergrettung in Tirol

Eine Bergrettung braucht es dort, wo es Berge gibt und viele Bergsteiger, Kletterer, Wanderer und sonstige Alpinsportler unterwegs sind. Tirol nimmt deshalb einen besonderen Stellenwert in der Österreichischen Bergrettung ein. Der Innsbrucker Walter Spitzenstätter ist ein hervorragender Bergsteiger und ein genauer Kenner der Organisation. Er gibt hier eine Zusammenfassung über die Entwicklung der Tiroler Bergrettung und die Geschichte der Ortsstelle Innsbruck.

Walter Spitzenstätter, *geb. 1940, Optikermeister, seit Mitte der 1950er Jahre bei der Bergrettung, Ortsstelle Innsbruck, von 1974 bis 1975 Landesleiter der Tiroler Bergrettung:*

Bild links: Walter Spitzenstätter vor einer Landkarte mit allen von ihm bestiegenen Nord- und Südtiroler Bergen

Bild oben: Manchonpatschen, ausgestellt im kleinen Bergrettungsmuseum von Walter Offner im Gebäude der Landesleitung der Tiroler Bergrettung in Telfs

Ein Stück zurück im Bergsteigerglück – Geschichte der Bergrettung

„Der Sitz des Alpenvereins war in Innsbruck, deshalb fielen hier die wichtigsten Entscheidungen in der Geschichte der Tiroler Bergrettung. In den Anfangsjahren der ‚Bergrettung Tirol', ab 1946, wurden alle organisatorischen Tätigkeiten in Innsbruck abgewickelt, auch der Sitz der Landesleitung befand sich hier. Bei der Gründungs-Landesversammlung der BR Tirol (1950) wurde Dr. Otto Czikos als erster Landesleiter gewählt. 1953 folgte Dr. Wolfgang Rabensteiner, der diesen Posten bis 1955 innehatte. Sein Nachfolger, der gebürtige Inzinger Sebastian „Wastl" Mariner, war der erste Alpinist, der sein Leben voll dem Bergrettungswesen widmete. Er führte die OST (Ortsstelle) Innsbruck bis 1954 und fungierte in der Tiroler Bergrettung von 1955 bis 1974 als Landesleiter.

Er war nicht unumstritten, wegen seiner ‚Geschmeidigkeit' im Umgang mit den politischen Verhältnissen der 1940er Jahre und auch wegen seiner harten Durchsetzungskraft bei der Vermarktung von Alpinausrüstung und dem in dieser Zeit entstandenen Bergrettungsmaterial. Aber seine Bemühungen, die Errungenschaften der Bergrettungstechnik im gesamten Alpenbogen bekannt zu machen, wurden mit großem Interesse aufgenommen und auch international honoriert. Mariner war im Krieg bei der Heeres-Gebirgs-Sanitätsschule in St. Johann in Tirol stationiert. Dort hatte Dr. Fritz Rometsch die Idee, anstelle der unzulänglichen Hanfseile ein Stahlseil für Bergungen aus schwierigen Wänden zu verwenden. Es wurde bereits intensiv damit experimentiert, als Wastl Mariner dazukam. Durch seine Mitarbeit und seine spätere Tätigkeit als Professor an der HTL für Maschinenbau in Innsbruck war es ihm möglich, das System „Stahlseilgerät" produktionstauglich zu machen.

Auch die unter dem Namen „MARWA-Sohle" lange Zeit weitum bekannte Marke der ersten Gummisohle für Kletterschuhe stammt vom geschäftstüchtigen Wastl. In diesem Fall geht die ‚Erfindung' auf Experimente zurück, die der Gipfelstürmer Hannes Schmiedhuber und der Innsbrucker Kletterer Bernhard Pfeifer mit zugeschnittenen Autoreifen machten, die sie auf ihre Manchon-Patschen (damalige Kletterpatschen mit Filzsohle) klebten. Jedenfalls gestaltete Wastl Mariner, ähnlich wie sein Pendant Wiggerl Gramminger in Deutschland, den Aufbau des Bergrettungswesens in Österreich wesentlich mit.

Auflösung der autoritären Strukturen

Den Übergang von der zentralistischen Führung der Bergrettung Tirol in ein demokratisches System sollte 1972 ein junger Bergretter in die Hand nehmen, der eine breite Reputation im Bergrettungswesen als auch in Kreisen des Alpinismus genoss. Dabei fiel die Wahl auf mich und es kamen damit einige schwierige Aufgaben auf mich zu. Der wichtigste Schritt für eine demokratische Entwicklung in der Führungsebene war die Einführung des Mitspracherechtes in der Landesleitung durch die Etablierung der Bezirksvertreter. Unter meiner Leitung wurde aus jedem der neun Bezirke Tirols ein Kamerad in die Landesleitung entsandt, der die Interessen der Ortsstellen seines Bezirkes bei den Landesleitungssitzungen vertreten konnte. Das hat sich bis heute bewährt.

Der Hubschrauber verursacht Wirbel

Mit dem Aufkommen des Helikopters gab es damals einschneidende Veränderungen im Bergrettungswesen. Die Euphorie, die der Einsatz des Hubschraubers für den Bergrettungsdienst anfänglich mit sich brachte, legte sich bald, weil man den Eindruck hatte, dass die Bergretter nur mehr gerufen würden, wenn Wind und Wetter eine Bergung aus der Luft nicht mehr zuließen.

Die Hubschraubereinsätze wurden damals hauptsächlich vom Innenministerium von Innsbruck aus durchgeführt. Als Assistenzdienst konnte aber auch jederzeit ein Bundesheerhubschrauber aus Schwaz angefordert werden. Das führte zu Kompetenzschwierigkeiten: Wer ist wann und wo für eine Bergung zuständig? Es ärgerte so manchen Bergretter, wenn der Innsbrucker Helikopter in ihr Einsatzgebiet flog, während sie untätig auf Bereitschaft saßen. Aber wir fanden eine Lösung. Durch die Mitarbeit der Bezirksvertreter konnten wir bald einen sehr effizient arbeitenden Bereitschaftsdienst an den beiden Stützpunkten einrichten, der sich aus Bergrettungsmitgliedern aus allen Teilen Tirols rekrutierte, die sich entsprechend flugrettungstechnisch ausbilden ließen.

Die weitere Entwicklung des Flugrettungswesens in Richtung Kommerzialisierung war schon aus rein rechtlichen Überlegungen nicht aufzuhalten, obwohl weite Kreise in unserer Bergrettung vehement um die Erhaltung der kostenfreien Flugrettung durch das BM für Inneres und das BM für Landesverteidigung kämpften. Die Interessenkonflikte trennten auch mich als Landesleiter und Wastl Mariner als Landesleiter-Stellvertreter. Mein Beitrag für eine unbelastete Weiterarbeit der Tiroler Bergrettung war die Freigabe meiner Position als Landesleiter unter der Bedingung, dass auch Wastl Mariner nicht mehr in der zukünftigen Landesleitung sein würde.

Bernhard Anker schlug ich als meinen Nachfolger vor, der mit großem persönlichen Einsatz von 1975 bis 2003 Landesleiter war und die Modernisierung der Bergrettung in Tirol mit Dynamik und Diplomatie vorantrieb. In diese Periode fiel die entscheidende Verbesserung der Telekommunikation. Durch die Handys und deren unaufhaltsame Verbreitung wurde die größte Lücke im Verlauf einer Bergrettungsaktion geschlossen: die schnelle Verständigung von einem Unfallgeschehen. Der Ausbau und die Information über die Errichtung der zentralen Leitstelle für alle Unfälle, die Etablierung der Notruf-Kurznummer 140 und die wesentliche Erleichterung des Verständigungswesens der Bergretter intern stellen den wichtigsten Fortschritt in dieser Zeit dar.

Geschichte der Ortsstelle Innsbruck

Die Ortsstelle Innsbruck wurde in den Anfängen bis 1954 von Wastl Mariner und von 1955 bis zum Ende der 1970er Jahre von Dr. Gerhard Flora geleitet. Er verstand es, die Begeisterung für die Ideale der Bergrettung an die Jugend weiterzuvermitteln. An allen möglichen Gerätschaften wurden Verbesserungen erarbeitet und auch der medizinische Fortschritt im Sanitätswesen der Bergrettung wurde wesentlich durch seine Arbeit geprägt. Er trieb die Weiterentwicklung der medizinischen Erkenntnisse im Bergrettungswesen u.a. dadurch voran, dass er jährlich international ausgerichtete Bergrettungsärztetagungen organisierte. Innsbruck wurde so zu einem Zentrum der Alpinmedizin. Später widmete sich Gerhard Flora dem Aufbau des Flugrettungswesens zunächst in Tirol und später in ganz Österreich. Schade, dass es nicht gelungen ist, die rettungstechnische Kompetenz, wie anfangs unbestritten, ganz in den Händen der Bergrettung zu belassen.

Vor der Errichtung der Leitstelle Tirol gab es nur die Telefonnummern der Bergrettungs-Ortsstellen, die bei Unfällen zu kontaktieren waren. Dadurch gab es auch keine genauen Ortsstellen-Einsatzgebietsgrenzen wie heute. Wenn jemand z.B. am Olperer oder am Goldkappl verunglückte und sein Kamerad war ein Innsbrucker, der die Telefonnummer der Innsbrucker Bergrettung kannte, rief er dort an. Deshalb sind wir damals von Innsbruck aus weit in Tirol herumgekommen, um Menschen in Bergnot zu helfen.

Spektakuläre Einsätze mit großem Medien-Echo

In die Amtszeit von Dr. Gerhard Flora fällt auch die von ihm organisierte erste interkontinentale Bergrettungsaktion. Der Innsbrucker Arzt Dr. Gert Judmaier konnte damals (1970) am Mount Kenya im Herzen Afrikas von über 5.000 m Höhe mit lebensgefährlichen Verletzungen nach sieben Tagen (!) lebend geborgen werden. Diese Geschichte rief großes internationales Medienecho hervor. Nicht nur in der alpinen Literatur finden sich immer wieder Hinweise auf diese außergewöhnliche Bergrettungsaktion, in Kenia müssen sogar alle Schulkinder dieses Ereignis aus ihren Schulbüchern lernen und davon erzählen können!

Die größte Wandbergungsaktion wiederum, die jemals in Österreich stattfand, hielt 1979 nicht nur die Kameraden der Ortsstelle Innsbruck drei Tage lang in Atem. Vor allem die Kameraden aus Scharnitz und Seefeld, später auch jene von Leutasch, Axams, Fulpmes, Neustift, Hall, Wattens, Schwaz, Maurach, Telfs, Imst und Elbigenalp halfen mit, das schier

Unmögliche durchzusetzen. Auch eine Gruppe Bergführer – gerade zur Ausbildung auf der Stripsenjochhütte – eilten zu Hilfe, wodurch schließlich mehr als 200 Kräfte im Einsatz waren. Was war passiert? Zwei junge deutsche Kletterer waren aufgrund eines plötzlichen Schlechtwettereinbruchs in der Mitte der Laliderer Wand (Schmid-Krebs-Führe) in Bergnot geraten. Trotz widriger Umstände – bei Schneesturm und höchster Lawinengefahr – konnten sie aufgrund der vorbildlichen Zusammenarbeit aller Beteiligten in Sicherheit gebracht und somit zwei junge Leben gerettet werden."

Madaualm bei Bach, im Lechtal

Fotoimpressionen Bezirk Reutte

Fotoimpressionen Bezirk Reutte

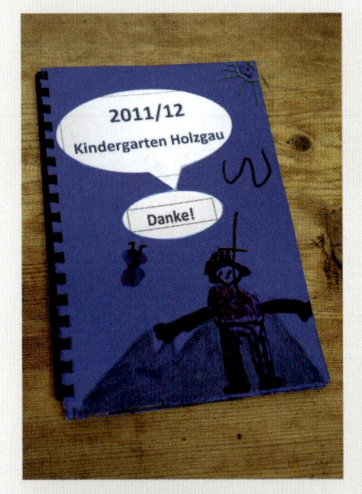

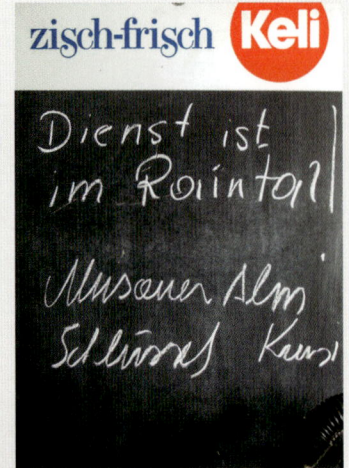

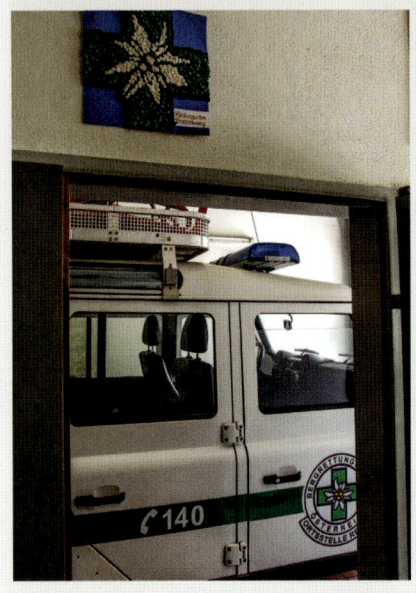

166 NERVEN WIE SEILE

Tiroler Bergrettungspioniere

Raimund Gritsch, Bezirksleiter und Bergretter der Ortsstelle Sautens, zeigt ein historisches Bild.

Die Tiroler Bergrettung war immer schon ideenreich und wagemutig, sonst hätte sie die beeindruckenden Pionierleistungen im Rettungswesen in den 1970er und 1980er Jahren nicht geschafft, die ihr auch international große Anerkennung brachten. Stellvertretend für das legendäre Team an Rettungspionieren kommen hier Univ. Prof. Dr. Gerhard Flora, Kurt Pittracher, Walter Offner und Dr. Walter Phleps zu Wort.

Ein Mann – 1.400 Rettungseinsätze

Medizinalrat Dr. Walter Phleps, *geb. 1948, Facharzt für Chirurgie, Flugretter und Notarzt für Bergrettung und Rotes Kreuz, seit 1964 bei der Bergrettung, Ortsstelle Riezlern im Kleinwalsertal, von 1971–1982 Ortsstelle Innsbruck, ab 1982 Ortsstelle Fieberbrunn. Viele Jahre Vizepräsident der Medizinischen Kommission der IKAR, Vorsitzender des ÖNORM-Fachnormen-Ausschusses „Flugrettung":*

„Das Rettungswesen im Gebirge hat sich in den letzten Jahrzehnten drastisch verändert. Die technischen Entwicklungen erleichtern und verbessern vieles, andererseits wurden viele Dinge komplizierter und aufwändiger. Vor 40 Jahren war es in Notfällen möglich, dass Bergretter, die nur eine intensive Erste-Hilfe-Ausbildung hatten, schmerzstillende Injektionen verabreichten. Heutzutage ist vermutlich sogar eine Hüttenapotheke mit Kopfwehtabletten grenzwertig und gesetzlich nicht abgedeckt. Früher war Improvisation gefragt, heute Perfektion mit Standard Operating Procedure, Validierung, Verification.

Rekordverdächtige Anzahl von Rettungseinsätzen: Dr. Walter Phleps (Bildmitte)

Ich war erst 15 Jahre alt, als ich die ersten zehn Skiverletzten auf der Skipiste ganz alleine mit dem Akja abtransportierte. Mit 16 war ich bereits Bergrettungsanwärter. Später hatte ich das Glück, bei der Innsbrucker Bergrettung Mitglied der Spezialtruppe um Kurt Pittracher und im Team des bergrettungsärztlichen Flugbereitschaftsdienstes von Prof. Dr. Gerhard Flora zu sein.

Weil ich (damals) sehr schlank war und durch enge Passagen leicht durchrutschte, war ich bei Spaltenbergungen meistens der erste Mann. Bei einer Spaltenbergung am Spannagelhaus 1973 banden mir meine Kollegen ein Seil um die Füße und ließen mich kopfüber in die enge V-Spalte hinunter, bis ich beim eingeklemmten Verletzten angelangt war. Nachdem ich das Eis um seinen Arm mit bloßen Händen weggekratzt hatte, band ich ihm eine Reepschnur um den Ellbogen und wir wurden beide hochgezogen. Damals begannen wir mit den ersten Überlegungen, Spaltenbergungen durch technische Hilfsmittel (Spaltenbergebügel, Pressluft-Flaschen mit Schremmhammer) zu erleichtern. Auch waren wir in Österreich die Ersten, die eine Kaperbergung aus senkrechten und überhängenden Wänden wie z.B. der Laliderer Nordwand mittels bis zu 800 m langen und 6 mm dicken Stahlseilen schafften.

Erste Hubschrauber-Taubergungen

In den frühen 1970er Jahren bauten Univ. Prof. Dr. Gerhard Flora und der Bundesheeroberst Dr. Elmar Jenny die Flugrettung auf. Flora war später der Initiator der ÖAMTC-Notarzt-Hubschrauber in Österreich und mein großes Vorbild. Viele Jahre war ich zuerst seine linke und später seine rechte Hand. Die erste 10-m-Taubergung in Österreich wagten wir am 13. Juli 1974 am Wilden Kaiser, aus einem steilen Geröllfeld konnten wir eine schwerverletzte Bergsteigerin herausholen. Ein Jahr später gelang die erste Taubergung mit einem 30-m-Seil aus steiler Felswand.

Gelernt haben wir vor allem von der Schweizerischen Rettungsflugwacht, die bei Hubschraubereinsätzen Pioniere waren. Flora schickte uns aber auch in andere europäische Länder, damit wir dazulernen konnten. Wir waren ständig unterwegs. An meinem ‚Rekordtag' flog ich 14 Einsätze. Außerdem gingen meine Urlaube fast komplett für Übungen und Bereitschaftsdienste drauf, aber wir waren begeistert und es ging in dieser Pionierphase stetig aufwärts.

Sie hielten uns für Verrückte

Die Landesleitung der Tiroler Bergrettung sah uns damals als „Problemtruppe" an, unsere Einsätze waren ihnen zu waghalsig, sie hielten uns für Verrückte. Aber ohne Risiko und Kreativität hätte es nicht diese Weiterentwicklung gegeben, für die u.a. unser Technikgenie Kurt Pittracher maßgeblich war. Er entwickelte z.B. den Spaltenbergebügel und das 800 m Stahlseil. Wir verbesserten und propagierten die in Frankreich entwickelte Vakuum-Matratze. Weiters machten wir jahrelang Hängeversuche in der Klinik, um Klettergurte zu entwickeln, die einem Hängetrauma entgegenwirken.

Parallel zu uns Innsbruckern haben Oberstarzt Dr. Elmar Jenny und Major Hans Prader vom Österreichischen Bundesheer die Seilwindenbergung mit dem Hubschrauber Alouette III und die Entwicklung des Hubschrauber-Bergesackes sowie die San-Warte-Ausbildung im Tiroler Bergrettungsdienst vorangetrieben.

Zusammenfassend kann man sagen, dass seit den 1970er Jahren vier einschneidende Phasen für die Entwicklung der Bergrettung prägend waren:
- die international aufsehenerregende Bergung am Mount Kenya, durchgeführt von der Bergrettung Innsbruck 1970, bei der ein schwerverletzter Tiroler Bergsteiger nach einer Woche lebend geborgen wurde;
- das innovative Bergrettungs- und Flugärzteteam um Prof. Dr. Gerhard Flora sowie Kurt Pittracher und mir;
- die Einführung der ÖAMTC-Christophorus-Hubschrauber Mitte der 1980er Jahre;
- die Bestellung von Peter Veider als Geschäftsführer der Bergrettung Tirol, der maßgeblich an weiteren technischen Neuerungen mitwirkt und das Erscheinungsbild der heutigen, modernen Bergrettung in Tirol prägt.

Wenn ich auf meine eigene Tätigkeit als Notarzt kritisch zurückschaue, so ist bei immerhin über 1.400 Flugrettungs- und Bergrettungseinsätzen die Bilanz an Lebensrettungen ernüchternd gering, aber ich habe vielen Menschen Schmerzen und Leid ersparen können und auch einige Patienten vor bleibenden Folgeschäden und Behinderungen bewahrt."

Bergretter mit Erfindergeist

Bei einem Sturz in eine Gletscherspalte werden durch die Wucht des Sturzes manche Opfer derart eingeklemmt, dass es früher oft nur schwer möglich war, sie abzusichern und mit einem Seil nach oben zu ziehen. Deshalb wurde der Bergebügel erfunden und weiterentwickelt, und zwar in erster Linie vom langjährigen Ausbildungsleiter der Tiroler Bergrettung, Kurt Pittracher, der auch maßgeblich an der Entwicklung weiterer Bergrettungsgeräte beteiligt war. Von Beruf Spengler, kletterte der großartige Bergsteiger auch viel auf Dächern herum und sann dabei über Verbesserungsmöglichkeiten bei Rettungsmethoden nach. Die Idee zum Spaltenbergebügel hatte er, als er einem Kran zusah, der eine Last aufhob und abtransportierte.

Um den Prototyp des Bügels zu testen, band er mit seinen Kollegen von der Bergrettung Innsbruck u.a. zwei Autoreifen so zusammen, dass sie die Ausmaße eines menschlichen Körpers hatten, und warfen sie in eine Gletscherspalte. Außerdem setzten sie Presslufthämmer ein, um den Zugang in die Spalte freizuschremmen. Kurt ließ die hölzerne Bremstrommel aus Kunststoff fertigen und entwickelte eine neue Bergetechnik aus überhängendem Fels, bei der das Seil kurz vor der Befreiung des Verletzten durchtrennt wird. Sie machte sogar die Erfindung eines neuen deutschen Wortes erforderlich und wurde von ihm als „Kaperbergung" bezeichnet. Damit ist er bleibend in die Geschichte der Bergrettung eingegangen.

Bei den Hängeversuchen für den Brustgurt, dessen Prototyp die Bergretter Ernst Schmidt und Walter Offner entwickelten, war Kurt Pittracher als Versuchsperson dabei. Außerdem gab er für die Bergrettung Innsbruck Seile von 500, 800 und 900 Metern Länge, mit einer

Sonderstärke von 6 mm, in Auftrag. Diese leisteten u.a. bei der spektakulären Rettung in der Laliderer Wand gute Dienste. Ohne die langen Stahlseile hätte dieser Bergungsversuch in einer Tragödie geendet.

Mir selber ist nie etwas passiert … oder doch!

> **Kurt Pittracher**, *geb. 1939 in Bozen, Spengler, bei der Bergrettung seit 1954, Ortsstelle Innsbruck, einige Jahre Lawinenhundeführer, 35 Jahre lang Ausbildungsleiter der Tiroler Bergrettung, 7 Jahre Ausbildungsleiter für die Flugretter. In Kenia, auf Kreta und selbst im Königreich Bhutan war sein Wissen gefragt, er bildete dort jeweils Bergretter aus:*

„Ich war 35 Jahre lang Ausbildungsleiter bei der Ortsstelle Innsbruck, dadurch hatte ich viel Gelegenheit, die Geräte in der Praxis zu testen. Unsere Leute waren sehr motiviert, wir absolvierten wöchentlich eine Übung. Ich legte großen Wert darauf, reale Bedingungen nachzustellen. Bei Übungen seilten wir zwei Bergretter in der Laliderer Wand ab, wo sie die Nacht über biwakieren sollten. Da wir das 300 Meter lange Seil abzogen, waren sie tatsächlich darauf angewiesen, dass wir sie am nächsten Tag holten. Diese Übungen wurden alle gut vorbereitet, aber als sich an einem Abend dunkle Gewitterwolken formierten, war mir nicht mehr ganz wohl zumute. Zum Glück zog das Gewitter ab und die Übung ging am nächsten Tag gut vonstatten.

In der Martinswand hatten wir nicht nur Übungen, sondern auch viele Einsätze. Wenn etwas passierte, mussten wir das schwere Gerät über steiles Absturzgelände zum Aufbauplatz hinauftragen, weil der Hubschrauber nur mittels Tau die Geräte hertransportieren konnte. Also begannen wir, einen Landeplatz freizumachen. Dieser bewährte sich sehr gut, noch heute landen dort in Notfällen die Hubschrauber.

Mir selber ist nie etwas passiert, oder doch: Einmal erlebte ich einen Hubschraubercrash. Wir suchten in der Nähe der Franz-Senn-Hütte nach einem vermissten Bergsteiger und wollten von einer Bergsteigergruppe, die wir im Gelände sahen, eine Auskunft einholen. Ich wollte aus dem Hubschrauber aussteigen, hatte schon einen Fuß auf der Kufe, da kippte er plötzlich nach hinten. Es muss mich hinausgeschleudert haben, denn als ich wieder zu Bewusstsein kam, lag ich am Hang ein Stück weiter unten. Der Hubschrauber lag etwas weiter weg im Gelände – die Seite, auf der ich gesessen war, total zertrümmert. Der Pilot kam glimpflich davon, ich war schwer verletzt, konnte aber nach 14 Tagen das Krankenhaus wieder verlassen."

Was ist eine Skischleife? Ein Museum erzählt

Das Museum im Gebäude der Bergrettung-Landesleitung in Telfs ist klein, aber sehenswert: Hier finden sich die gängigsten, aber auch absonderlichsten Ausrüstungsgegenstände von den Anfängen des Bergsteigens bis zu High-Tech-Errungenschaften unserer Tage. Dabei erfährt man u.a., was eine provisorische Skischleife ist: ein aus Skiern, Brettern und Seilen zusammengestückeltes Transportgerät, mit dem man Verletzte über Schneehänge zu Tal transportierte bzw. schleifte. Daneben nehmen sich die alten Holzschlitten und ersten Akjas richtig komfortabel aus.
Schwarz-Weiß-Fotos aus der Pionierzeit der Bergeroberungen ergänzen die Rückschau. Sie zeigen eigentümliche Tragegeräte, mit denen die Verletzten über Fels und Geröll abtransportiert wurden. Manch einer der Schwerverletzten wäre in einem unbesonnenen Moment wahrscheinlich lieber in die Tiefe gesprungen als sich den Qualen eines solchen Transportes auszusetzen. Aber letztlich waren jene, die den Leidensweg überlebt haben, sicher alle froh, gerettet worden zu sein.

Bergrettungspionier und „Museumsleiter" Walter Offner

Wie gut hatten es im Vergleich dazu jene Verletzten, die bereits mit der Flugrettung abtransportiert wurden. Ein Bild zeigt einen Einsatz mit einer Piper in den 1960er Jahren auf dem Alpeiner Ferner im Stubaital. Da die Maschine nur für zwei Personen Platz bot, mussten die Helfer wie Arzt oder Bergretter selber schauen, wie sie wieder vom Berg herunterkamen, sobald der Verletzte im Flugzeug verstaut war.

Walter Offners Manchon-Patschen

Ein anderes Bild zeigt General Charles De Gaulle mit einer Gruppe von Bergrettern. Die französische Besatzungsmacht mit ihrer Charmeoffensive unter General Marie Emile Béthouart machte sich in den Nachkriegsjahren von 1945 bis 1955 u.a. dadurch bei den Einheimischen beliebt, dass sie den Bergrettungsmännern gebirgstaugliche Autos, insbesondere Jeeps, für die Einsätze zur Verfügung stellte. Die Fahrer bekamen sie auch gleich dazu.

Zwei große Vitrinen sind besonders interessant, weil sie die Ausrüstungsgegenstände eines einzigen Bergretters zeigen – von seinen Jugendjahren bis ins hohe Alter. Sie gehören dem 1930 geborenen Innsbrucker Walter Offner, im Hauptberuf Lederhosen- und Handschuhmacher, der 1947 zur Tiroler Bergrettung ging und 48 Jahre lang Gerätewart in der Landesleitung war. Er hat die Gegenstände nicht nur schon seit frühester Zeit gesammelt, sondern zum Teil auch mitentwickelt. U.a. entwarf und nähte er einen Sack mit Kreuzgurten für die Verletzten, damit man diese nicht im Totensack transportieren musste. Die Gurte verhinderten das Durchhängen des Körpers. Walter Offner: „Wir haben damals unter Landesleiter Wastl Mariner alle eifrig an der Weiterentwicklung der Ausrüstung mitgearbeitet, auch zusammen mit den Schweizern und Vorarlbergern wie z.B. dem Skipionier Oberst Georg Bilgeri."

Auch Offners Manchon-Kletterpatschen mit Filzsohle kann man hier bewundern, seinen schweren alten Leinenrucksack mit Ledergurten, die berühmte rote Lawinenschnur und ein kunstvoll geflochtenes bzw. gedrehtes Seil, das man auf eine Länge von 30 Metern ausdrehen konnte. Die ausgestellten Felshaken hat noch Offners Vater selber geschmiedet, denn was man nicht selber machte, war nahezu unerschwinglich. Walter Offner: „Allein für ein gedrehtes Hanfseil musste man fast zwei Jahre sparen."

Auch eine Stirnlampe wäre zu teuer gewesen, also baute Offner sie selbst: Er verband dabei eine Fahrradlampe mit einer Motorrad-Batterie in einem Metallkästchen und hängte sich dieses um den Bauch. „Funktionierte prima, aber schwer war das Trumm schon!"

Christophorus und Flora, zwei Retter in Not

Nicht vorwiegend dem heiligen Christophorus, sondern dem Engagement von Univ. Prof. Dr. Gerhard Flora ist es zu verdanken, dass in Österreich viele Menschen mittels Flugeinsätzen gerettet werden konnten. Der Innsbrucker gründete 1971 den weltweit ersten freiwilligen und ehrenamtlichen „Bergrettungsärztlichen Flugbereitschaftsdienst" für alpine Notfälle an der Chirurgischen Universitätsklinik Innsbruck, im selben Jahr organisierte er die „1. Internat. Bergrettungsärztetagung", die bis heute sehr erfolgreich weitergeführt wird.

Der Träger zahlreicher Ehrenzeichen war auch Initiator des ersten Notarzthubschraubers Österreichs, der 1983 vom ÖAMTC ins Leben gerufen und betrieben wurde. Als dieser am 29. Juni 1983 probehalber seinen ersten Einsatz flog, war das der Beginn für ein flächendeckendes Notarzt-Hubschraubersystem in ganz Österreich.

Zum 30-jährigen Jubiläum besuchte Gerhard Flora die Crew vom Christophorus Stützpunkt 1 in Innsbruck.

Univ. Prof. Dr. Gerhard Flora, *geb. 1930, ehem. Leiter der Univ. Klinik für Gefäßchirurgie Innsbruck, seit 1948 bei der Bergrettung, Ortsstelle Innsbruck, über 20 Jahre Ortsstellenleiter, Gründungs- und Ehrenmitglied der IKAR (Internationale Kommission für Alpines Rettungswesen) und erster Bergrettungs-Landesarzt:*

„Als Medizinstudent war ich ein eifriger Bergrettungsmann und hatte Freude, abgestürzten Bergkameraden helfen zu können. Was mich aber frustrierte, waren die erfolglosen Lawineneinsätze. Bis die Unfallmeldung im Tal war, bis zur Alarmierung der Bergrettungsmänner, der stundenlange Aufstieg zum Lawinenkegel und die Suche nachts im Schein der Fackeln und Stirnlampen … Weil das alles so lange dauerte, waren wir nur noch Totengräber. Bei 100 Lawinenbergungen, an denen ich teilnahm, holten wir nur einen Überlebenden heraus. Wenn einmal ein Bergrettungsmann schnell vor Ort war und der Verschüttete rasch gefunden werden konnte, hatte er nicht die notwendigen Kenntnisse einer modernen Wiederbelebung. Deshalb suchte ich nach Kollegen an der Klinik und nach Sprengelärzten, die in unseren Ortsstellen die Erste-Hilfe-Ausbildung, speziell die Wiederbelebungsmaßnahmen, übernehmen konnten. Diese Bergrettungsärzte sollten auch mit der Mannschaft zum Unfallort aufsteigen können.

Schneller zum Einsatzort

In den ersten Nachkriegsjahren war Österreichern jegliche Art von Fliegerei, auch Segelfliegen, verboten. Weder das Bundesheer, noch Gendarmerie und Polizei verfügten über Luftfahrzeuge. Bei den großen Lawinenkatastrophen des Jahres 1954 im Gasteinertal und Großen Walsertal zeigte es sich jedoch, dass der Einsatz von Rettungsflugzeugen dringend notwendig war. Damals halfen uns amerikanische Militärhubschrauber aus Bayern kommend, nahmen Tiroler Lawinenhundeführer und Ärzte auf, um sie ins Katastrophengebiet zu fliegen. Das Bundesministerium für Inneres (BMfI) schickte nach diesen Ereignissen den Tiroler Gendarmerie-Inspektor Eduard Bodem und Polizei-Inspektor Hans Neumayr in die Schweiz, um bei den Schweizer Gletscherfliegern Hermann Geiger und Fred Wyssel, einem Hotelier aus St. Moritz, die Gletscherlandetechnik zu lernen. Beide hatten kleine Flächenflugzeuge vom Typ Piper, mit denen sie die Schutzhütten in Wallis und Graubünden mit Verpflegung und Heizmaterial versorgten.

Nach Gründung einer Flugeinsatzstelle durch das BMfI in Innsbruck 1956 gelang Bodem die erste Landung mit der mit Schneekufen ausgestatteten Piper im Kühtai und der Flugabtransport einer verletzten Skifahrerin nach Innsbruck. Er und Hans Neumayr erkundeten das Gelände vor einer eventuell künftigen Landung zu Fuß und legten auch Benzindepots an. Im Laufe der Jahre konnten die beiden etwa 1.200 verletzte Bergsteiger und Skifahrer mit der kleinen Piper-Maschine aus dem Hochgebirge ins Tal fliegen.

Damit begann in Tirol eine neue Epoche der alpinen Rettungstechnik, war es damit doch möglich, bei allen schweren Bergunfällen, insbesondere aber bei Lawinenunfällen, einen Bergrettungsarzt mit einem Flächenflugzeug oder Hubschrauber zur Unfallstelle zu bringen, um dem Verunfallten erste ärztliche Hilfe am Unfallort angedeihen zu lassen. Das brachte so viele Vorteile, dass wir uns entschlossen, einen ‚Bergrettungsärztlichen Flugbereitschaftsdienst' an der Chirurgischen Universitätsklinik Innsbruck ins Leben zu rufen.

Bergrettungsanorak über dem weißen Mantel

15 Ärzte unserer Klinik, alles geübte Bergsteiger und Skifahrer, versahen freiwillig und ehrenamtlich diesen Bereitschaftsdienst. Die zwei Diensthabenden hatten ihre Bergsteigerausrüstung, je nach Jahreszeit auch Ski und Eispickel, im eigenen Auto verstaut und rasten bei einem Einsatz zur Flugeinsatzstelle des BMfI am Innsbrucker Flugplatz. Meist erst im Flugzeug zogen wir über unsere weiße Arztkleidung die Überhose und den Bergrettungsanorak an. So absolvierten wir bis zu 70 Flugeinsätze im Jahr. Später bekamen wir vom Land Tirol sogar einen eigenen Flugrettungsbus, der auf einem gekennzeichneten Parkplatz im

Klinikgelände für die Fahrt zum Flugplatz bereitstand. In den Flugzeugen des BMfI durften wir weder EKG noch Sauerstoff verwenden, weil diese Polizeiflugzeuge nur für ‚unerlässliche Erste-Hilfe-Leistung' zur Verfügung standen und nicht für einen organisierten Abtransport von Unfallopfern.

Der mitgeführte Wiederbelebungskoffer war aus Fiberglas und konnte auch aus dem Flugzeug auf das Lawinenfeld abgeworfen werden. Das funktionierte alles recht gut, doch bot dieses Flächenflugzeug nur für zwei Personen Platz. So wurde bei einem Lawineneinsatz mit dem ersten Anflug der Lawinenhundeführer mit Hund und im zweiten Anflug der Bergrettungsarzt mit seinem Wiederbelebungskoffer zum Lawinenfeld gebracht. Bei einem Verletztentransport wurde der Patient mit dem Rücken zum Piloten eingeladen, wir Retter mussten entweder mit den Skiern ins Tal fahren und den Heimtransport organisieren, oder die Piper landete nochmals, um uns zu holen. Am Flughafen Innsbruck gab es noch keine Pistenbefeuerung und so stellte man nach Einbruch der Dämmerung manchmal zwei Autos neben die Landepiste, drehte die Scheinwerfer an und wir landeten problemlos in ihrem Licht.

Aufbau des Flugrettungsdienstes

Diese improvisierten Flugrettungseinsätze mit unseren Bergrettungsärzten funktionierten einige Jahre recht gut, bis die ersten Schwierigkeiten auftauchten. Statt unserer Ärzte wurden Alpin-Gendarmen mitgenommen, die natürlich keine ärztliche Hilfeleistung am Unfallort geben konnten. Daraufhin quittierten wir Ärzte unseren Dienst bei der Flugeinsatzstelle und ich musste erneut auf die Suche nach einem Flugtransportunternehmen gehen. Im März 1983 wurde ich vom ÖAMTC zu einer Sitzung des ärztlichen Beirates eingeladen.

In einer Brandrede versuchte ich den obersten Herren des ÖAMTC klar zu machen, dass Österreich – neben Albanien – als einziges europäisches Land noch keinen Flugrettungsdienst habe und dringend einen Notarzthubschrauberdienst brauche. Mitte Mai bekam die Tyrolean Air Ambulance, die Mag. Jakob Ringler mit mir 1976 gegründet hatte, den Auftrag, ein solches Flugrettungssystem einzurichten.

Eine Bedingung war allerdings daran geknüpft: Wir mussten am 1. Juli, also in sechs Wochen, den Flugrettungsdienst aufnehmen. Wir waren zuversichtlich, dass wir das schaffften, mein Freund Dr. Walter Phleps half mir dabei. Den Hubschrauber und Piloten stellte die Tyrolean Air Ambulance, deren medizinischer Direktor ich zu dieser Zeit war, die Ärzte kamen vom inzwischen aufgelösten Bergrettungsärztlichen Flugbereitschaftsdienst. Wir brauchten nur noch Flugrettungssanitäter, diese holten wir uns vom Roten Kreuz und von der Bergrettung. Der Hubschrauber, eine Ecureuil, wurde gelb umgespritzt, den Ärzten wurde der neue Hubschrauber mit moderner Ausrüstung (EKG, Sauerstoff, Absaugeinheit) vorgestellt, und die Flugrettungssanitäter trainierten eifrig im Schlauchturm der Berufsfeuerwehr, der mir von Branddirektor Thomas Angermair zur Verfügung gestellt wurde. Ab 1. Juli 1983 war der Hubschrauber bei der Versicherung angemeldet, da sollte es losgehen. Unsere Mannschaft saß aber schon am 29. Juni im angemieteten Wohnwagen und wartete auf den ersten Einsatz, der tatsächlich eintraf. Zum Glück ist dabei nichts passiert, sonst wäre womöglich das ganze Unternehmen noch vor seinem Beginn gescheitert. So aber wurde das Flugrettungswesen in Tirol eine Erfolgsgeschichte."

Die fliegenden Bergretter

Im November 1946 stürzte ein amerikanisches Militärflugzeug auf dem Gauligletscher in den östlichen Berner Alpen ab und gab Anlass für die bis dahin größte alpine Rettungsaktion. Alle Passagiere – acht hochrangige Militärs der amerikanischen Besatzungstruppen in Österreich, deren Angehörige sowie vier Besatzungsmitglieder – wurden lebend geborgen. Das war auch dem Einsatz von zwei Piloten der Schweizer Luftwaffe zu verdanken, die ihre Maschinen vom Typ Fieseler Storch mit Kufen ausgerüstet hatten und denen es gelang, auf dem Gletscher zu landen. Mit neun Flügen konnten die Verunglückten ins Tal geflogen werden. Der Einsatz gilt als die Geburtsstunde der Flugrettung.

Nicht alle Bergretter sind Flugretter, aber alle Flugretter müssen bei uns auch bergrettungstechnisch kompetent sein, da sie vorwiegend in alpinem Gelände zum Einsatz kommen. In der touristischen Hochsaison absolvieren die Tiroler FlugretterInnen zwanzig Einsätze pro Tag. Insgesamt stehen in Tirol 15 Notarzthubschrauber zur Verfügung, acht kommen ganzjährig und sieben saisonal (November bis April) zum Einsatz. Zusätzlich können Hubschrauber vom Bundesministerium für Inneres und vom Österreichischen Bundesheer bei Bedarf (z.B. Sucheinsätze, Großschadenslage) angefordert werden. Im Jahr 2013 gab es 8.326 Rettungsflüge in Tirol, auf die Flugretter der Bergrettung entfielen 6.161 Einsätze. Knapp die Hälfte der gesamten Einsätze war bei Sport- und Freizeitunfällen im alpinen Bereich zu verzeichnen. Danach folgten internistische Notfälle mit 24 Prozent. Im Flugrettungswesen stehen tirolweit insgesamt an die 100 Notärzte und Notärztinnen zur Verfügung.

Flugservice im Tourismusland

> **Gabriel Wehinger**, *geb. 1970, seit 1988 bei der Bergrettung, Ortsstelle Seefeld; hauptberuflicher Notfallsanitäter und Stützpunktleiter Rotes Kreuz NEF Telfs, freiwilliger Flugretter bei Christophorus I, Flugrettungsreferent der Tiroler Bergrettung:*

„In Tirol gibt es ca. 90 Flugretter, zwei Drittel kommen von der Bergrettung. Das ist wichtig, weil es Leute braucht, die sich mit dem Gelände gut auskennen. Unsere Haupteinsätze sind nach wie vor auf der Piste, aber die Einsätze im freien Skiraum nehmen zu. Dort ist die Einstufung der Einsätze weitaus komplexer. Bevor wir uns an eine Bergung machen, müssen wir uns über Lawinengefahr, die Situation vor Ort und die Vorgehensweise genau abstimmen.

Es wird oft behauptet, dass Hubschrauber zu voreilig und häufig eingesetzt werden. Aber darauf haben die Flugbetreiber keinen Einfluss. Wir fliegen, wenn wir von der Leitstelle Tirol oder von einem Pistenrettungsdienst über die Leitstelle Tirol angefordert werden. Stimmt schon, manchmal könnte ein Patient auch mit dem Akja abtransportiert und mit der Bodenrettung ins Spital gebracht werden. Aber oft unter sehr großen Schmerzen. Und zu sinnvoller medizinischer Hilfe gehört es, Menschen nicht unnötig leiden zu lassen. Ein Tourismusland wie Tirol sollte diesen Dienst parat halten. Das Pendel schwingt allerdings in die falsche Richtung aus, wenn manche Reisebüros – u.a. konnte man das in tschechischen Reisekatalogen lesen –, damit Werbung machen, dass in Tirol auch untrainierte Menschen hohe Berge erklimmen können, weil sie bei Erschöpfung oder sonstigen Schwierigkeiten vom Hubschrauber geholt werden. Diese ‚Berggipfelgarantie' ist bedenklich und auch insofern dumm, weil Hubschrauber nicht immer einsatztauglich sind. Unser größter Feind ist die schlechte Sicht und damit Nebel und Dunkelheit. Wir brauchen einen Referenzpunkt am Horizont, sonst treibt es uns von der richtigen Route ab, weshalb die meisten Zivilhubschrauber nachts nicht fliegen können.

NERVEN WIE SEILE

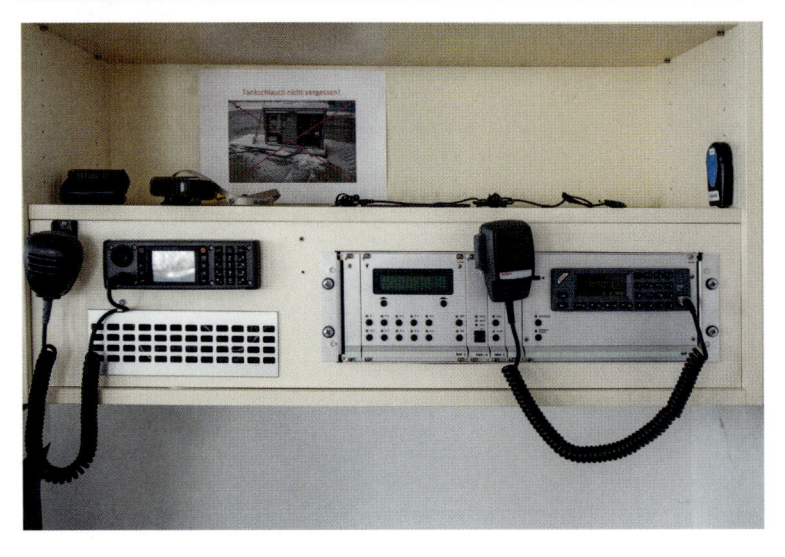

Notarzthubschrauber haben nicht die Erlaubnis, Tote zu bergen, das obliegt den Polizeihubschraubern, weil dabei polizeiliche Ermittlungen nötig sind. Es muss sichergestellt werden, dass es tatsächlich ein Unfall war. Die Hubschrauber vom Bundesministerium für Inneres nehmen aber manchmal auch Unverletzte mit, die in Bergnot geraten sind. Dieser Dienst ist gratis, während der Abtransport mit einem Notarzthubschrauber bezahlt werden muss. Das ist nicht immer zweckdienlich in der Kommunikation, weil viele sich aus verständlichem Grund mit dem Polizeihubschrauber holen lassen wollen. Aber diesen kann man nicht wie ein Taxi bestellen. Die Leitstelle entscheidet, welcher Hubschrauber frei ist und geschickt wird. Und wenn es sich um Verletzte handelt, müssen sie ohnedies mit dem Notarzthubschrauber geborgen werden.

Vom Winde verweht

Vor allem der Raum Innsbruck ist bei Föhnlage sehr gefürchtet. Bei solchen Flügen wird man ordentlich durchgeschüttelt, weit ärger als auf einer Achterbahn. Und dabei muss man oft noch die Karte lesen. Das hält der stärkste Magen nicht aus. Wer einmal flugkrank geworden ist, trägt das in sich, weil sich der Körper an die Situation erinnert. Ein Jahr Flugpause würde dagegen helfen, das ist aber nicht möglich, weil wir ja regelmäßig Einsätze und Übungen absolvieren müssen. Es bleibt also nichts anderes übrig, als damit umzugehen. Es gibt Tage, da ist man weniger empfindlich, und es gibt Tage, da weiß man genau, heute wird mein Körper rebellieren. Die Patienten, die wir vom Berg oder von der Piste holen, bekommen Medikamente gegen die Flugkrankheit, sonst wären solche Rettungsflüge den Beteiligten kaum zuzumuten.

Wenn ich am Seil hänge, wird mir nie schwindlig oder übel. Ich habe auch keine Angst, ich habe ja viele Einsätze hinter mir. Die Piloten sind Top-Leute mit mindestens 2.000 Stunden Flugerfahrung und im Transportflug geschult. Sie können die Entfernungen oft viel besser einschätzen als junge, noch unerfahrene Bergretter. Sie machen sich manchmal einen Spaß daraus, bei Übungseinsätzen die Anweisungen desjenigen, der am Tau hängt, genau zu befolgen. Dieser wird dann mitunter kurz in eine Ache getaucht, weil er sich mit den Meterangaben gehörig verschätzt hat. ‚Du hast gesagt zehn Meter, aber du hast wohl fünf gemeint', hört man es dann schadenfroh aus dem Cockpit. Solche Lektionen gehören zum Lernen dazu."

Bilder linke Seite und Bild rechts: Der C-1 Stützpunkt in Innsbruck liegt mitten in der Föhnschneise. Wer hier fliegt, braucht einen unempfindlichen Magen.

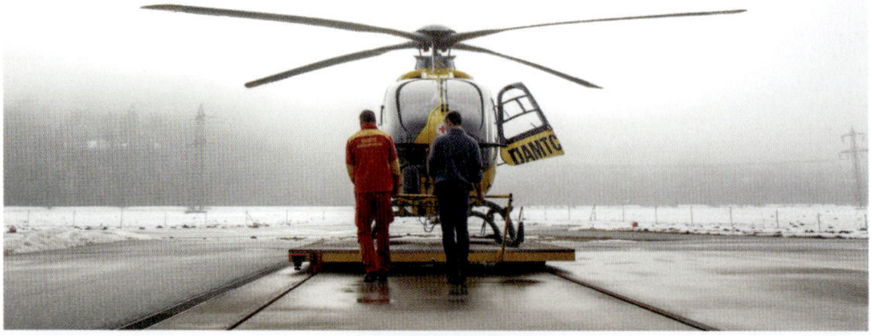

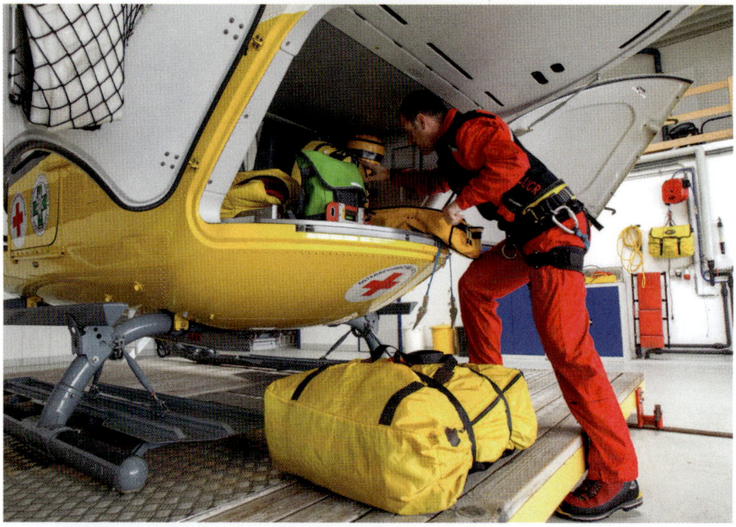

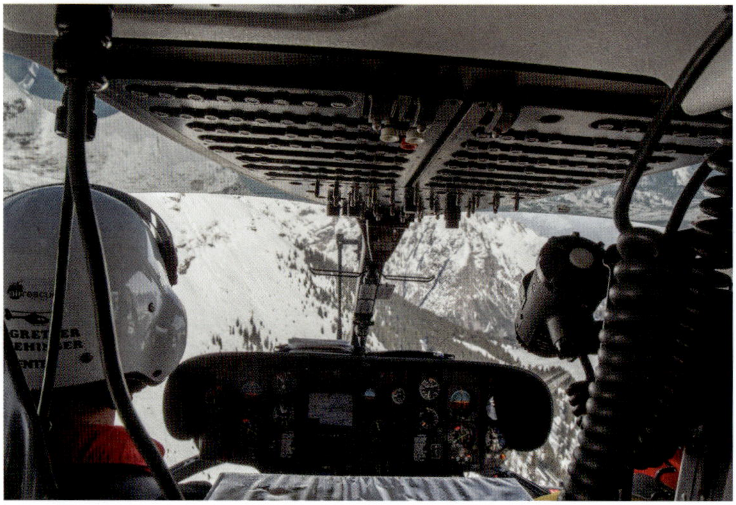

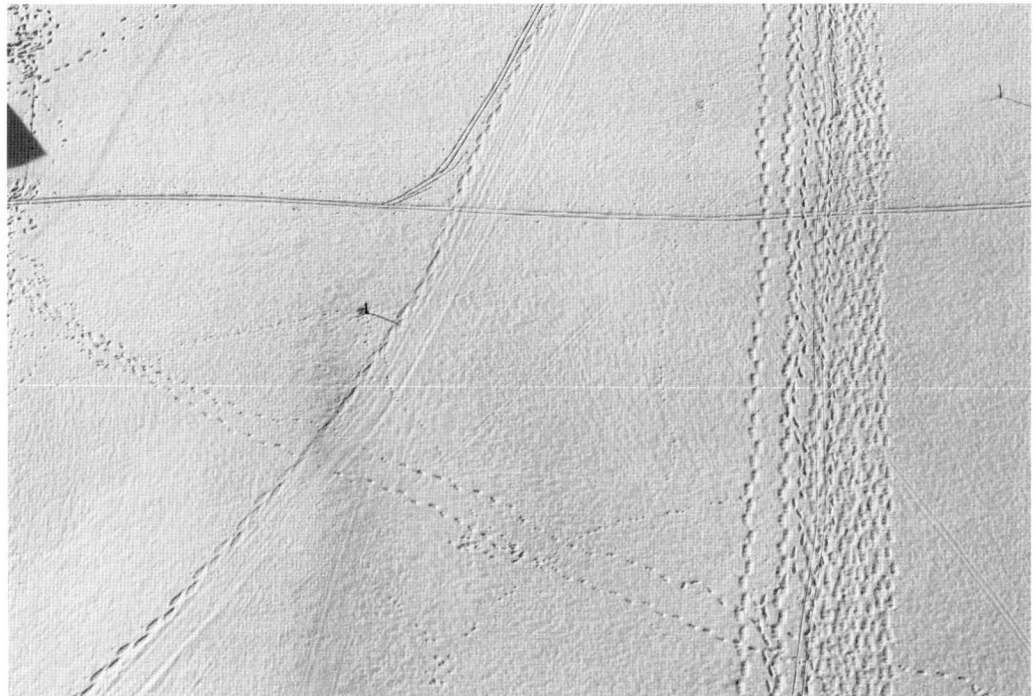

Auch für Flugretter immer wieder faszinierend: Die Welt aus der Vogelperspektive

*Bilder linke Seite: Die Crew bereitet sich auf den ersten Einsatz des Tages vor.
Sobald der Nebel sich lichtet, geht es los.*

Die fliegenden Bergretter

Bild oben: Magnus (4 Jahre) und Lasse (3 Jahre) entdeckten den Notfall auf der Loipe und machten ihre Eltern darauf aufmerksam. So wurden die beiden zu Lebensrettern.

Bild unten: Schnelle Hilfe ist gefordert, deshalb beginnt die Behandlung des Patienten bereits auf dem Flug in die Klinik.

Das Dach der Klinik Innsbruck mit dem Hubschrauberlandeplatz ist stark frequentiert.

Sobald das Tageslicht schwindet, müssen der Heli und seine Crew die Arbeit einstellen. Nur wenige Maschinen sind für Nachtflüge geeignet.

Die fliegenden Bergretter

Wenn viele Unfälle passieren, kehrt der Helikopter immer wieder zum Auftanken zur Basis zurück. Maschinen, die in den Alpen fliegen, tragen weniger Tankladung, um wendig zu bleiben und schnell die Höhe wechseln zu können.

Flugretter – Beruf und Berufung

MMag. rer. nat. Stefan Mertelseder, geb. 1968, 10 Jahre lang hauptberuflicher Flugretter. Seit 1990 bei der Bergrettung, Ortsstelle Jenbach, Ausbilder bei der Bergrettung Tirol:

„Die Tätigkeit als Flugretter ist Beruf und Berufung. Man muss dabei medizinisch und bergsteigerisch auf hohem Niveau arbeiten und im Notfall gut improvisieren können. Dazu braucht es eine fundierte Ausbildung als Notfallsanitäter und Bergespezialist. Während des Einsatzes versorgen wir Flugretter den Piloten mit allen nötigen Informationen bezüglich Navigation und halten den Funkkontakt mit anderen Einsatzorganisationen. Wir weisen den Piloten auf den Landeplatz ein und sichern diesen ab. Wenn ein Unfallort nicht direkt erreichbar ist, hängen wir uns ans Tau und dirigieren den Piloten per Funk, sodass er uns beim Verunfallten absetzen kann.

Einsätze in schwierigem Gelände bergen immer ein Risiko. Selbst Pistenlandungen sind nicht ganz ungefährlich. Wenn es frisch geschneit hat, wird bei einer Landung viel Schnee aufgewirbelt und es kann zum gefürchteten White-out-Phänomen kommen. Es fehlen dann die Referenzpunkte, der Pilot kann keine Entfernungen mehr abschätzen. Deshalb ist es so wichtig, dass die am Einsatzort einweisende Person nicht dauernd die Position wechselt.

Wir tasten uns ständig an Grenzen heran, aber wir sind keine Kamikaze-Flieger, sondern schätzen die Situation genau ab, denn es hat niemand etwas davon, wenn wir uns unnötig in Gefahr bringen und uns eventuell sogar selbst verletzen, am wenigsten der Verunfallte, der auf die Rettung/Bergung wartet.

Die Umstände sind immer anders

Innerhalb von zehn Jahren absolvierte ich über 2.500 Flugrettungseinsätze. Natürlich ist jeder Einzelfall ganz speziell und man sieht meistens erst vor Ort, was zu tun ist. Des Öfteren musste ich in Not geratene bzw. verletzte Opfer allein versorgen, weil die Umstände es nicht anders zuließen. Bei drohendem Steinschlag oder hoher Lawinengefahr schickt man nicht mehrere Leute bewusst in die Gefahrenzone, um die medizinische Versorgung durchzuführen. Wenn der Notarzt mitkommen kann, ist das ideal, aber leider nicht immer möglich.

Einsätze können fliegerisch, medizinisch und bergetechnisch sehr anspruchsvoll sein. Wenn es extrem schwierig war, ist man nach dem Einsatz besonders glücklich, wenn alles gut ausgegangen ist. Es ist auch eine Bestätigung, dass man gut gearbeitet hat. Als Held habe ich mich aber nie gefühlt, wir sind keine Rambo-Typen. Solche Charaktere würden nicht zur Flug- und Bergrettung passen. Gefragt ist der Teamspieler, nicht der Einzelkämpfer. Ein gut absolvierter Einsatz ist fast immer der Verdienst des gesamten Teams – vom Ersthelfer, Einweiser, bis zur Mannschaft des NAH (Notarzthubschraubers).

Autotransport oder Hubschraubereinsatz

Viele Verunfallte verlangen schon bei Nichtigkeiten nach einem Hubschrauber. Manche rufen sogar direkt bei einem Heli-Unternehmen an, aber ein Notarzthubschrauber startet nur, wenn er von der Leitstelle Tirol alarmiert wird. Diese hat die Übersicht über alle Einsatzkräfte und Standorte sowie über die Dringlichkeit eines Hubschraubereinsatzes.

Weil ein Hubschraubereinsatz teuer ist und sich nicht jeder für einen derartigen Notfall versichert hat, gibt es aber auch Menschen, die sich gegen eine Hubschrauberbergung sträuben. Ich habe das im letzten Winter wieder einmal erlebt. Damals traf bei unserer Ortsstelle Jenbach ein Notruf ein, dass oberhalb der Rodelbahn Wiesing/Astenberg ein verletzter Mann zu bergen sei. Er lag sehr weit oberhalb der Rodelbahn im freien Gelände. Sein Bruder war bei ihm, die beiden waren mit Schneeschuhen unterwegs.

Der Mann war auf einer Eisplatte ausgerutscht, er war massiv verletzt. Als wir Bergretter eintrafen, war er stark unterkühlt und in einem bedenklichen Erschöpfungszustand, aber

Die Langzeitbelichtung zeigt die Luftlöcher bei Föhnlage.

er hatte noch so viel Kraft, sich gegen einen Hubschraubereinsatz zu verwehren. Auch sein Bruder war aus finanziellen Gründen dagegen. Ich habe als Einsatzleiter den Verletzten notversorgt und gegen seinen Willen einen Hubschrauber alarmiert, weil es mir aufgrund der Schwere seiner Verletzungen nötig erschien. Später stellte sich heraus, dass der Mann einen anderen Transport nicht überlebt hätte. Die Entscheidung war richtig, aber es war nicht leicht, sie durchzusetzen."

Man verschätzt sich nur einmal

__Hermann Schneck__, geb. 1966, OP-Assistent, bei der Bergrettung seit 1991, Ortsstelle Wörgl-Niederau, Einsatzleiter, Flugretter und ehem. Flugrettungsreferent, Hundeführer:

„Bei meinen ersten Einsätzen als Flugretter hieß es, keiner macht das länger als fünf, sechs Jahre, weil das zu fordernd ist, um es länger durchzuhalten. Aber einige Kollegen von mir machen das nun schon wesentlich länger und ich selber habe mittlerweile fast 1.000 Flugrettungseinsätze hinter mir. Obwohl es gut eintrainierte Abläufe gibt, ist doch jeder Einsatz anders.

Das Wichtigste ist ein gutes Team. Wenn wir Flugretter am Tau hängen und zur Bergestelle manövriert werden, müssen wir uns tausendprozentig auf den Piloten verlassen können. Und er sich auf uns, er sieht uns ja nur begrenzt und ist auf unsere Angaben angewiesen. Beim Einweisen des Piloten zur genauen Bergestelle haben wir keine Geräte zum Abschätzen der Entfernung. Das geht mit freiem Auge und erfordert einige Erfahrung. Aber das lernt man beim Training. Ein flapsiger Spruch sagt, man verschätzt sich nur einmal. Da ist sicher etwas Wahres daran. Ganz ohne Blessuren geht so eine Flugretterkarriere sowieso nicht ab, es kommt schon vor, dass man den Felsen touchiert und sich Prellungen holt, aber etwas Ernsthaftes ist mir zum Glück nie passiert.

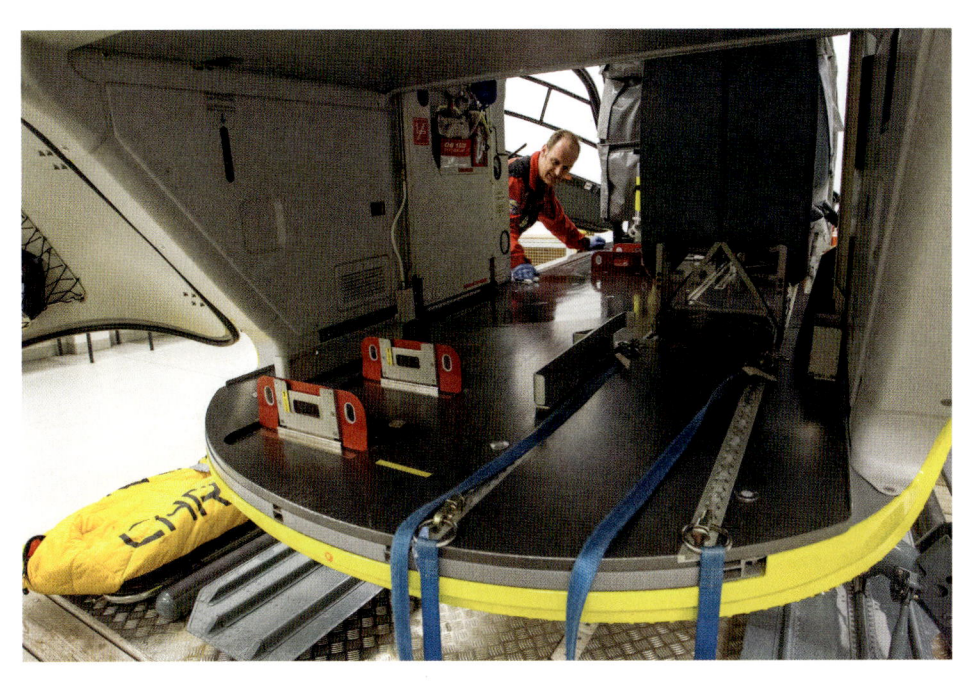

Eine komplette Reinigung der Maschine untersteht der Verantwortung des Flugretters und muss nach Beendigung des Arbeitstages durchgeführt werden.

Bei schwierigen Einsätzen stimmen wir im Team gemeinsam ab, wie wir vorgehen: der Pilot, der Notarzt und der Flugretter, der immer auch ein Notfallsanitäter ist. Können wir es selber schaffen oder holen wir noch Bergrettungskollegen dazu, die wir in der Nähe der Unfallstelle absetzen? Oft ist es ein Herantasten an die Grenzen des Möglichen.

Einmal hatten wir eine abgestürzte Frau aus schwierigem Schluchtengelände zu bergen. Es war schönes Wetter, aber wir hatten extremes Gegenlicht und das Pendeln durch den Wald war schwierig, ein richtiger Hindernisflug. Wenn man da am Tau hängt, darf man sich keine Zehntelsekunde Unaufmerksamkeit leisten. Da oben ziehen 1.400 PS, bleibst du an einem Baum hängen, reißt es dir den Fuß aus.

Wir sahen schon von oben, dass es weit fehlt und dass es um Sekunden geht. Die Frau hatte schwere Bein- und Beckenverletzungen und war aufgrund des starken Blutverlustes bereits bewusstlos, ein Kampf zwischen Leben und Tod. Es gelang uns, sie zu bergen und zu einem nahe gelegenen Feld zu fliegen, wo wir sie intubierten und stabilisierten. Ein paar Wochen nach dem Unfall kam sie uns im Bergrettungsbüro besuchen und brachte uns eine Jause. Mittlerweile ist sie wieder ganz geheilt, keine Folgeschäden sind zurückgeblieben. In so einem Fall ist man auch selber dankbar und weiß, das Risiko hat sich gelohnt."

Wenn der Hubschrauber wieder abdrehen muss

Ein gut gespanntes Sicherheitsnetz, wie es in Tirol existiert, fordert oft zu vermehrtem Risiko heraus. Wenn etwas passiert, kommt uns ohnedies der Hubschrauber holen, meinen viele. Vor allem jene, die eine Versicherung abgeschlossen haben – die anderen fürchten eher die hohen Kosten. Jene, die sich verirrt haben oder übermüdet sind, lassen sich am liebsten mit dem – kostenlosen! – Polizeihubschrauber retten, der in Not Geratene nur dann transportiert, wenn sie nicht verletzt sind. Eine große Ungerechtigkeit gegenüber den Verunfallten, wie viele meinen. Aber ein automatisches Flugticket hat ohnedies niemand in der Tasche.

Bei Nacht, Nebel und schlechter Witterung muss der Hubschrauber am Boden bleiben. Das kann bedeuten, dass man trotz schwerer Verletzungen mit der Gebirgstrage abtransportiert werden muss. Es sei denn, man hat letztlich doch noch Glück im Unglück …

Dramatische Bergung im Karwendel

Fred Wallenta, *geb. 1961, Techniker, seit 1985 bei der Bergrettung, Ortsstelle Schwaz und Umgebung, seit 1997 Ortsstellenleiter:*

„Vor ein paar Jahren war ein Wanderer von der Karwendelrast in Richtung Hallerangerhaus unterwegs und stürzte von einem schmalen Steig zum Jagdhaus in der Au ca. zehn Meter in freiem Fall ab. Er blieb schwerverletzt liegen, u.a. mit einem offenen Unterschenkelbruch, aber er war noch bei Bewusstsein und es gelang ihm, einen Notruf abzusetzen. Die Verbindung war aber so schwach, dass kaum verständlich war, wo genau er lag. Die Ortsstelle Hall half uns beim Lokalisieren, weil sie Lichtsignale auf dem Knappensteig gesehen hatten, und wir machten uns auf den Weg. Nach einem ca. dreistündigen Marsch fanden wir den Verletzten. Er war in einem erbarmungswürdigen Zustand, lag mit einem abstehenden Bein völlig verrenkt da und litt höllische Schmerzen. Ihn in einer Trage stundenlang den Berg hinunterzuschleppen wäre eine furchtbare Qual und in der Dunkelheit zudem gefährlich gewesen.

Wir führten die Erstversorgung durch und forderten einen Hubschrauber an. Obwohl unsere Zivilhubschrauber nicht nachtflugtauglich sind und die Dämmerung bereits eingesetzt hatte, hegten wir Hoffnung, weil unser Kamerad, der mit im Hubschrauber saß, die Gegend sehr gut kannte. Es war aber trotzdem nicht zu schaffen. Wir hörten den Hubschrauber über uns hinwegfliegen, dann abdrehen. Das war ein grausamer Moment für den Patienten. Seine Hoffnung auf schnelle Linderung der Schmerzen war dahin. Ohne Notarzt ist da nichts zu machen. Wir können nur im Rahmen unserer Möglichkeiten helfen und das taten wir auch. Wir verbanden ihn, bauten ein Biwak auf, wickelten ihn in eine Rettungsdecke, gaben ihm Saft und heißen Tee zu trinken und machten ein Feuer, denn es war klar, dass wir die Nacht hier am Fuß der Felswand verbringen mussten.

Allein schon unsere Anwesenheit wirkte auf den Patienten beruhigend und er dämmerte im Laufe der Nacht ein paarmal weg. Am frühen Morgen kam dann der Hubschrauber und brachte ihn ins Spital. Wie das in den meisten Fällen so ist, mussten wir Bergretter aufgrund des Platzmangels im Hubschrauber wieder zu Fuß nach Hause, aber das ist in so einem Fall das kleinste Problem."

Ferdl Wildauer, *Elektriker, geb. 1971, seit 2000 bei der Bergrettung, Ortsstelle Schwaz und Umgebung:*

„Ich war der Bergretter, der bei diesem Einsatz im Hubschrauber saß und den Piloten zur Unfallstelle dirigieren sollte. Ich wusste genau, wo der Verunfallte lag, denn ich kenne dort fast jeden Baum. Unter besseren Bedingungen hätte es vielleicht funktionieren können. Es hatte damals aber eine enorm hohe Luftfeuchtigkeit und das Licht des Scheinwerfers wurde so reflektiert, dass sich vor uns eine weiße Wand auftürmte. Man sah buchstäblich nichts von der Umgebung und es war unmöglich, den Abstand zum Boden und zu den Felswänden einzuschätzen. Es blieb nichts anderes übrig, als den Einsatz abzubrechen. In so einem Fall sitzt man im Hubschrauber natürlich in der besseren Position als die Kameraden, die eine kalte Nacht im Freien verbringen müssen, an einem Ort, wo sie nicht einmal die Möglichkeit haben, sich der Länge nach auszustrecken. Trotzdem ist es auch für die Helfer im Flugzeug bitter. Man weiß ja, wie sehnlich man erwartet wird und dass sich ein paar Stunden in so einer Situation zu einer Ewigkeit ausdehnen können."

Vom Helfer zum Helden?

Auch unter den Bergrettern gibt es unterschiedliche Charaktere – die „wilden, harten Hunde" mit zumeist großem sportlichen Ehrgeiz und jene Männer und Frauen mit höherem Risikobewusstsein. Sie alle zu guten Teams zusammenzuschweißen, obliegt den Einsatzleitern, die zudem die Gefahrenstufe bei einem Einsatz abschätzen müssen. Sie tun das mit viel Verantwortungsgefühl. Letztlich sind aber alle Bergretter für ihr Verhalten am Berg selbst verantwortlich und damit auch für das Wohl ihrer Mannschaft. Helden spielen ist dabei nicht angesagt. Der gern geprägte lässige Slogan „Wir holen Sie heraus, egal wann, egal wo", stößt deshalb nicht bei allen Bergrettungsmitgliedern auf Zustimmung.

Nein, Helden sind wir keine

Christian Callegari, *geb. 1960, seit 1988 bei der Bergrettung, Ortsstelle Kramsach (Bezirk Kufstein), seit 2009 Ortsstellenleiter:*

„Unser Einsatzgebiet ist ziemlich groß, es umfasst neun Gemeinden und u.a. auch die Brandenberger Alpen. Wir haben viel mit Vermisstensuche zu tun, weniger mit Skiunfällen und Lawinenabgängen. Auch spektakuläre Klettereinsätze gibt es bei uns nicht sehr oft. Als ich letztens bei der Landesleitung war, habe ich gesagt, ich brauche kein neues Seil, sondern ein Buschmesser, weil wir dauernd im Gestrüpp unterwegs sind und durchs Unterholz robben.

Bei der Aufnahmeprüfung für die Bergrettung könnte man meinen, es werden Mitglieder für das Nationalteam irgendwelcher Leistungssportler gesucht. Selbstverständlich braucht es gute Bergsteiger, Kletterer und Skifahrer bei der Bergrettung, aber in vielen Fällen ist z.B. ein guter Notfallsanitäter oder ein ‚Geldbeschaffer' wichtiger. Der sportliche Leistungsgedanke, der oft in unseren Kreisen zu finden ist, geht einher mit dem Bild von einem Heldentum, mit dem ich nichts anfangen kann. Helden sind bei uns fehl am Platz, sie können nicht nur sich selbst, sondern das ganze Team oder den Einsatz gefährden. Unser oberster Grundsatz ist zu helfen, aber wir sind keine Luis-Trenker-Typen, die einen Halbtoten unter widrigsten Umständen auf dem Rücken von einem Berg heruntertragen. Und der Beste ist nicht der, der sein Leben bei einem Einsatz zehnmal riskiert hat, sondern jener, der verantwortungsvoll mit sich selbst und den Kollegen umgeht. Das versuche ich unseren jungen Leuten immer in vernünftigen Gesprächen zu erklären.

Die Verantwortung der Einsatzleiter

Vor allem als Einsatzleiter muss man auch nein sagen können. Das Leben von sechs Familienvätern aufs Spiel setzen, um eine Leiche bei schlechten Witterungsbedingungen zu bergen? Nein danke, da mache ich nicht mit. Der Tote ist morgen oder übermorgen auch nicht toter als heute. Für so eine Haltung wird man gern kritisiert, auch in den Medien: ‚Warum wurde die Suche eingestellt?' – ‚Weil wir nicht mehr wissen, wo wir suchen sollen, oder weil wir dort, wo es passiert ist, zurzeit wegen der Witterung nicht suchen können.' So eine Antwort hört niemand gern, das klingt nach Gleichgültigkeit oder Versagen. Die Sicherheit der eigenen Mannschaft muss aber immer an erster Stelle stehen!

Das Bild der harten Hunde, die kaum Emotionen zeigen, ist ein Klischee. Ich habe in unserer Truppe viele verlässliche BergretterInnen, aber ich kann nicht jeden überall hinschicken. Für manche ist mitunter ein Gelände zu schwierig, andere wiederum haben Probleme, eine Leiche bergen zu müssen. Sie können dann evtl. nächtelang nicht schlafen. Also werde ich zu solchen Einsätzen Leute schicken, die das besser wegstecken können.

Vielleicht habe ich deshalb so viel Verständnis dafür, weil ich durch meine Anfänge bei der Bergrettung geprägt worden bin. Bei meinem allerersten Einsatz war ich noch Anwärter und wurde mit einer Gruppe in eine Nachbarortsstelle zur Verstärkung geschickt. Man hatte mir gesagt, mit Lawinen würde ich in unserem Gebiet nicht viel zu tun haben, aber dann war mein erster Einsatz die Suche nach einem Lawinenverschütteten. Die anderen sondierten, ich schaufelte. Wie es der Teufel haben will, stieß ausgerechnet ich auf die Leiche. Das war damals ein echter Schock für mich und nicht leicht zu verarbeiten."

Manchmal geht's an die Grenzen

Daniel Thönig, geb. 1980, Mittelschullehrer, bei der Bergrettung seit 2004, Ortsstelle Landeck, Ausbilder und Bezirksreferent der Lawinenhundestaffel, sein Suchhund Sam ist ein Border Collie:

„Ich glaube, dass alle Menschen, die bei Rettung, Feuerwehr oder Bergrettung freiwillige Dienste leisten, hilfsbereite Menschen sind, die auch ohne ‚Uniform' bei einem Unfall nicht wegschauen würden. Zivilcourage hat aber nichts mit Heldentum zu tun. Zum Profilieren für Angeber wäre die Bergrettung der falsche Verein.

Natürlich schaut es für manche toll aus, wenn ein Bergretter in der Nähe seines Hauses – bei mir ist das am Fußballplatz ganz in der Nähe – mit dem Hubschrauber abgeholt und zum Einsatzort geflogen wird. Aber man wird deshalb nicht gleich zum Star, auch dann nicht, wenn man jemanden aus einer Lawine ausgräbt. Das gehört selbstverständlich zu unseren Aufgaben. Und wenn man oft die ganze Nacht bei brutal schlechtem Wetter unterwegs ist, bekommt das kaum jemand mit.

Vor Kurzem hatten wir im Gebiet Landeck einen Sucheinsatz, der sich anfangs ganz unkompliziert ausnahm. Ein Vater und seine Tochter hatten sich verirrt, das Handy funktionierte, sie gaben uns sogar die GPS-Daten durch und wir dachten, in eineinhalb Stunden sei das erledigt. Aber dann stellten sich die Daten und die Angaben als falsch heraus, dazu gewitterte es stark und wir fanden die beiden nach Einbruch der Dunkelheit in einem gefährlichen Steilhang, wo der Regen den Boden aufgelockert und rutschig gemacht hatte. Nur so zum Spaß würde ich in diesen Tobel auch nicht untertags und bei gutem Wetter hineingehen. Wenn die Situation brenzlig wird, überlegt man nicht, ob das jetzt heldenhaft ist oder dumm, in jedem Fall muss man sich als Einsatzleiter darauf konzentrieren, dass man die Vermissten, die eigenen Leute und sich selber wieder gut herausbringt.

Kein Platz für coole Typen

Coole Typen bleiben bei uns nicht lange cool, sondern lernen Verantwortung. Man ist ja schnell in Teufels Küche. Ich liege zum Beispiel zuhause auf der warmen Ofenbank, dann kommt ein Alarm, ich steige in den Hubschrauber und stehe in den nächsten Minuten bei Minusgraden und heulendem Wind auf einem Gipfelgrat. Da sollte ich alle nötigen Dinge dabeihaben, damit ich nicht selbst gerettet werden muss. Und wenn ich zu einem Einsatz z.B. nach Sölden geflogen werde, weil wir Hundeführer überregional eingesetzt werden, bin ich froh, wenn ich nicht den wildesten Bergfex vom ganzen Ötztal als Begleiter habe, der lässig und ohne Seil heikle Passagen bezwingen will, sondern einen, der sich seiner Verantwortung bewusst ist.

Natürlich muss ich mich auch selber einschätzen können und wissen, wann es für mich genug ist – auch was die Psyche betrifft. Bei einem Busunglück im Engadin wurde ich als Hundeführer angefordert. Zuerst hieß es, es sei ein Lawineneinsatz, aber dann stellte sich heraus, dass eine Mure abgegangen war. Der Unfallort sah schrecklich aus: Der halbe Bus weggerissen, in der Innschlucht lagen die Wrackteile. Es war zu vermuten, dass auch Menschen darunter lagen. Mit zwei Kollegen und meinem Hund suchte ich das Gelände ab. Zuerst fanden wir einen Fuß, dann spürte Sam eine Hand auf. Als ich der Einsatzleitung Bescheid gab, musste ich noch einmal in die Schlucht hinunter um festzustellen, ob es eine linke oder eine rechte Hand war, weil man nicht wusste, wie viele Personen im Bus gesessen hatten. Der Einsatz brachte mich an meine Grenzen. Als klar war, dass es keine Lebenden mehr zu bergen gab, sondern nur Leichenteile, sagte ich, dass ich das nicht schaffe.

Zum Glück war es ein Super-Team, der ganze Einsatz gut koordiniert, sodass die Aufarbeitung schon am Einsatzort durch Gespräche mit den Kollegen anfing. Ich brauchte also keine psychologische Betreuung. Aber ich konnte ein Jahr lang die Strecke nicht mehr mit dem Motorrad fahren, dabei war es zuvor meine Lieblingsstrecke gewesen.

Die Kameradschaft bei der Bergrettung ist großartig, sie fängt vieles auf und man kann sich aufeinander verlassen. Allerdings gibt es naturgemäß auch Rivalitäten und Eifersüchteleien. Wenn man viel trainiert und aus irgendwelchen Gründen nicht oft zum Einsatz kommt, kann es bei manchen Kollegen Frust geben. Aber auch damit muss man umgehen lernen. Sich bei einem Einsatz leichtsinnig zum Helden aufspielen, weil man zeigen möchte, wie gut, schnell und mutig man ist, wäre sicher die falsche Methode, Anerkennung gewinnen zu wollen. Dabei würde man nur das eigene Leben und das Leben der Kollegen in Gefahr bringen."

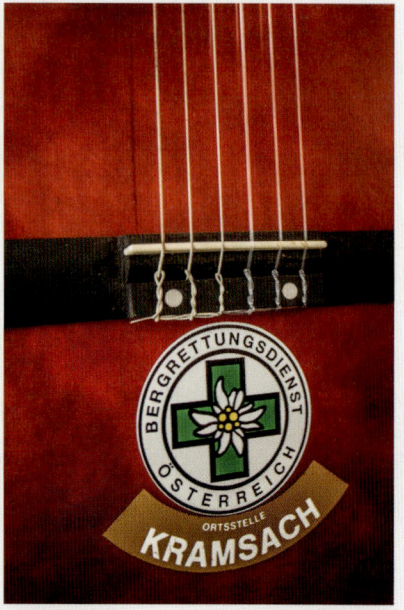

Fotoimpressionen Bezirk Kufstein

190 NERVEN WIE SEILE

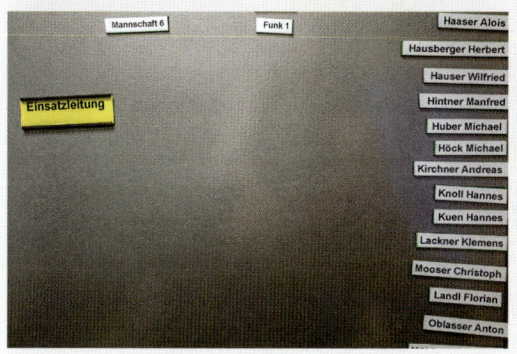

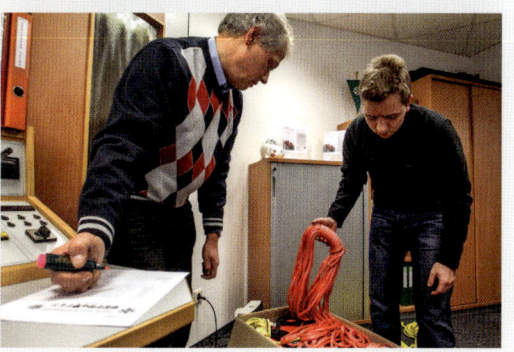

Bezirk Kufstein

Fotoimpressionen Bezirk Kufstein

Das Zweibein wird zum Übungseinsatz ins Rofangebirge getragen.

Die allgegenwärtige Tragik

Die Bergretter legen eine Gedenkminute ein, nachdem sie ein Todesopfer geborgen haben.

Bergretter bekommen viel vom Leben mit und damit auch vom Sterben. Bei den meisten Einsätzen stehen sie unter enormem Zeit- und Leistungsdruck. Dazu kommt die eigene psychische Befindlichkeit, die nicht immer gleich stabil ist. Vor allem junge, unerfahrene Bergretter werden nach einem Einsatz oft vom Gedanken gequält, nicht allen Aufgaben gerecht geworden zu sein. Dabei geht es mitunter um Kleinigkeiten: Das Gefühl, den Sanitätsrucksack nicht schnell genug geöffnet zu haben, kann sie bis in den Schlaf hinein verfolgen.

Damit das Drama der anderen nicht zum eigenen Drama wird, braucht es Methoden, das Geschehene zu verarbeiten. Auch die Gruppendynamik ist entscheidend. Während der Kernphase eines Einsatzes wird hochkonzentriert gearbeitet, aber bei Anfahrt und Nachbearbeitung geht es nicht immer nur „political correct" ab. Da fallen gern auch derbe Sprüche. Aber Lachen befreit und ein guter Witz zum richtigen Zeitpunkt kann die Situation entspannen.

Auch ein gemeinsamer Gasthausbesuch nach der offiziellen Nachbesprechung ist hilfreich. Dort lässt sich in lockerer Runde noch einmal vieles aufarbeiten. Selbst wenn der Einsatz dabei oft gar nicht mehr zu Sprache kommt – das Gefühl, im Kreis der Kameraden gut aufgehoben zu sein, hält die Psyche gesund.

Psychische Belastung und Stressbewältigung

Mag. Anni Pirchner, *geb. 1957, Psychologin und Mentaltrainerin, seit 2003 bei der Bergrettung, Ortsstelle Steinach-Gschnitztal, von 2004 bis 2012 Ortsstellenleiterin:*

„Ich habe mich in meiner Diplomarbeit mit der Stressbewältigung bei BergretterInnen auseinandergesetzt und zahlreiche Interviews gemacht. Es gibt wie bei allen Menschen auch in unserer Organisation jene, die sich mit der Verarbeitung von traumatischen Erlebnissen leichter tun als andere. Jeder hat so seine eigenen Regulierungsmaßnahmen: intrapsychisch: umdeuten oder verdrängen; interpersonal: schweigen, sprechen, Witze erzählen; oder durch Umsetzen in Handlung: z.B. rauchen, ausspucken, sich zurückziehen. Mögliche negative Gefühlsreaktionen bzw. Belastungsreaktionen nach dem Einsatz sind: Ärger, Schuldgefühle, Einsamkeit, Leere/Ohnmacht, Niedergeschlagenheit, Schlafstörungen/Albträume, Intrusionen (Wiedererinnern, Wiedererleben).

Manche behaupten, es bleibe gar nichts anderes übrig, als bei einem schwierigen Einsatz die Gefühle beiseite zu lassen. Sie legen sich dann eine seelische Hornhaut zu. Auch Routine hilft. Man weiß schon genau, was alles passieren kann, und hat schon einiges gesehen. Das ist vor allem bei HelferInnen der Fall, die oft zu Einsätzen gerufen werden. Anderen wiederum hilft der Glaube, sie sagen sich, der menschliche Körper sei nur die sterbliche Hülle, dann macht es ihnen weniger aus, wie eine Leiche zugerichtet ist. Auch Schuldzuweisung kann erleichternd wirken: ‚Warum geht der Trottel auch da hinein!' Aber irgendwann kommen die Gefühle doch wieder hoch. Und dann kann es sein, dass ein Mensch professionelle Hilfe braucht.

Ein Bergretterkamerad musste einmal bei einer Lawine ein Opfer ausgraben, das er gut kannte. Er erzählte mir Folgendes: ‚Wir haben gewühlt und gewühlt und als es dann um den Kopf gegangen ist, habe ich gesehen, das ist mein Kollege. Dann habe ich gesagt, ich muss jetzt gehen.' Beim Herausziehen und Verpacken des Toten hat er sich zurückgezogen. Jeder kennt wahrscheinlich instinktiv seine Grenzen und es ist wichtig, diese auch zu respektieren."

Krisenintervention ist keine Schande

Helmut Lengerer, *geb. 1960, Sicherheitstechniker, bei der Bergrettung seit 1993, Ortsstelle Wörgl-Niederau, Funkwart:*

„Zur Bewältigung von Erlebnissen bei tragischen Einsätzen ist es wichtig, dass es das Kriseninterventionsteam (KIT) gibt. Es ist keine Schande, dessen Hilfe anzunehmen. Früher mussten wir mit allem selber fertig werden. Nicht immer ist das leicht, wenn auch manche Kollegen das vielleicht gern überspielen. Oft stellt sich erst nach einiger Zeit heraus, wie sehr jemand unter dem Eindruck eines schlimmen Ereignisses gelitten hat.

Im Dunkeln, im Schein der Taschenlampen, schaut eine Szene oft noch makaberer aus als sie tatsächlich ist, aber es gibt auch bei Tageslicht genügend schreckliche Anblicke. Sich einen Toten im Tragesack auf den Rücken binden zu lassen, daran muss man sich auch erst gewöhnen. Wenn ein Flugretter mich über Funk fragt: ‚Hast du einen erfahrenen Mann für die Bergung?', weiß ich schon, was uns erwartet. Ich kann dann nicht jeden hinschicken. Als Einsatzleiter hat man Verantwortung gegenüber noch nicht so routinierten Leuten im Team. Und wenn einer sich an einem Tag nicht gefestigt fühlt, liegt es auch an ihm zu sagen: ‚Ich geh da nicht hin, ich schau mir das nicht an!'

Mich persönlich verfolgen in Gedanken immer die Unfälle mit Kindern am längsten. Wir von der Ortsstelle Wörgl-Niederau machen ja sehr viel Pistendienst, da kommt es nicht selten vor, dass man zu verunfallten Kindern und Jugendlichen gerufen wird. Wir haben in medizinischer Hinsicht alle ein Spezialtraining absolviert und selbst wenn kein Arzt dabei ist, wissen wir, was zu tun ist. Aber wenn so ein Kind vor mir liegt und ich weiß, ich darf jetzt nichts falsch machen und es geht um Sekunden, dann schnellt mein Blutdruck in die Höhe. Das nimmt einen oft mehr mit, als einen Toten bergen zu müssen.

Manchmal packt es auch die hartgesottensten Kollegen. Wenn man Eltern ihr totes Kind zu Füßen legen muss, ist das etwas vom Traurigsten, was man sich vorstellen kann. Einmal kam uns beim Abtransport eines abgestürzten jungen Burschen auf halbem Weg vom Berg die Mutter entgegen, umarmte den Leichnam ihres Sohnes und flehte ihn an aufzustehen. So etwas vergisst man sein Leben lang nicht."

Schwarzes Loch in der Erinnerung

Manfred Kaiser, *geb. 1970, Kaminkehrer, bei der Bergrettung seit 1997, Ortsstelle Kappl (Paznauntal), Lawinenhundeführer:*

„Mit meinen beiden Hunden, dem alten Tino – der inzwischen verstorben ist – und dem jungen Tino, hatte ich bereits etliche Such-Erfolge, die auch durch die Medien gingen. Einmal gelang uns eine Lebendbergung aus einer Lawine innerhalb von drei Minuten. Der Mann erlag leider wenig später im Krankenhaus seinen Verletzungen. Aber bei etlichen Fällen kamen wir rechtzeitig und hatten mehr Glück. Einmal konnten wir einem jungen Snowboarder, der im Skigebiet Ischgl ein paar Tage vor Weihnachten in unwegsames Gelände geraten war, das Leben retten. Tino bekam damals einen schönen Artikel in der Zeitung. Daran denkt man oft zurück. Aber bei einem Ereignis versagt meine Erinnerung. Es war der Einsatz beim Lawinenunglück in Galtür im Jahr 1999. Ich war einer der ersten Hundeführer, die von Mathon nach Galtür geflogen wurden. Es war ein Schock. Ich erkannte den von den Schneemassen zerstörten Ort nicht wieder und sah ringsum nur verzweifelte Gesichter. Die meisten davon waren gute Bekannte von mir, ich arbeite ja als Kaminkehrer im Dorf. Ich kann gar nicht sagen, was das für ein Gefühl ist, man glaubt, die Welt geht unter. Ich machte mich mit meinem Hund auf die Suche und versuchte zu helfen, wo ich helfen konnte, verlor dabei aber jedes Zeitgefühl und war wie betäubt. Am darauffolgenden Tag dasselbe Bild im Weiler Valzur, der ca. 300 Meter von mir daheim entfernt ist. Ein Hundeführerkamerad konnte damals ein Kind lebend bergen.

Was diesen Einsatz betrifft, klafft eine große Lücke in meiner Erinnerung. Ich glaube, die meisten Betroffenen und Helfer, die damals nach Verschütteten suchten, haben Blackouts, weil die Seele sich irgendwie schützen muss. Am schlimmsten aber war es, als alle Hilfskräfte wieder weg waren und die große Stille eintrat. Der letzte Hubschrauber wollte mich noch mitnehmen und nach Mathon bringen, aber ich wollte zu Fuß gehen, ich brauchte Luft. Da stieg der Flugretter aus und ging mit mir den Weg von Valzur bis zur Feuerwehrhalle nach Mathon. Er legte mir kurz den Arm auf die Schulter, als Zeichen der Verbundenheit. Es hätte für mich in dieser Situation keine wertvollere Hilfe geben können. Danach suchte ich meine Familie auf, die ebenfalls das Haus verlassen musste, und bei Freunden untergebracht war."

Für die Helfer gab es keine Hilfe

Stephan Siegele, *geb. 1945, pensionierter Gendarm und Alpinpolizist, bei der Bergrettung seit 1973, Ortsstelle Kappl (Paznauntal), seit 2006 Bezirksleiter Landeck:*

„Früher kümmerte man sich bei der Krisenintervention nur um traumatisierte Unfallopfer und deren Angehörige. Die Helfer – z.B. von Polizei, Alpinpolizei, Bergrettung, Feuerwehr und Rotem Kreuz – die oftmals ebenso traumatisierende Erfahrungen machen, mussten selber schauen, wie sie zurechtkommen. Man ging davon aus, dass es zu ihrer Tätigkeit gehört, Schreckliches mit anzusehen und damit basta. Nicht jeder wurde damit fertig. Bei der Lawinenkatastrophe von Galtür 1999 war es das erste Mal, dass auch den Helfern psychologische Hilfe zuteil wurde. Viele Einsatzkräfte gelangten damals an ihre körperlichen und psychischen Grenzen. Sie mussten so viele Tote bergen, etliche hatten nahe Bekannte oder Verwandte darunter. Und in den Medien wurde letztlich hauptsächlich über die Todesstatistik geschrieben und nicht darüber, wie vielen man geholfen hat. Es waren über 20 Menschen, denen man das Leben retten konnte, weil man sie mit guter Einsatzkoordination und unter Aufbringung fast übermenschlicher Kräfte rechtzeitig aus den Schneemassen ausgegraben und befreit hat."

Hartgesottene Burschen

Peter Gams, *geb. 1946, pensionierter Zollwache- und Gendarmeriebeamter, Sanitäter beim Roten Kreuz, seit 1970 bei der Bergrettung, Ortsstelle Achenkirch, viele Jahre Ortsstellenleiter:*

„In den Anfängen der Bergrettung war die Ausbildung noch nicht so fundiert wie heute. Deshalb waren Männer immer willkommen, die bereits eine Gebirgsausbildung vorzuweisen hatten, wie zum Beispiel die Beamten der Zollwache, von denen viele für ihren Grenzdienst eine Hochalpin- und Bergführer-Ausbildung absolviert hatten. Ich war damals bereits Sanitäter beim Roten Kreuz und deshalb den Umgang mit schweren Unfällen gewohnt. Aber auch unter den Kollegen unserer Ortsstelle waren einige hartgesottene Burschen, die sich zumindest den Anschein gaben, schwierige Einsätze leicht wegzustecken. Wenn es bei einem Unglück Tote gab, wurden diese in einem Sack verstaut und abtransportiert, danach genehmigte man sich einen Schnaps. Dieser ersetzte die Nachbesprechung. Manchmal wurden Witze gemacht, die man heute gar nicht mehr erzählen darf. Einmal rückten wir aus, um die Wrackteile eines abgestürzten Kleinflugzeuges zu sammeln und zu entsorgen, da fand einer meiner Kollegen die abgetrennte Kopfhaut eines Verunglückten. Eh ich mich versah, legte er sie mir auf den Kopf und sagte: ‚Schau Peter, jetzt hast du eine neue Frisur!' Solche Derbheiten klingen schrecklich, aber sie haben wahrscheinlich dazu beigetragen, das Geschehene und Gesehene leichter zu verkraften. Gedanken über Unglück und Tod hat sich sicher jeder von uns gemacht, nur haben wir selten ausführlich darüber geredet. Anlässe zum Nachdenken gibt es bei der Bergrettung ja genug. Selbst wenn gar nicht viel passiert ist – Blut im Schnee schaut immer katastrophal aus."

Gute Bergretter als Vorbilder

Sarah Amon, *geb. 1986, Physiotherapeutin, seit 2009 bei der Bergrettung, Ortsstelle Telfs:*

„Einmal mussten wir zu einem Unglück auf die Hohe Munde ausrücken. Zwei Männer waren unter eine Lawine gekommen. Einen fand man schnell, der andere wurde vermisst. Wir wurden mit dem Hubschrauber ins Einsatzgebiet hinaufgeflogen, dann war lange nicht klar, ob wir die Suche wegen der Gefahr von Nachlawinen riskieren konnten. Ungefähr drei Stunden warteten wir einsatzbereit. So ein Warten zermürbt, man beginnt sich alle möglichen Gedanken zu machen. Schließlich wurde das Opfer gesichtet, der Mann war in steilem, felsigem Gelände abgestürzt und es war gewiss, dass es eine Totbergung geben würde. Wir wurden also nicht zum Suchen auf die Lawine geschickt, sondern wieder ins Tal zurückgeflogen. Dort stoben dann alle auseinander und es gab ausnahmsweise keine Nachbesprechung, wie das sonst immer der Fall ist.

Ich bin keine Redselige, aber damals habe ich gemerkt, dass mir das Reden gut getan hätte. Obwohl ich den Toten gar nicht gesehen hatte, ging mir sein Schicksal im Kopf herum.

Ich bin selber auch oft auf der Hohen Munde unterwegs, sommers wie winters, manchmal bei nicht ungefährlichen Verhältnissen.

Ganz egal, wie ein Einsatz ausgeht, eine Nachbesprechung ist immer hilfreich, selbst wenn sie sehr sachlich ist. Wenn aber jemand Gefühle zeigt, muss die Gruppe dafür Verständnis haben. Denn Emotionen haben alle, nur lässt sie nicht jeder nach außen. Darum kann bei schwierigen Einsätzen ein Kriseninterventionsteam gute Dienste leisten.

Für einen guten Einsatz ist es vor allem nötig, Ruhe zu bewahren. Nervosität wirkt ansteckend, erschwert klares Denken und ist dabei hinderlich, im Stress die Übersicht zu bewahren und das Gelernte bestmöglich umzusetzen. Wenn jemand aufgedreht herumspringt, kann man sich nicht mehr auf das konzentrieren, was zu tun ist. Strahlen Kameraden hingegen Ruhe und Gelassenheit aus, wird man selber auch gleich viel ruhiger. Bei einem meiner Einsätze war ein Flugretter schon vor Ort, als wir ankamen. Er begrüßte jeden von unserer Gruppe einzeln und machte uns darauf aufmerksam, dass wir vorsichtig sein sollten, da drüben sei das Gelände sehr rutschig. Er wies uns auf eine Gefahr hin, aber nicht hektisch oder bevormundend, sondern in einer sehr gelassenen, sympathischen Art. Seine Anwesenheit wirkte auf die ganze Gruppe beruhigend. Das hat man sofort gemerkt und das hat mir imponiert."

Umgang mit Angehörigen

Die Bergung von Verletzten oder Toten bringt großen Stress und seelische Belastungen mit sich. Noch schwieriger kann es sein, wenn Angehörige von Verunfallten am Einsatzort sind. In ihrer Verzweiflung sind sie oft mehr Hindernis als Hilfe. Bei sehr ernsten Einsätzen wird den Bergrettern neben harten Strapazen viel Einfühlungsvermögen abverlangt. Nicht nur der Körper, auch die Psyche muss notversorgt werden.

Einfach nachfragen, was passiert ist

> **MMag. rer. nat. Stefan Mertelseder**, *geb. 1968, 10 Jahre lang hauptberuflicher Flugretter. Seit 1990 bei der Bergrettung, Ortsstelle Jenbach, Ausbilder der Bergrettung Tirol:*

„Bei meiner Arbeit als Berg- und Flugretter werde ich oft mit dem Tod konfrontiert. Aber das Sterben gehört zum Leben. Das ist eine Lektion, die man dabei hautnah vermittelt bekommt. Der Umgang mit dem Tod ist schmerzhaft und wird deshalb gern tabuisiert. Heutzutage haben viele Menschen ja gar nicht mehr die Chance, mit dem Sterben in Berührung zu kommen, weil es im Krankenhaus hinter verschlossenen Türen geschieht. Wenn der Tod so abstrakt ist, schürt er noch mehr Ängste und man weiß nicht, wie man damit umgehen soll.

Im Umgang mit Angehörigen sind manche Retter deshalb gehemmt bzw. ungeübt. Es ist gewiss nicht leicht, eine schlechte Nachricht zu überbringen. Meiner Meinung nach sollte man dabei nichts dramatisieren, aber auch nichts beschönigen. Wenn jemand tot ist, muss ich mich gegenüber den fragenden Angehörigen das Wort ‚tot' auch auszusprechen getrauen. Andererseits muss ich bei schweren Verletzungen, ohne Nachfragen der Angehörigen, nicht immer alles sagen, was ich weiß. Manchmal beschränke ich mich auf Sätze wie: ‚Es schaut nicht gut aus, aber wir haben alles getan, was wir können, alles Weitere kann man jetzt nur noch im Krankenhaus für ihn tun.'

Es passiert oft, dass Angehörige zum Unfallort kommen. Wenn ein Todesopfer arg entstellt ist, kann das für die Angehörigen und Freunde ein extrem belastender Anblick sein. Mir hat ein Kollege diesbezüglich einen guten Rat gegeben. Ich decke die Opfer zu und lasse eine Hand unter der Decke herausschauen. So können Angehörige die Hand halten und Abschied nehmen. Sie können den Tod dann im wahrsten Sinn des Wortes leichter begreifen.

Nach meinen Erfahrungen sind sie sehr dankbar für diese Möglichkeit und fühlen sich gut begleitet. Und wenn sie professionelle Betreuung wünschen, bekommen sie das Kriseninterventionsteam (KIT) zur Seite gestellt.

Beruhigen, aber nicht verharmlosen

Auch gegenüber den Verunfallten selbst sollte man nichts verharmlosen. Sie wissen meist selbst sehr gut, dass sie schwer verletzt sind. Wenn ich zu einem Verunfallten komme, der bei Bewusstsein ist, stelle ich mich vor und rede mit ihm. Auch wenn es offensichtlich ist, frage ich, was passiert ist. Das Gespräch wirkt beruhigend und ich kann mir ein besseres Bild über die Schwere besonders der Kopfverletzungen machen. Durch diese, wenn auch oft kurzen Gespräche, entsteht eine Bindung zum Verunfallten. Das ist einerseits positiv, kann aber auch sehr belastend für mich sein, vor allem, wenn die Person verstirbt. Ich war dann der Letzte, mit dem dieser Mensch noch gesprochen hat.

Ein Einsatz sollte sehr rational ablaufen, überschwängliche Emotionen wären nicht angebracht, man muss strukturiert vorgehen und sich darauf konzentrieren, das Richtige zu tun. Wenn trotz aller Bemühungen, das Leben zu retten, das Unfallopfer stirbt, setzt mir das zu. Und es setzt auch meinen Kollegen zu. Am besten können wir damit umgehen, wenn wir uns nach einem Einsatz zusammensetzen und – z.B. bei einem Bier – eine kurze Nachbesprechung abhalten. Bei der Bergrettung treffen wir uns am nächsten Tag zum Aufräumen und Reinigen der Ausrüstung und des Fahrzeugs, dabei ergeben sich oft wie von selbst hilfreiche Gespräche. Würde ich zu meinen jungen Kollegen von der Bergrettung sagen: ‚Dieses Ereignis belastet euch sicher, lasst uns zusammen eine kurze Therapiesitzung abhalten', würden sie wahrscheinlich lachen und dankend ablehnen. Aber die Aufarbeitung beim gemeinsamen Aufräumen hilft meistens uns allen."

Abschied in angemessenem Rahmen

Gerhard Baumann, *geb. 1972, selbständiger Tischler, seit 1990 bei der Bergrettung, Ortsstelle Gries im Sellrain, Ortsstellenleiter seit 2005:*

„Wir haben in unserem Gebiet leider immer wieder Totbergungen, vor allem bei Lawinen- und Bergunfällen. Wobei wir dafür sorgen, dass die Verstorbenen in einer Kapelle oder in einem schönen, stillen Raum aufgebahrt werden, sodass Angehörige und Bergkameraden in einem angemessenen Rahmen Abschied nehmen können. Das hilft sowohl den Hinterbliebenen als auch den Rettern bei der Bewältigung des Unglücks. Natürlich sind wir alle froh, wenn uns dieses Ritual erspart bleibt, weil ein Einsatz gut ausgegangen ist."

Einhaltung der Funkdisziplin

Christian Mauracher, *geb. 1963, Techniker, bei der Bergrettung seit 1995, Ortsstelle Hall i. Tirol, seit 2009 Ortsstellenleiter:*

„Wir haben uns einen Codex im Umgang mit Angehörigen zurechtgelegt. Dazu gehört auch die Einhaltung von Funkdisziplin. Es ist nicht gut, wenn ein Angehöriger über Funk hört, dass hier einstweilen nichts mehr zu machen sei. Angehörige können viel Druck ausüben und wollen oft bei Einsätzen dabei sein. Das ist aber in den meisten Fällen nicht zweckdienlich. Sie bringen Unruhe in die Such- oder Bergeaktion, am Ende muss man womöglich auch sie noch retten. Besser, man überzeugt sie, zu Hause zu bleiben und zu warten. Das ist nicht immer leicht, aber die meisten haben dafür Verständnis."

Großübung der Bergrettung mit dem Lawinenzug des Bundesheeres im Bezirk Kitzbühel. Der Einsatz von Black Hawk und Bell sorgen für einigen Wirbel, nicht nur beim „Downwash".

Die allgegenwärtige Tragik

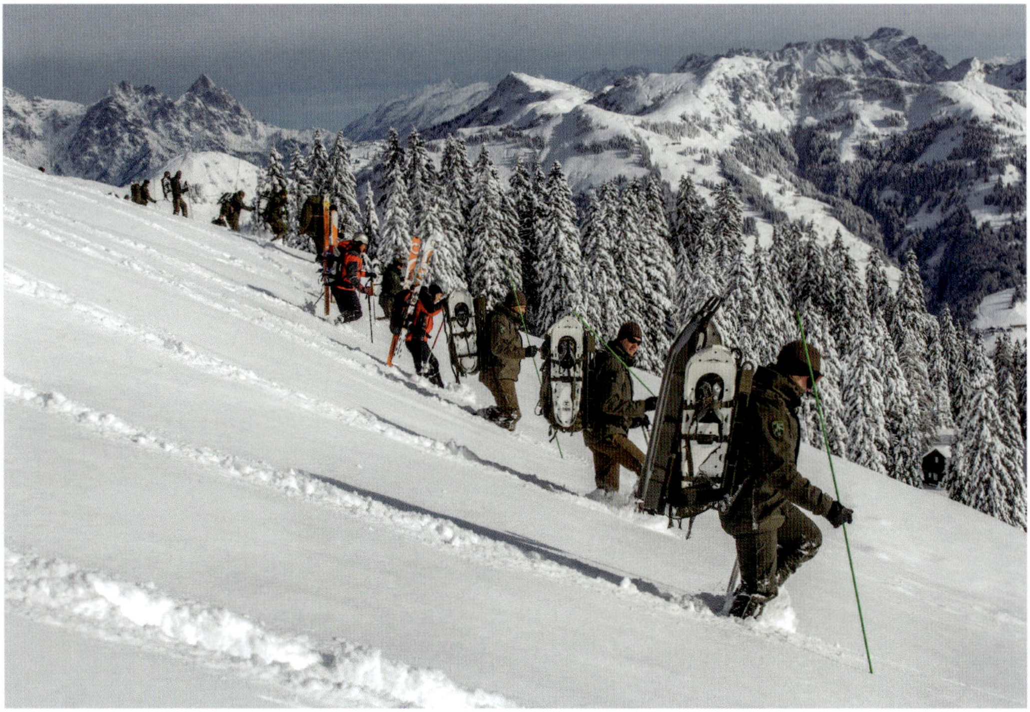

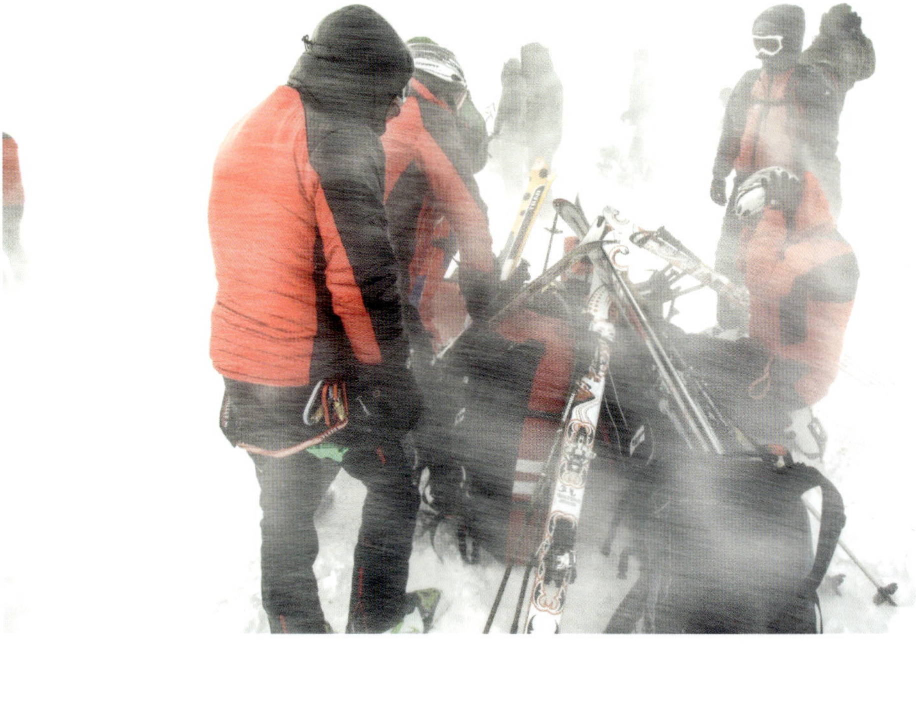

Chaos bei der Suche

Christian Callegari, *geb. 1960, seit 1988 bei der Bergrettung, Ortsstelle Kramsach (Bezirk Kufstein), seit 2009 Ortsstellenleiter:*

„Ich habe einmal bei einer Lawinenübung erfahrene Tourengeher losgeschickt. Für sie wäre die Aufgabe, die zwei vergrabenen Piepser zu finden, nicht sehr schwierig gewesen. Aber ich hatte eine Frau angewiesen, die Tochter eines der Verschütteten zu spielen. Sie hat das sehr gut gemacht, spielte die Verzweifelte und machte den Männern Vorwürfe, dass sie nicht schnell oder genau genug suchten. Sie benahm sich genauso, wie sich Angehörige oft in solchen Fällen benehmen. Durch ihr ständiges Nachfragen brachte sie das ganze Team durcheinander. Sie vergaßen, dass die Angehörige ja auch einen Lawinenpieps bei sich hatte, und rannten ihr immer hinterher. Das sieht zwar lustig aus, zeigt aber auch, dass selbst bei einer Übung der Sucherfolg ausbleibt. Umso mehr ist im Ernstfall die Betreuung der Angehörigen erforderlich, um nicht wie bei der Übung im Chaos zu enden."

Und dann passiert es auch in den eigenen Reihen ...

Sie sind bergerfahren, durch viele Einsätze gestählt, wissen die Bedingungen im Gebirge gut einzuschätzen – und dann passiert es plötzlich in den eigenen Reihen. Auch Bergretter sind vor Bergunfällen nicht gefeit. Etliche sprangen bei gefährlichen Einsätzen dem Tod gerade noch von der Schaufel.

Hubschrauberabsturz in der Silvretta

Hugo Walter, *geb. 1940, Berg- und Skiführer, bei der Bergrettung seit 1960, Ortsstelle Galtür (Paznauntal):*

„Es passierte am 12. März 1972 bei einem Rettungseinsatz. Ich war damals als Bergretter tätig, wir flogen zu dieser Zeit noch mit dem Hubschrauber des Innenministeriums oder mit Helis vom Bundesheer zu den Einsätzen. Die Ortsstelle Galtür bekam die Meldung von einem Lawinenunfall. Das Unglück ereignete sich bei der Abfahrt vom Augstenberg (unterhalb der Chalausscharte, 3.003 m). Es konnte allerdings keiner der in Schwaz, Innsbruck und Hohenems stationierten Hubschrauber starten. Ganz Tirol unter 2.000 Meter steckte in einer Nebelsuppe. Darüber allerdings herrschte klare Sicht. Das Silvrettasee-Hotel auf der Bielerhöhe, heute Silvretta-Haus, auf über 2.000 Meter Seehöhe, gehört den Vorarlberger Illwerken und hatte damals einen Privathubschrauber für seine Gäste. Für ihn war ein Flug möglich, er musste ja nicht die Nebeldecke durchbrechen, um zum Unfallort zu gelangen.

Beim Lawinenabgang waren zwei Personen einer 24-köpfigen Skitourengruppe verschüttet worden. Ein Teilnehmer hatte unterhalb der Chalausscharte den ca. 30 Grad steilen Hang nach rechts gequert und dabei ein großes Schneebrett ausgelöst. Die zwei Verschütteten konnten von der Gruppe selbst geborgen werden. Einer war wohlauf, einer war leider verletzt, diesen galt es mit dem Heli abzutransportieren.

Der Seehotel-Hubschrauber startete, ich flog als Begleiter mit. Gerade in diesen Minuten aber zog auch der Nebel zu uns herauf, der Heli musste am Eingang zum Ochsental unverrichteter Dinge umdrehen. Wir flogen zurück über den Silvretta-Stausee, plötzlich sackte der Hubschrauber ab, touchierte das Geländer der Staumauer, das oberste Rohr des Geländers wurde durchbrochen, die Kufen vom Helikopter flogen weg. Mir drückte es den Magen stark nach oben und ich dachte, jetzt ist es aus. Kurz danach landeten wir ca. 15–20 Meter tiefer im weichen Schnee hinter der Staumauer, Richtung Montafon. Ich konnte es nicht fassen, dass ich noch lebte. Aber ich kam gar nicht richtig zu mir, denn der Pilot brüllte: ‚raus, raus' und lief schon davon. Also schaute ich, dass ich auch schnellstens aus dem Heli kam. Ein paar Sekunden später stand der Hubschrauber in Flammen.

Eine Legion Schutzengel

Der Pilot und ich hatten an diesem Tag vermutlich eine Legion Schutzengel. Nach seinen Aussagen waren wir in ein Luftloch geraten. Es war gut, dass wir den Verletzten nicht an Bord hatten, wir hätten es nicht mehr geschafft, mit ihm aus dem Heli zu kommen. Bedingt durch unseren Absturz wurde der Verletzte mittels Skischlitten von der Gruppe selber zur Jamtalhütte transportiert.

Leider Gottes, das ganz Tragische der Geschichte kommt erst jetzt:

Erst beim Mittagessen stellten die Teilnehmer der Skitourengruppe fest, dass ein 16-jähriger Bursche fehlte. Also musste die Bergrettung neuerlich ausrücken. Tagelang wurde mit Hunden und Sonden nach dem Verschütteten gesucht, ohne Erfolg. Am Wochenende wurde noch einmal ein Großeinsatz gestartet. Die Bergretter wurden mit zwei Militärhubschraubern zur Unfallstelle geflogen. Ich durfte den Einsatz leiten und bin mit wackeligen Knien eingestiegen. Hätte ich es damals nicht getan, wäre ich vielleicht lange Zeit nicht mehr mit einem Hubschrauber geflogen.

Wir fanden den 16-jährigen mit Sonden in ca. sechs Metern Tiefe in einem breiten Bergschrund. Bedauerlicherweise kam für ihn jede Hilfe zu spät. Wir Bergretter waren alle sehr betroffen über den Tod eines so jungen Menschen."

Ein großer Schock

Josef Gstraunthaler, *geb. 1951, Software-Entwickler und Touristiker, bei der Bergrettung seit 1980, Ortsstelle Gries am Brenner, ehem. interimistischer Ortsstellenleiter:*

„Ich hätte mir nie gedacht, dass ich als Bergretter selber einmal die Bergrettung brauchen würde. Aber dann war ich in einer Dreierseilschaft mit zwei anderen Bergrettern auf der Südtiroler Jaufenkante unterwegs. Eigentlich eine harmlose Tour im zweiten und dritten Schwierigkeitsgrad, aber ein spontaner Wettersturz mit Starkregen erschwerte das Unterfangen. Ich ging voran und sicherte. Wir waren gerade dabei, eine etwas happige Stelle an einem Felsvorsprung zu überwinden, da riss es den mittleren von uns plötzlich ohne ersichtlichen Grund aus der Wand. Leblos baumelte er im Seil. Es war bald klar, dass er tot war, wir konnten nichts mehr für ihn tun. Wir hatten ihn und uns gut gesichert, er hatte keine sichtbaren äußeren Verletzungen davongetragen.

Es ist ein großer Schock, wenn so etwas passiert, er war ja ein sehr guter Freund und Kollege. In dieser Situation begann es auch noch zu stürmen und zu graupeln. Ich rief die Südtiroler Kollegen der Bergrettung an und sie machten sich sofort auf den Weg. Hubschrauber konnte bei dem Wetter keiner fliegen – auch der Nebel wurde immer dichter. Es dauerte drei Stunden, bis die Kollegen bei uns waren. In dieser Zeit hat man neben all der Trauer und Verzweiflung, die einen gepackt hat, auch Zeit, darüber nachzudenken, wie wichtig die Bergrettung ist. Allein, ohne Hilfe, wären wir aufgeschmissen gewesen. Aufgrund der Regenfälle funktionierte jetzt nicht einmal mehr mein Handy. Kurz vor Einbruch der Dämmerung löste sich dann zum Glück die Nebelfront und der Hubschrauber konnte doch noch starten. Bei aller Traurigkeit war das eine Erlösung."

Eine verlässliche Seilschaft

Peter Ladstätter, *geb. 1966, Landwirt, bei der Bergrettung seit 1989, Ortsstelle Defereggental, Bezirksleiter Lienz/Osttirol:*

„2013 war für viele Ortsstellen ein schlimmes Jahr, denn es kamen mehrere aktive Tiroler Bergretter ums Leben, die kleine Kinder hinterließen. Obwohl alle Todesfälle nicht in Ausübung des Bergrettungsdienstes geschahen, kann man dabei nicht einfach zum Tagesgeschäft übergehen. Die Bergrettung ist eine große Familie, Kameradschaft und Freundschaft sind uns hohe Werte. Deshalb organisierte die Bergrettung Bezirk Osttirol ein Benefizkonzert, dessen Erlös den Kindern der drei betroffenen Familien zugutekam. Ich will darüber nicht viel erzählen, stille Hilfe ist oft die beste Hilfe und die Angehörigen sollen ja zur Ruhe kommen. Ich will nur so viel sagen, dass die Stimmung bei diesem Konzert getragen war von inniger Solidarität und Anteilnahme. Jeder, dem es möglich war, hat mitgeholfen. So etwas zu erleben, ist ein großer Trost.

Im Frühjahr 2012 verloren wir bei einem Spaltensturzeinsatz am Großvenediger unseren Freund und Kollegen Franz. Damals kam uns die Idee für ein Projekt, das sich der Aufklärung über das Verhalten am Berg widmen sollte. Lieber 1.000 Stunden Aufklärungsarbeit als ein Einsatz, bei dem es um Leben und Tod geht. 2013 hoben wir das Projekt ‚ÜbErleben – sicher am Berg' aus der Taufe – gemeinsam mit der Alpinpolizei, den Bergführern, dem Alpenverein, dem Alpinkompetenzzentrum Osttirol und vielen Bergbegeisterten.

Wir stellten Standards über das Verhalten am Berg zusammen und informierten u.a. darüber, was man beim Wandern, Bergsteigen oder einer Hochtour in den Rucksack packen soll und wie man Touren plant. Zur alpinen Vorsorge gehört ebenso, nicht nur die Nummer der Bergrettung „140" parat zu haben, sondern auch die europäische Notrufnummer „112", da man im Grenzgebiet oft nur den ausländischen Notruf absetzen kann und dadurch rasch zu den richtigen Stellen gelangt."

Die Bergrettung und die Tradition der Bergfeuer

Bild oben: Paul Schranzhofer ist eines der Gründungsmitglieder der Bergrettung Sillian. Er stellt die Kerzen zum Feuerbrennen für alle Vereine her.

Bild rechts: Josef Walder, ehemaliger Ortsstellenleiter von Sillian, holt die Kerzen für die Bergrettung ab.

Bild Mitte: Die Herz Jesu-Feuer in Galtür werden von der Bergrettung ausgerichtet.

Bild rechts: Ein Vermessungstechniker erstellt den Plan für die Figuren. Stahlflöcke mit Nummern versehen, zeigen an, wo die Kerzen platziert werden müssen.

Die Bergrettung und die Tradition der Bergfeuer

Die Bergrettung und die Tradition der Bergfeuer

Johann Walder von der Ortsstelle Sillian gehört zur alten Garde. Er weiß, wo er die Stahlpflöcke für das Feuerbrennen findet.

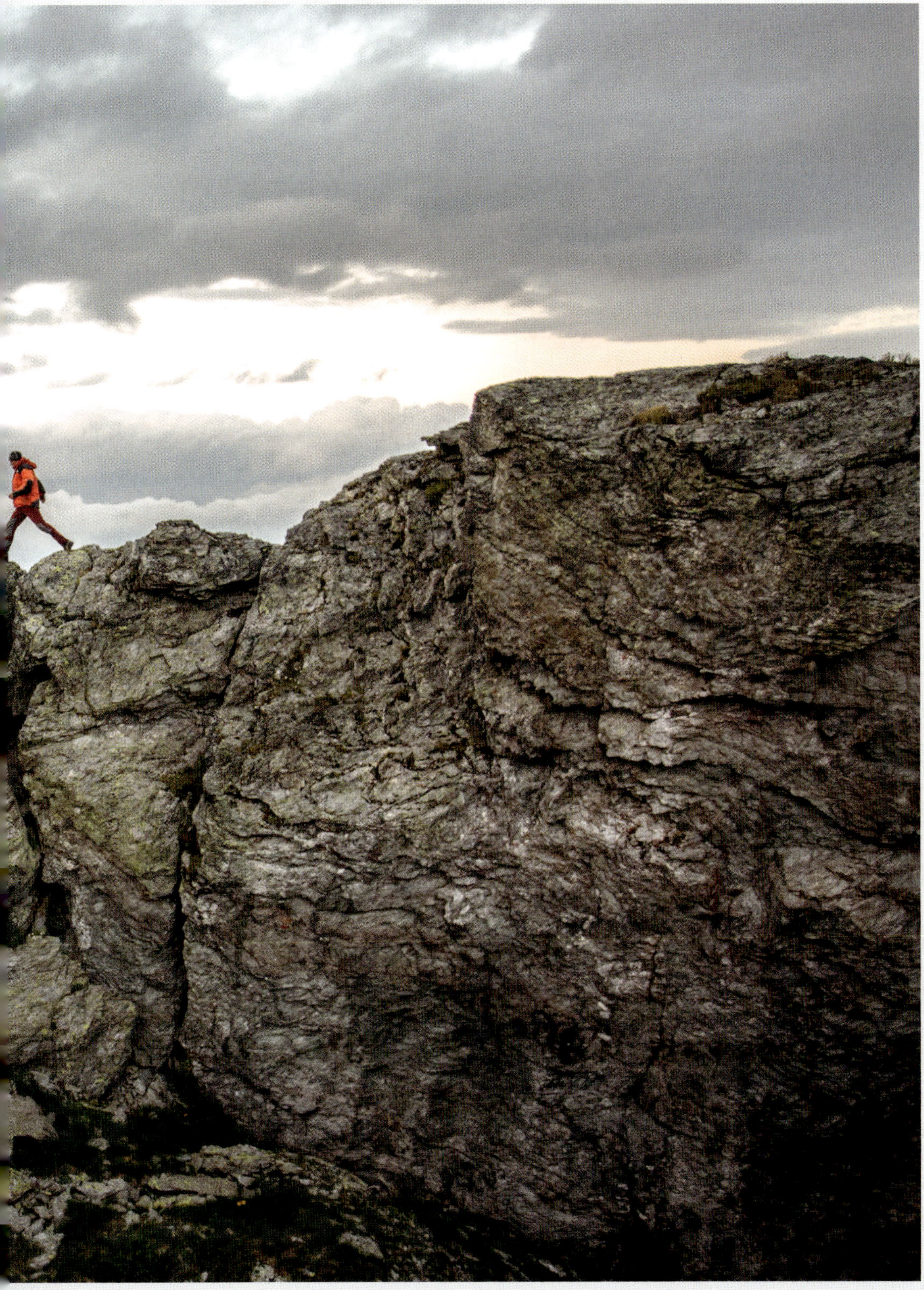

Die Bergrettung und die Tradition der Bergfeuer

Markus Walder von der Ortsstelle Sillian nimmt seine noch in Ausbildung befindliche Lawinenhündin Aika mit zum Feuerbrennen.

Die Bergrettung und die Tradition der Bergfeuer

Kameradschaft als bleibender Wert

Es wird viel geredet über Bergkameradschaft. Bergrettungskameradschaft geht oft noch ein Stück tiefer. Für Bergretter ist es enorm wichtig, im Kreis verlässlicher Kollegen aufgehoben zu sein, mit denen sie durch viele Erfahrungen verbunden sind und denen sie bei schwierigen Einsätzen ihr Leben anvertrauen. Der bunte Haufen unterschiedlichster Charaktere findet hier zu verlässlichen Teams zusammen.

Fast ein Partisanentrupp

Hans Noichl, *geb. 1952 in Kitzbühel, seit 1975 bei der Bergrettung, Ortsstelle Kirchberg, seit 2009 Bezirksleiter der Bergrettung im Bezirk Kitzbühel:*

„Hochleistungsbergsteiger haben manchmal einen sehr ausgeprägten Charakter, sind starke Persönlichkeiten und haben – tirolerisch gesagt – manchmal durchaus ihren ‚eigenen Schädel'. Es ist die Aufgabe des Einsatzleiters, diese unterschiedlichen persönlichen Ausprägungen im Einsatzteam zu einem Ganzen zusammenzufügen. Unterschiedliche Fähigkeiten sind in einem Einsatzteam absolut bereichernd. Wir sind ein freiwilliger Verein. Bei uns gibt es keine starren Funktionen, keine Rangordnung, keine Streifen auf der Schulter. Wir haben ganz schlanke Führungsstrukturen und sind somit nach militärischem Maßstab im Einsatz durchaus mit einem ‚Kommando- oder Partisanentrupp' vergleichbar. Gerade diese Führungsstruktur in Verbindung mit den individuellen Fähigkeiten der Teammitglieder und einer hohen Motivation geben der Bergrettung die Flexibilität für die erfolgreiche Bewältigung ihrer Einsätze. Im Einsatz gibt es den Einsatzleiter, der aus der örtlich betroffenen Bergrettungs-Ortsstelle kommt, und die ihm untergeordneten Gruppenführer. Diese Funktionen wechseln von Aktion zu Aktion und können je nach Einsatzanforderung auf verschiedene Bergrettungsmitglieder übertragen werden.

Damit alles reibungslos abläuft und die Disziplin in der Gruppe aufrecht bleibt, legen wir großen Wert auf die Standards des guten kameradschaftlichen Umgangs. Es trägt zum guten Klima bei, dass nun auch Frauen bei der Bergrettung sind. Wir haben, verglichen mit anderen Hilfs- und Blaulichtorganisationen, vielleicht etwas länger gebraucht, um ein paar ‚Boanige' zu überzeugen, dass wir uns nicht fürchten müssen, wenn Frauen in die Bergrettung kommen. Es ist uns jede Frau willkommen, die dem – jetzt nicht mehr ganz so männerzentrierten – Anforderungsprofil der Bergrettung entspricht."

Verständnis und Disziplin

Herbert Zambra, *geb. 1962, Maschinenbautechniker, bei der Bergrettung seit 1983, Ortsstelle Lienz, Ortsstellenleiter seit 2009:*

„Die Bergrettung Lienz ist zuständig für 16 Gemeinden, wurde 1907 gegründet und hat 100 Mitglieder. Unsere Einsätze sind wie bei vielen anderen Ortsstellen sehr vielfältig: Canyoning-, Kletter-, Ski- und Rodelunfälle, Vermisstensuche, Lawineneinsätze. Zudem absolvieren wir im Winter und Sommer an vielen Wochenenden Ambulanzdienste bei Skirennen, Mountainbikerennen, Dolomitenmann und diversen Veranstaltungen. Eine so große Ortsstelle mit derart hohen Beanspruchungen ist nicht leicht zu führen. Am besten geht es, wenn man eine zwar konsequente, aber auch kameradschaftliche Linie verfolgt, denn die Kameradschaft ist das Um und Auf bei der Bergrettung.

Es ist der Gemeinschaft förderlich, wenn die Leute auch außerhalb der Einsätze oder Übungen Kontakt miteinander halten. Zur Kameradschaft gehört, dass man Verständnis aufbringt, wenn jemand eine Phase hat, die ihm wenig Zeit für die Teilnahme an Einsätzen lässt – z.B. beim Hausbauen oder wenn kleine Kinder zuhause sind. Kameradschaft heißt aber ebenso, dass man sich nicht ohne Grund vor Einsätzen drückt, nur weil man nicht von der warmen Ofenbank aufstehen will.

Wenn jemand von den aktiven Mitgliedern ohne triftigen Grund nur selten aktiv ist, muss man als Ortsstellenleiter mit den Leuten ein ernstes Wort reden. In den meisten Fällen fruchtet das, alle sind ja gerne bei der Bergrettung und wollen helfen. Nur wenn alle am gleichen Strang ziehen, funktioniert so eine Ortsstelle."

Mit motivierter Mannschaft in die Zukunft

Gerhard Figl, *geb. 1974, IT-Techniker, seit 1998 bei der Bergrettung, Ortsstelle Obertilliach (Osttirol), seit 2008 Ortsstellenleiter:*

„Ich kam mit der Bergrettung in Kontakt, als ich als Skifahrer bei uns in Obertilliach im Skigebiet unterwegs war. Die Bergrettung führte dort eine groß angelegte Lawinenübung durch. Ich wurde als ‚Zivilist' mit einbezogen und fand es so interessant, dass ich mich entschied, der Bergrettung beizutreten.

Unsere und jede andere Ortsstelle wird getragen von Bergrettern mit unterschiedlichsten Talenten. Erst aus dieser Vielfalt kann das Potenzial für eine gute Einsatzabwicklung geschöpft werden. Die Leistungsfähigkeit einer Ortsstelle liegt in der Dynamik der gesamten Mannschaft, nicht in der Stärke oder im Können Einzelner, davon bin ich überzeugt.

Vor einigen Jahren kam es in unserer Ortsstelle aufgrund unterschiedlicher Ansprüche und Zielvorstellungen zu einem schweren Konflikt. Die Meinungsverschiedenheiten waren am Ende unüberwindbar und es kam zum Bruch. Ältere, erfahrene und verdiente Mitglieder traten mit weiteren Kameraden aus dem Bergrettungsdienst aus. Das war für alle eine schmerzhafte Sache, Blessuren sind bis heute zurückgeblieben. Eine kleine, engagierte Gruppe hat die Ortsstelle weitergeführt und weiterentwickelt. Wir überlegten, was wir selber schaffen können und in welchen Bereichen wir Unterstützung durch Nachbarortsstellen oder anderen Rettungsorganisationen benötigen. Wir haben uns vernetzt und fortgebildet, im Jamtal Kurse besucht und dort u.a. die Dyneema-Seil-Zertifikation erworben. Zusätzlich haben wir aufgrund der Erfahrungen und Analysen der Einsätze die internen Strukturen angepasst und verändert. Der Teamgedanke wurde in den Vordergrund gestellt. Hierarchische Strukturen wurden notwendigerweise weitgehend auf die Einsatzabwicklung beschränkt. Früher gab es insgesamt nur einen oder zwei Einsatzleiter, auf die wir zurückgreifen konnten, mittlerweile haben wir sechs. Diese machen ihre Arbeit gewissenhaft und so sind wir überhaupt erst in der Lage, ein breites Einsatzspektrum an 365 Tagen im Jahr abzudecken. Sehr stolz sind wir auf die vielen Anwärter und auf sieben neue aktive Bergretter in der Ortsstelle, die mit Begeisterung die Idee der Bergrettung mittragen. In der Zwischenzeit haben wir wieder, mit 35 Bergrettern, den Mannschaftsstand von früher erreicht.

Unserer kleinen Ortsstelle ist es auch gelungen, aus eigener Kraft ein Einsatzfahrzeug anzuschaffen und es so auszustatten, dass es als Prototyp für das neue Fahrzeugkonzept der Bergrettung Tirol gilt. Wir sind eine der vier Tiroler Ortsstellen, die die neue GPS-Applikationen testet, die Erfahrungen damit bewertet und einbringt. Dazu haben wir einen Workshop für Bergretter aus anderen Bundesländern bei uns in der Ortsstelle abgewickelt. So entsteht für uns ein wichtiger Austausch von Know-How und Erfahrung. Neue Herausforderungen gibt es laufend. Diesen kann ich als Ortsstellenleiter relativ gelassen entgegensehen. Ich schaue mit Zufriedenheit auf unsere hoch motivierte Mannschaft."

Auch die ältesten Mitglieder einbeziehen

Reinhard Embacher, *geb. 1985, Bilanzbuchhalter, Berg- und Skiführer, seit 2002 bei der Bergrettung, Ortsstelle Hopfgarten (Brixental), wurde mit 27 Jahren Ortsstellenleiter:*

„Es melden sich viele junge Leute bei uns, aber nicht alle sind nachhaltig einsatzbereit. Wer bei uns ist, muss die Sache ernst nehmen, einiges an Zeit opfern und bei den Übungen und Schulungen dabei sein. Manche von jenen, die am Anfang topmotiviert sind, springen wieder ab, weil sie erkennen, wie viel Engagement von einem Bergretter gefordert wird.

Natürlich ist auch die Atmosphäre im Verein dafür ausschlaggebend, ob junge Leute gern dabei bleiben. Diesbezüglich hat mir Fritz Biedermann eine gut funktionierende Ortsstelle übergeben. Früher gab es Cliquenbildungen, was für den Zusammenhalt nicht günstig war. Da haben aber Fritz und auch schon sein Vorgänger Ernst dazwischengefunkt und den Mandern deutlich gemacht, dass es so nicht gehen kann. Es ist ihnen gelungen, aus einem manchmal etwas chaotischen Haufen von Individualisten ein gut zusammenarbeitendes Team zu machen. Davon profitieren wir bis heute, die Probleme mit Cliquen und Abspaltungen gibt es nicht mehr, auch Jung und Alt kommen hervorragend miteinander aus.

Wir bemühen uns auch sehr um unsere Mitglieder, die nicht mehr in der aktiven Einsatzmannschaft sind. Jene Männer, die altersbedingt oder aufgrund einer Behinderung nicht mehr so mobil sind, holen wir zu gewissen Anlässen von zuhause ab, damit sie auch weiterhin unter uns sein können und den Anschluss zur Mannschaft nicht verlieren. Die Älteren haben ein großes Wissen und viel Erfahrung, wir alle können von ihnen lernen. Und wir Jungen wiederum kennen uns z.B. mit den modernen Bergetechniken und der Technik besser aus. Das ergänzt sich wunderbar."

Zusammenhalt der Generationen

Nicht immer läuft der Generationenwechsel bei den Bergrettungs-Ortsstellen ohne Spannungen ab. Manchmal sind die Alten unflexibel oder die Jungen in ihrem Übermut aufmüpfig und provozierend. Aber viele Ortsstellen der Tiroler Bergrettung sind ein gutes Beispiel dafür, wie die Jugend von der Erfahrung der älteren Mitglieder profitiert und sich die älteren vom Schwung der jüngeren Kollegen anstecken lassen. Die jahrzehntelang erprobten Mitglieder haben bei diesen Ortsstellen auch kein Problem damit, einen „Jungen" als Chef zu haben.

Mit 18 Jahren Ortsstellenleiter

Philipp Fiess, geb. 1994, Mechatroniker und Rettungssanitäter, bei der Bergrettung seit 2010 Ortsstelle Holzgau/Lechtal, seit 2013 Ortsstellenleiter:

„Wie ich mit 18 Jahren Ortsstellenleiter geworden bin? Das ist schnell erzählt: Nachdem unser Ortsstellenleiter öfters unabkömmlich war und die Leitung zurücklegen wollte, hatten wir eine drei Stunden dauernde Vollversammlung. Jeder von unserer Ortsstelle wurde gefragt und keiner wollte es machen, weil damit viel Arbeit verbunden ist. Dann haben sie mich gefragt und ich habe gesagt, mit einem guten Ausschuss und wenn alle zusammenhelfen, kann ich mir das vorstellen, dann packen wir das. Und ich muss sagen, es funktioniert sehr gut. Es ist ja auch keine große Ortsstelle, wir haben 21 Mitglieder, davon 12 aktive. Auch unsere Einsätze sind meistens nicht sehr spektakulär. Ein paar Sprunggelenksverletzungen beim Wandern oder ein paar verstiegene Personen. Bei uns führt ja der Weitwanderweg E5 vorbei. Im Winter gibt es ab und zu einen Lawineneinsatz und regelmäßigen Pistendienst auf der Jöchelspitze. Wir haben es relativ ruhig, aber der Teufel schläft nicht und im Ernstfall müssen wir fit sein. Ob die älteren Mitglieder auf mich hören? Ja, das tun sie schon, also zumindest bis jetzt, und man darf als junger Spund halt auch nicht so schnell nachgeben, wenn man etwas für richtig hält und sich durchsetzen möchte. Aber, wie gesagt, das funktioniert bei uns alles sehr gut, wir haben eine verlässliche Kameradschaft, es ist eine tolle Truppe!"

Wir lernen voneinander

Marco Knoflach, geb. 1989, Student, seit 2007 bei der Bergrettung, Ortsstelle Steinach-Gschnitztal, seit 2012 Ortsstellenleiter:

„Wir haben bei der Ortsstelle Steinach-Gschnitztal eine starke junge Truppe, aber auch viele langjährige und sehr erfahrene Mitglieder. Was den Jungen wie den Älteren taugt, sind Sportlichkeit, Schnelligkeit, Kondition, Ausdauer und Geschicklichkeit. Solche Eigenschaften bewundern wir und trainieren sie auch selber. Es gefällt uns Jungen, wenn unsere ‚Alten' mit über 70 noch fit sind und mithalten können. Aber niemandem würde es einfallen, mit seinen Taten oder Leistungen zu protzen. Der Zusammenhalt ist von gegenseitigem Respekt getragen. Nur so kann man gute Einsätze absolvieren.

Die Gefahr wird nicht gesucht, aber es kann schon sein, dass jüngere Leute dazu tendieren, leichtsinniger zu sein. Wenn sie neu zur Bergrettung kommen, wollen sie wichtige Einsätze absolvieren. Aber weil der Respekt gegeben ist, sind sie bereit, sich unterzuordnen, wenn der Einsatzleiter entscheidet, dass das Risiko für eine Suche oder Bergung zu groß ist.

Mir ging es vor ein paar Jahren selber so, dass ich es kaum aushielt, im Tal zu warten. Ich wusste, dass Bekannte von mir unter eine Lawine geraten waren. Am Vortag war ich noch mit ihnen auf Skitour gewesen. Ich sah am Parkplatz ihr Auto und wusste, dass sie es sind. In so einer Situation würde man am liebsten auch bei widrigsten Umständen loseilen und sich auf die Suche machen. Aber der Einsatzleiter hatte entschieden, dass es zu gefährlich war wegen der Nachlawinen. Wir waren zum Warten verurteilt. Das ist schlimm.

Die Entscheidung des Einsatzleiters war aber hundertprozentig richtig. Er hat seine Leute davor bewahrt, ihr Leben aufs Spiel zu setzen. Solch erfahrene Männer nehme ich mir gerne zum Vorbild. Einen tödlich Verunglückten hat es damals übrigens gegeben, aber meine Freunde haben überlebt. Sie konnten durch Kameradenbergung aus den Schneemassen befreit werden."

Mit 80 noch im Einsatz

Oswald Pfeifer, *geb. 1933, Skilehrer und Bergführer, seit 1970 bei der Bergrettung, Ortsstelle Galtür (Paznauntal). Er bestieg im Alter von 78 Jahren noch das Matterhorn:*

„Ich bin schon lange bei der Bergrettung und habe viele vermisste und in Bergnot geratene Menschen in Sicherheit gebracht, bei Lawinenunglücken ist es mir aber bis ins hohe Alter nicht vergönnt gewesen, Lebende zu bergen. Erst im Jänner 2012 war es so weit. Da begrub eine Staublawine zwei Kinder und eine Frau. Einheimische hatten beobachtet, wo sie verschüttet worden waren, so konnten wir gleich an den richtigen Stellen sondieren. Die Kinder hatten sich ein Iglu gebaut, dort gab es Luft zum Atmen, aber die Frau lag eineinhalb Meter unter dem Schnee begraben. Auch sie konnten wir wie die Kinder nahezu unverletzt bergen. Ich musste 79 Jahre alt werden, um so etwas zu erleben!

Manche fragen mich, warum ich in diesem Alter überhaupt noch bei der Bergrettung im Einsatz bin, aber ich kann nicht anders. Wenn geholfen werden muss, bin ich da. Das war schon immer so. Meine Frau hat mich manchmal gefragt: ‚Warum musst unbedingt du ausrücken, können nicht andere suchen gehen?' Wir hatten immerhin vier Kinder zuhause. Ich habe ihr geantwortet: ‚Ich kann nicht schlafen, wenn ich weiß, dass dort draußen jemand auf Hilfe wartet.'

Man braucht erfahrene Leute

Bei gefährlichen Situationen war es schon oft so, dass man zuerst die Ledigen geschickt hat, aber man braucht ja erfahrene Leute beim Suchen. Ich war Zeit meines Lebens Bergführer und Skilehrer, außerdem bin ich als Hirte schon mit acht Jahren den Tieren in schwierigem Gelände nachgesprungen, ich kenne die Gegend um Galtür wie meine Westentasche. Natürlich braucht es auch Glück und Gottvertrauen. Ich gebe zu, dass ich bei meinen Einsätzen manchmal gebetet habe, denn ich kam oft in Situationen, in denen mir nicht mehr wohl war. Wenn alles gut ausgegangen ist, habe ich immer meinen Schutzengeln gedankt.

Es war immer traurig, wenn unsere Sucheinsätze keinen Erfolg hatten wie damals, als wir einen vermissten deutschen Burschen nicht fanden, der sich allein auf eine Bergtour gemacht hatte. Seine Eltern und Verwandten konnten es nicht verstehen, dass jemand in diesem Gebiet nicht aufzufinden ist. Aber er hatte keine Angaben gemacht, wo er hinwollte. Wir haben sein Auto im Jamtal gefunden, aber er selbst blieb verschollen. Erst 30 Jahre später aperte seine Leiche aus dem Gletscher aus."

Das Urgestein aus Nauders

Sepp Waldegger, *geb. 1939, Bauer, seit 1962 bei der Bergrettung, Ortsstelle Nauders (Reschenpass):*

„Schon als kleiner Bub packte mich die Begeisterung fürs Bergsteigen und als junger Bursche unternahm ich oft alleine lange Klettertouren. Meine Eltern sahen das nicht gern, weil sie sich Sorgen um mich machten und weil das Bergsteigen als Zeitverschwendung galt. In diesen jungen Jahren war ich felsnarrisch und sehr riskant unterwegs, ich kletterte einfach drauflos, wusste aber nichts über die richtige Technik.

Als ich einmal in unserem Dorf einem Buben nachsprang, der in einen Wildbach gefallen war, und ihn vorm Ertrinken rettete, wurde ich vom damaligen Nauderer Ortsstellenleiter eingeladen, zur Bergrettung zu gehen. Es braucht bei uns Menschen mit solcher Entschlusskraft und solchem Mut, meinte er. Ich sagte zu, weil mir diese Aufgabe sehr sinnvoll erschien. Diese Entscheidung habe ich nie bereut. Auch wenn ein Stall voll Kühe aufs Melken wartete, eilte ich fort, wenn ein Alarm zum Einsatz rief. In der frühen Zeit gab es keine Handys, Telefon hatte ich auch keines. Weil die Haustür von unserem Hof nie abgesperrt war, stand der Einsatzleiter oft mitten in der Nacht neben meinem Bett und rüttelte mich wach, wenn er mich brauchte.

Ausgerüstet waren wir damals auch nicht besonders gut. Einmal transportierten wir einen Verunfallten mit einem schweren Oberschenkelbruch mit einem Holz-Akja, das normalerweise für Holztransporte verwendet wurde, von einer Skipiste. Der Akja stand neben einer Hütte und wurde nie gewartet. Mitten in der Fahrt brach das hintere Stück ab, sodass mein

Kollege die Griffe in der Hand hatte, und ich fuhr mit dem lädierten Akja und dem lädierten Mann allein hinunter ins Tal. Der Patient hat sich damals überschwänglich bei mir bedankt, heute hätte man in so einem Fall einen Prozess am Hals.

Drei neue Hüftgelenke

Durch meine Kollegen wurde mir erst bewusst, wie gefährlich ich selbst am Berg unterwegs war. Bis dahin hatte ich keine Angst gekannt, ja nicht einmal Respekt vor der Gefahr. Nun wurden mir die Augen geöffnet. Ich lernte bei den Ausbildungen Klettertechnik und Schutzmaßnahmen und war fortan sicherer unterwegs.

Trotzdem stürzte ich ein paarmal ab. Einmal brach ein Stein aus, es schleuderte mich 13 Meter in die Tiefe. Ich kam auf meinem prallvollen Rucksack zu liegen, in dem ich Helm und Kletterschuhe verstaut hatte. Wahrscheinlich hat mir der Rucksack das Leben gerettet. Damals haben mich die Kollegen von der Bergrettung heruntergeholt, mit Verdacht auf eine Wirbelsäulenverletzung. So schlimm war es dann zum Glück aber nicht. Allerdings hat mir meine Leidenschaft für den Bergsport drei Hüftoperationen eingebracht. Nach der ersten Operation sagte der Arzt zu mir, Bewegung schadet nicht. Und so nahm ich meine Kletter- und vor allem meine geliebten Skitouren wieder auf. Lange Zeit ging das gut, bis die Hüfte sich wieder schmerzhaft meldete. Wieder war eine OP fällig. Bei einer der Nachuntersuchungen fragte mich der Arzt, ob ich viel gehe. Ich sagte ihm, ich hätte in der vergangenen Saison 30.000 Höhenmeter mit den Skiern gemacht. Er fiel fast aus allen Wolken und erklärte mir den Unterschied zwischen gesunder Bewegung und Extremsport. Das Extreme solle ich lassen, wenn mir meine Gesundheit wichtig sei.

Lieber bergnarrisch als narrisch

Die Gesundheit ist wichtig und ich wollte ein aktives Mitglied der Bergrettung bleiben. Also nahm ich mir vor, zumindest auf die privaten Touren zu verzichten. Das war keine gute Zeit. Ich wurde schwermütig und zu einem Psychiater geschickt. So eine Sitzung ist lang, also erzählte ich ihm einmal von meiner Kuh, die plötzlich nur mehr die Hälfte Milch gab. Der Tierarzt hatte gemeint, das könne auch an meiner Verfassung liegen und der Psychiater schloss sich dieser Meinung an. Ich habe ihn nie richtig ernst genommen und brach irgendwann die Therapie ab. Ich dachte, ich heile mich selber, indem ich meine Skitouren wieder aufnehme. Lieber nochmals eine Hüft-OP als so depressiv herumzusitzen. Ich bekam irgendwann eine dritte Hüfte, aber meine Depressionen war ich los.

Aufgrund meiner medizinischen Vorgeschichte und wegen meines Alters kann ich heute mit meinen jüngeren Kollegen nicht mehr mithalten. Auch mit der digitalen Funktechnik habe ich Schwierigkeiten. Aber ich bin trotzdem immer noch ein leidenschaftlicher Bergretter. Als die Bergrettung Nauders 2013 auf der Ganderbildspitze ein Kreuz aufstellte, schnitzte ich dazu das Edelweiß. Es ist ein Meter groß und ziemlich schwer. Ich ließ es mir nicht nehmen, es selbst auf den Gipfel zu transportieren. Dazu bastelte ich mir eigens eine Tragevorrichtung. Es war hart, aber nicht so hart wie meine Touren auf die Engadiner Mondinspitze, wo ich ein Gipfelkreuz aufgestellt habe. In das Kreuz hat zweimal der Blitz eingeschlagen, also habe ich es zweimal heruntergeholt, es repariert und insgesamt dreimal hinaufgetragen. Dreimal neues Hüftgelenk, dreimal neues Kreuz. Eine brutale Tortur. Lange hat sich beim Kreuz auf der Mondinspitze kein Pfarrer gefunden, der hinaufsteigt und es einweihen würde. Aber jetzt hat sich doch einer bereit erklärt und ich hoffe sehr, dass an diesem Tag schönes Wetter ist."

Frauenpower am Berg und bei der Bergrettung

Magdalena Winkler, Bergretterin bei der Ortsstelle Westendorf, verbringt jede freie Minute am Berg.

Berge mit weiblichen Namen stufte man früher als besonders gefährlich ein. Aber am alten Aberglauben liegt es nicht, dass noch immer relativ wenig Bergretterinnen im Einsatz sind. Ungefähr 600 gibt es derzeit in Österreich bei insgesamt rund 11.000 Mitgliedern. Es hat lange gedauert, bis die patriarchalen Strukturen bei der Bergrettung aufgebrochen wurden.

Der 23. März 2001 war für die Tiroler Bergrettung aus emanzipatorischer Sicht ein wichtiger Tag. Bei einer Abstimmung sprachen sich die Teilnehmer 88 gegen 19 Stimmen für die Aufnahme von Frauen aus. In anderen Bundesländern durften sie schon länger bei Einsätzen ausrücken. Nun aber fanden auch die Tiroler: „Mander, es isch Zeit, wir brauchen Weiberleit!"

Es gibt trotzdem heute noch Tiroler Ortsstellen, wo bislang keine Frauen aufgenommen wurden. Das kann mehrere Gründe haben, z.B. dass sich bislang noch keine mit der nötigen Qualifikation bewarben. Vereinzelt steckt tatsächlich noch männlicher Machismo dahinter, der die Reihen dicht macht, ohne deutliche Gründe dafür zu nennen. Mangelnde körperliche Stärke ist als Argument jedenfalls längst überholt. Auch bei Männern finden sich nicht nur Herkulesse, und wenn sie in die Jahre kommen, müssen auch sie sich zumeist auf andere Qualitäten besinnen: Technik, Instinkt und Teamfähigkeit.

Allein gegen 200 Männer

Regina Poberschnigg, *geb. 1963, Mitinhaberin einer Berg- und Skischule, bei der Bergrettung seit 2001, Ortsstelle Ehrwald (Bezirk Reutte), Notfallsanitäterin und Flugretterin:*

„Stimmt, ich war die Frau, die medial Dampf gemacht hat, dass Frauen in Tirol zur Bergrettung dürfen. Ich wollte aber nicht in die Medien, ich wollte zur Bergrettung. Beruflich und privat kraxelte ich viel in den Bergen herum und kam dabei öfters in Situationen, in denen ich Hilfe leisten musste. Ein Bergretter sagte einmal zu mir, ich solle ein Funkgerät mitnehmen, damit ich schneller die Bergrettung verständigen kann. Aber dagegen sträubten sich manche seiner Kollegen, ich sei nicht bei der Bergrettung, also könne ich kein Bergrettungsfunkgerät benützen, und außerdem ‚gibt's bei uns koane Weiber!'

Aber dann kam 1997 ein Bericht in ‚Tirol heute', das Filmteam wollte mich zur Landesversammlung der Bergrettung mitnehmen. Ich hatte mich bis dahin schon so weit aus dem Fenster gelehnt, deshalb konnte ich keinen Rückzieher machen und marschierte mit dem Filmteam in den gerammelt vollen Saal ein. Ungefähr 200 Ortsstellen- und Einsatzleiter hatten die Augen auf mich gerichtet, ich wäre am liebsten im Boden versunken. Viele hätten mich wahrscheinlich gerne gelyncht, aber etliche lachten, das gab mir Mut. Nachdem bei der Abstimmung nicht die erforderliche Dreiviertelmehrheit erreicht wurde, sagte der damalige Landesleiter Bernhard Anker, der sich immer gegen Frauen ausgesprochen hatte, vor laufender Kamera, man hätte das Thema jetzt für drei Jahre blockiert, dann werde man weitersehen.

Im Stehen pinkeln muss ich nicht

2001 ging die Abstimmung zugunsten der Frauen aus. Ich machte sofort alle erforderlichen Kurse und Prüfungen und wurde von meinen Kollegen in der Ortsstelle Ehrwald sehr nett und fair behandelt. Aber es passierte mir immer wieder, dass mich woanders jemand abfällig ansprach. Bei einem Alpenvereinskurs auf einer Hütte sagte der Wirt zur mir: ‚Ah, du bisch des, de den Scheiß anzettelt hat!' Er weigerte sich während des ganzen Kurses, mir ein Essen oder ein Getränk zu servieren. Also ließen mich die Kollegen bei sich mittrinken und mitessen. Das war schon heftig. Ich wollte natürlich beweisen, dass ich für die Bergrettung gut geeignet bin, und absolvierte auch die Notfallsanitäter- und Flugretterausbildung.

Bei der Flugrettung arbeite ich manchmal mit einer Ärztin zusammen. Wenn wir die Helme abnehmen, sind viele Patienten perplex. Insofern sie noch fähig sind zu reden, werden wir dann oft bei der Bergung gefragt, ob wir sicher seien, dass wir das können. Dann sagen wir immer, wir probieren es halt einmal.

Eine meiner Bergrettungskolleginnen im Unterland hat sich antrainiert, im Stehen pinkeln zu können. Das wäre mir eindeutig zu viel an Anpassung. Frauen können bei der Bergrettung Frauen bleiben und trotzdem ihre Leistung bringen. Allerdings haben auch wir unsere starken und schwachen Seiten. Manche Frauen sind richtige Konditions-Viecher und klettern wie Gämsen, sind aber vielleicht medizinisch nicht so auf Zack. Ich kann gut mithalten mit den Männern, habe eine starke Ausdauerkondition und schaffe auch einen 30-Stunden-Marsch, aber ein schneller Bergauf-Sprint überfordert mich. Da muss ich aufpassen, dass ich nicht kollabiere. Für diesen Fall hab ich immer ein Tuch mit, das ich mir vors Gesicht binde. Muss ja nicht jeder sehen, dass ich blau anlaufe. Aber die Teams sind ohnehin meistens so organisiert, dass jeder Mann und jede Frau mit ihren jeweiligen Stärken eingesetzt wird. Mittlerweile sind die Frauen gut in die Bergrettung integriert, es ist normal, dass wir dabei sind, und jeder verhält sich uns gegenüber auch so."

Haarsträubende Argumente gegen Frauen

Martin Schmid, *geb. 1945, pensionierter Hauptschullehrer, bei der Bergrettung seit 1971, zuerst Ortsstelle Oetz, ab 1974 Ortsstelle Mieming, 24 Jahre Ortsstellenleiter, von 1975–2005 Bezirksleiter Imst:*

„Als Bergrettungs-Bezirksvertreter von Imst brachte ich bereits 1976 den ersten Antrag auf Aufnahme von Frauen bei der Bergrettung ein. Die Ortsstelle Längenfeld wollte damals eine Frau aufnehmen, aber die geltenden Statuten ließen das nicht zu. Daher wurde bei der nächsten Landesversammlung von mir ein diesbezüglicher Antrag gestellt, der jedoch von den 93 Ortsstellen nur von 16 unterstützt wurde. Dieser Antrag wurde im Laufe der Jahre in gewissem zeitlichen Abstand wiederholt eingebracht. Die für eine Statutenänderung erforderliche Dreiviertel-Mehrheit konnte jedoch nie erreicht werden.

Die Argumente gegen die Frauen waren haarsträubend: Sie würden erschrecken, wenn sie Blut sehen, außerdem seien sie viel zu schwach. Wie sollte denn eine Frau einen 80-Kilo-Mann vom Berg herunter tragen? Und bei den Ausbildungskursen bräuchte man dann getrennte WCs für Weiblein und Männlein, das sei viel zu aufwändig und kompliziert. Die ärgsten Gegner waren gerade jene Männer, die nicht mehr ganz so fit waren und sicher keinen 80-Kilo-Mann vom Berg hätten schleppen können. Darin lag sicher die Ursache der Ablehnung: Viele hatten Angst, die Frauen könnten bergsteigerisch und rettungstechnisch besser sein als sie. Gegen diese Sturköpfe nützte auch die Tatsache nichts, dass es im In- und Ausland bereits einige geprüfte Bergführerinnen gab und namhafte Bergsteigerinnen immer wieder medial von sich reden machten.

Als Peter Veider als Ausbildungsleiter in die Landesleitung kam, fand ich in ihm einen maßgeblichen Unterstützer. Einen Wendepunkt stellte die Landesversammlung 1997 dar, bei der es mit 55:43 bereits eine Mehrheit für die Aufnahme von Frauen gab. Aber erst am 23. März 2001 bei der Landesversammlung in den Ursulinensälen in Innsbruck war es dann so weit. Mit dem Abstimmungsergebnis von 88:19 wurde die erforderliche Dreiviertel-Mehrheit erreicht, eine über 100 Jahre alte Männerbastion war damit gefallen. Ausschlaggebend war bestimmt auch der Druck der Medien und der Politik. Die Frauen, die dann Interesse an der Bergrettung zeigten, waren alle so gewissenhaft vorbereitet, dass sie die Prüfungen sehr gut bestanden."

Die Afro-Tirolerin

Silvia Hobohm, *geb. 1976 in Namibia, Hotelfachfrau, seit 2008 bei der Bergrettung, Ortsstelle Maurach am Achensee:*

„Meine Urgroßeltern wanderten von Deutschland nach Namibia aus, seitdem besitzt meine Familie dort eine große Farm. Ich wurde in Namibia geboren und fühle mich immer noch als Namibierin oder eigentlich als Afrotirolerin, denn in Tirol habe ich meine zweite Heimat gefunden. Nach der Matura ging ich zuerst beruflich nach Berchtesgaden, von dort verschlug es mich nach Maurach am Achensee. Nach der Kindheit in Namibia war es für mich nicht leicht, von so hohen Bergen umgeben zu sein. Ich fühlte mich beengt, also beschloss ich, die Berge zu erobern. Ich lernte Bergsteigen und Klettern und unternahm lange Ski- und Mountainbiketouren. Das war die einzige Möglichkeit, der Enge zu entkommen. Mittlerweile liebe ich die Berge und möchte nicht mehr darauf verzichten.

Auf meinen Bergtouren lernte ich auch Bergretter kennen und es imponierte mir sehr, was sie in ihrer Freizeit für die Gemeinschaft leisteten. Ich suchte also bei der Ortsstelle Maurach um Aufnahme an. 80 Prozent der neuen Kameraden waren mir wohlgesonnen, die restlichen 20 Prozent waren skeptisch, aber nicht unfreundlich. Mittlerweile fühle ich mich von allen akzeptiert, habe schon einige Male als Einsatzleiterin fungiert und bin stellvertretende Ortsstellenleiterin.

Mich kann so schnell nichts umwerfen

Judith Kirchner, Ortsstelle Kramsach, begleitet viele Einsätze auch mit exzellenten Russisch-Dolmetschdiensten.

Natürlich musste ich mir zu Beginn einiges anhören, was auch mit meiner hochdeutschen Sprache zusammenhängt: ‚Eine Frau, und dann auch noch eine Deitsche!', hieß es manchmal von anderen Ortsstellen, wenn ich die Kurse besuchte. Das war nicht bewundernd gemeint, sondern eher in dem Sinn, als hätten die Mauracher das jetzt nötig. Auf der Farm meiner Eltern wurde ich robust erzogen, mich kann so schnell nichts umwerfen. Ich stand es vor allem aber auch deshalb durch, weil mich viele meiner Kollegen unterstützten.

Als ich zum ersten Mal zu einer Übung unserer Ortsstelle ging, hatte ich Bauchweh und traute mich kaum in den Versammlungsraum. Da sagte mein Bergkamerad Ludwig Hausberger, der mir auf unseren gemeinsamen Touren viel Nützliches zum richtigen Verhalten am Berg gezeigt hatte, aufmunternd: ‚Jetzt hinein da, das machen wir schon!' Solche Worte können Wunder wirken.

Wenn eine Frau in eine derartige Männerdomäne einbricht, ist sie sich dessen bewusst, dass sie keine Sonderbehandlung zu erwarten hat. Sie muss wie ihre Kameraden regelmäßig trainieren und sich an die Gemeinschaft anpassen. Dazu gehört auch, dass sie nach den Einsätzen mit auf ein Bier geht, um alles zu besprechen. Es ist klar, dass bei Kursen mitunter geflirtet wird, aber alles im Rahmen. Was zählt, ist echte Kameradschaft.

Oft wird behauptet, dass die Frauen der Bergretter es nicht gern sehen, wenn Frauen beim Verein sind, aber dafür haben wir bei unserer Ortsstelle eine gute Lösung gefunden: Wir beziehen bei der Jahreshauptversammlung und bei Ausflügen immer auch die Partner und Partnerinnen mit ein. Das hat sich bewährt. Schließlich ist die Bergrettung ein zeitaufwändiges Hobby, das viel Verständnis von familiärer Seite erfordert. Wenn wir von der Bergrettung bei offiziellen Anlässen mit schwarzer Hose, schwarzen Schuhen, einheitlichen Hemden und mit unseren Bergretterjacken auftreten, sind auch unsere Angehörigen und Bekannten stolz auf uns. So etwas schweißt die Gemeinschaft zusammen!"

Den Rucksack trägt sich jede selber

Sarah Amon, *geb. 1986, Physiotherapeutin, seit 2009 bei der Bergrettung, Ortsstelle Telfs:*

„Ich kam durch meinen damaligen Freund zur Bergrettung. Er erzählte mir von den Übungen und Einsätzen, das hat mir gefallen und ich dachte, da möchte ich auch gern mitmachen. 2009 war es kein Problem mehr, als Frau aufgenommen zu werden, wenn man die Anwärterprüfung gut bestand. Außerdem gab es bei der Ortsstelle Telfs bereits eine Frau. Wir sind inzwischen gute Freundinnen geworden und gehen auch privat gemeinsam in die Berge. Die Männer verhalten sich uns gegenüber fair und genauso kameradschaftlich wie untereinander. Manchmal gibt der eine oder andere den Kavalier, aber den Rucksack trägt sich doch jede selber, und es ist auch in unserem eigenen Interesse, keine Sonderbehandlung zu bekommen oder gar einzufordern."

Eine Bereicherung für die Ortsstelle

Friedl Steiner, *geb. 1961, Tourismusangestellter, seit 1981 bei der Bergrettung, Ortsstelle Prägraten (Osttirol), seit 1997 Ortsstellenleiter:*

„Wir haben über 60 Mitglieder, davon 35 aktive. In unserem Team sind auch zwei Frauen, die sich in die Männerdomäne bestens integriert haben. Zu Beginn meiner Funktion als Ortsstellenleiter war die Zeit allerdings noch nicht reif für Bergretterinnen. Viele unserer Bergrettungskollegen konnten sich damals nicht vorstellen, dass Frauen das schaffen. Es herrschte vielfach die Meinung, dass die Frauen ‚hinter den Herd' gehören. Das hat sich schlagartig geändert!

Wir haben rund um den Großvenediger ein sehr großes Einsatzgebiet. Die Einsätze konzentrieren sich hauptsächlich auf Lawineneinsätze sowie auf schwierige Gletscherspaltenbergungen. Die meisten Spaltenstürze passieren, weil sich die Leute unangeseilt auf den Gletscher begeben. Bei einem Spaltensturz, der in sehr große Tiefen führt, kommt dann das Dreibein-Spaltenbergegerät zum Einsatz. Die Anstiegswege zu den Verunfallten, sind – falls kein Flugwetter – insbesondere im Winter sehr lang und kräfteraubend. Daher müssen die BergretterInnen konditionell topfit, ausdauernd und gegen die Kälte resistent sein. Bei einem Lawineneinsatz wird die Rettungsmannschaft voll gefordert, die ersten 30 Minuten sind überlebensentscheidend. Ein Einsatz kann aber auch über Tage gehen, bis man den oder die Verschütteten bergen kann, meistens dadurch bedingt, dass diese kein LVS-Gerät bei sich trugen oder nicht eingeschaltet hatten.

Die Frauen stehen bei diesen schwierigen Aufgaben den Männern nicht nach. Heute kann man sagen, dass sie eine Bereicherung für die Ortsstelle darstellen. Beide Frauen in unserem Team sind übrigens Töchter von Bergrettern. Sie wurden daher schon sehr früh mit den Aufgaben der Bergrettung vertraut gemacht."

Die erste Ortsstellenleiterin Tirols

Wenn es trotz weiblicher Beteiligung noch immer automatisch in Zeitungsberichten heißt: „Acht Mann der Bergrettung rückten aus …", ist das für die meisten Bergretterinnen kein Problem. Sie fühlen sich von den Männern als Kameradinnen akzeptiert. Die Männer sparen auch nicht mit Anerkennung. So hört man oft bei einer Anwärterprüfung: „Mensch, des Madel isch saugut!" Viele Ortsstellenleiter bestätigen, dass sich die Aufnahme von Frauen äußerst positiv auf die gemeinsame Arbeit und die Disziplin in der Gruppe auswirkt. Eine Frau als Ortsstellenleiterin ist für viele Bergretter allerdings nach wie vor ein Tabu. Anni Pirchner aus

Steinach am Brenner hat es dennoch gewagt. Als sie die erste Ortsstellenleiterin Tirols wurde, war das auch ein Antreten gegen starke Männerseilschaften.

Mag. Anni Pirchner, *geb. 1957, Psychologin und Mentaltrainerin, seit 2003 bei der Bergrettung, Ortsstelle Steinach-Gschnitztal, von 2004 bis 2012 Ortsstellenleiterin:*

„Nachdem ich die Leichtathletik an den Nagel gehängt hatte, begann ich im Alter von 26 Jahren mit dem Bergsteigen. Später kletterte ich viel mit meinem Mann, der Schwierigkeitsgrad sieben macht mir keine Probleme. Ich habe auch einige Jahre beim Pistendienst in Steinach mitgeholfen. Aber als Frau bei der Bergrettung aufgenommen zu werden, war in meinen jungen Jahren undenkbar. Als ich 1992 anfragte, hat man das für einen Witz gehalten. Die Bergrettung war ein eingefleischter Männerverein und zum Teil ist sie das auch heute noch.

Der damalige Ortsstellenleiter von Steinach, Hermann Eller, der auch den Pistendienst organisierte und mich dort mitarbeiten ließ, hatte diesbezüglich eine tolerantere Haltung. Im Jahr 2001 gab es dann die Abstimmung in der Landesleitung, die sich für eine Aufnahme der Frauen aussprach. Ich konnte also Bergretterin werden, wurde 2001 als Anwärterin aufgenommen, absolvierte alle Kurse und war 2003 fertig ausgebildet. Damals kam es zu Differenzen zwischen Bergrettern und Pistendienst bezüglich Organisation, Eller legte sein Amt als Ortsstellenleiter nieder. Die Ortsstelle Steinach stand kurz vor der Auflösung. Niemand wollte in diesem Wirrwarr die Leitung übernehmen, also habe ich mich dazu bereit erklärt.

Bei den Neuwahlen waren von den 33 Mitgliedern nur 16 anwesend, zwei enthielten sich der Stimme, von den anderen 14 wurde ich gewählt. Ein eher dürftiger Grundstock, aber ich nahm mir vor, mein Bestes zu geben. In der ersten Zeit gab es viele Hürden zu überwinden, u.a. wurde unsere Subvention gekürzt und der Raum für die Bergrettungsgerätschaft gekündigt, wir mussten nach Trins ausweichen.

Einzelkämpferin gegen Männerseilschaften

Als Frau ist man eine Einzelkämpferin und kommt nur schwer gegen traditionelle Männerseilschaften an. Ein ‚Platzhirsch' räumt nicht gerne das Feld, bestehende Machtstrukturen halten sich hartnäckig. Und so brachten etliche Bergretter ihre Unterstützung weit mehr beim Pistendienst ein als bei der Bergrettung. Ich sagte, sie müssten sich entscheiden, sonst bliebe mir nichts anderes übrig, als ihren Ausschluss zu beantragen. Als ich dann Wort hielt, gab das einen enormen Aufruhr, die Emotionen kochten hoch.

Der Ausschluss der Bergretter hatte aber auch reinigende Wirkung. Jene, die übriggeblieben waren, standen wirklich zur Sache. Wir waren fleißig, hielten zusammen und absolvierten gute Einsätze. Ich bemühte mich darum, junge Leute zur Bergrettung zu bringen, denn der Altersdurchschnitt unserer Gruppe war damals über 40 Jahre. Mittlerweile hat die Bergrettung Steinach einen starken jungen Trupp. Der Bürgermeister gratulierte mir bei meinem Rücktritt und sagte, dass ich meine Aufgabe sehr gut gemacht habe. Das war eine Genugtuung, denn es war keine g'mahnte Wiesn und oft war ich kurz davor aufzugeben.

Aus heutiger Sicht bin ich froh, dass ich durchgehalten habe, und kann Frauen nur ermutigen, zur Bergrettung zu gehen, selbst wenn es noch immer so ist, dass man ihnen nicht gern eine leitende Funktion überträgt. Auch junge Männer lassen sich nicht gern von einer Frau etwas anschaffen. Man muss Rückgrat zeigen und darf sich nicht scheuen, Stellung zu beziehen und Entscheidungen zu treffen. Viele Frauen schrecken deshalb leider davor zurück, Verantwortung für eine Ortsstelle zu übernehmen."

Die Frauen der Bergretter

… und die Männer der Bergretterinnen brauchen viel Verständnis, wenn ihre Partner so viel Zeit für die Bergrettung opfern. Und bei einem schwierigen, sich lange hinziehenden Einsatz kann das Warten zuhause zur Hölle werden. Oft funktioniert im Gelände die Telefonverbindung nicht, sodass sie längere Zeit im Ungewissen bleiben. Die bange Frage vieler schlafloser Nächte, ob wohl alles gut geht, lässt sich nicht so einfach beiseiteschieben. Dann kommt der Partner zum Glück gesund und heil von einem Einsatz zurück und muss selber erst mit dem Erlebten fertig werden.

Sie liegt die halbe Nacht wach

> **Markus Wolf**, geb. 1972, Versicherungskaufmann, bei der Bergrettung seit 2008, Ortsstelle Berwang-Namlos (Bezirk Reutte), Ausbildungsleiter seit 2010, seit 2013 Bezirksleiter Reutte:

„Wenn ich zu einem Einsatz gerufen werde und ich die Bergrettungskleidung anziehe, kocht meine Frau mir inzwischen Tee, sodass ich schnell ins Bergrettungsheim eilen kann. Viel wichtiger ist für mich aber das Wissen, dass sie überzeugt dahintersteht und sich nicht beklagt, wenn ich schon wieder im Einsatz, auf Veranstaltungen oder bei Übungen bin. Oft ziehen sich die Einsätze und die Übungen mit Nachbesprechung lange hin und ich komme sehr spät nach Hause. Wir wollen ja aus jedem Einsatz lernen und die gängigen Routinen und Strukturen überprüfen. Nach guten oder schwierigen Einsätzen nimmt die Geselligkeit mit den Kameraden viel Platz ein. Gemeinsam können belastende Erlebnisse besser verarbeitet werden und es stärkt die Kameradschaft. Wichtig ist es für mich auch, mit meiner Frau darüber zu reden. Sie ist es ja, die nach dem Einsatz den ganzen Haufen schmutziger Bergrettungskleidung wäscht, damit diese wieder für den nächsten Einsatz zur Verfügung steht.

Die Kameradschaft der Bergrettung ist etwas ganz Eigenes. Wir müssen uns dem ‚Anderen' mit unserem ganzen ‚Sein' anvertrauen, wenn dieser wortwörtlich das Leben von uns in Händen hat. Das heißt, ausgeliefert sein und dennoch voll vertrauen. Am Berg, in schwierigen Situationen, gibt es nur die nackte Wahrheit, keiner kann sich verstellen, übertrieben anpassen oder eine Rolle spielen, wie es so oft in unserer Gesellschaft beobachtet werden kann. Bei Einsatzsituationen gibt man sich wie man ist, dabei kommen alle psychischen und körperlichen Stärken, aber auch Schwächen zutage.

All das kann nur mit einer starken, verständnisvollen Frau oder Familie im Hintergrund bewerkstelligt werden. Ich habe meine Frau Nicola gefragt, wie sie das sieht. Und sie hat mir gesagt, sie liegt bei Einsätzen meist die halbe Nacht beim Ofen und wartet bangend, bis ich wieder zurückkomme. Dann geht sie irgendwann schlafen, weil sie am nächsten Tag ja auch zur Arbeit muss. Für sie und unsere Tochter sind diese Stunden sehr schwierig. Wenn es ganz schlimm ist, weil die Vermisstensuche oder die Bergung für uns ein hohes Risiko birgt, gehen sie zu meinen Schwiegereltern, um dort gemeinsam den Ausgang des Einsatzes abzuwarten."

Ein sakrisches Dankeschön!

Thomas Lehner, *geb. 1970, Hüttenwirt vom Hallerangerhaus, bei der Bergrettung seit 1990, Ortsstelle Scharnitz, Ortsstellenleiter seit 2007, von 2009 bis 2012 Bezirksleiter Innsbruck Land:*

„Bei uns sind die Einsätze meistens sehr heftig, denn in unseren Bereich fallen die Laliderer Wände, es gibt im Sommer Kletter- und Mountainbikeunfälle, die oft alles andere als glimpflich verlaufen, im Winter werden wir immer wieder zu Lawinenabgängen gerufen. Unsere letzte Lawinen-Vermisstensuche zog sich trotz intensivster Einsatzarbeit über neun Wochen hin. In so einem Fall kommt es nicht selten vor, dass die Angehörigen vor der Tür des Ortsstellenleiters oder anderer Bergretterkollegen stehen, weil sie wissen möchten, wie und warum das alles passiert ist. Es sind verzweifelte Menschen, die sich bei uns ausweinen.

Natürlich gibt es dafür das Kriseninterventionsteam, aber für die Angehörigen ist es oft wichtiger, mit jemandem zu reden, der bei der Suche dabei war. Auf diese Weise werden auch unsere Frauen direkt in die Fälle involviert und mit Schicksalen konfrontiert, die nahe gehen. Meine Frau erlebt jetzt seit 15 Jahren jeden meiner Einsätze mit und hat sich nie darüber beschwert, dass ich so viel Zeit dafür verwende, Menschen zu helfen, die ich nicht kenne und von denen manche nicht einmal ein Dankeschön für die Hilfe übrig haben. Oft ist sie mein erster und wichtigster Ansprechpartner nach einem Einsatz, durch ihr aufmerksames Zuhören trägt sie wesentlich zur Einsatzaufarbeitung bei.

Egal, ob mitten in der Nacht oder am Sonntag beim Mittagessen ein Notfall-SMS eintrifft, wir machen uns auf den Weg und unsere Frauen tragen das mit. Dafür gebührt ihnen von Herzen ein sakrisches Dankeschön!"

Wenn beide bei der Bergrettung sind

Mag. Christine Welzl, *geb. 1961, HAK-Lehrerin, Berg- und Skiführerin, bei der Bergrettung seit 2001, Ortsstelle Imst:*

„Mein erster Mann kam unter einer Lawine ums Leben. Als ich im Februar 1999 aus den Medien vom schrecklichen Lawinenunglück in Galtür erfuhr, hielt ich es deshalb fast nicht aus, dass ich als Helferin nicht dabei sein konnte. Ich war staatlich geprüfte Bergführerin, durfte aber trotzdem nicht zur Bergrettung, weil ich eine Frau war. Ich schrieb an die Landesleitung und bat um Aufnahme, aber mein Antrag wurde abgelehnt. 2001 war es dann so weit, dass Frauen zugelassen wurden, und ich ging schon in diesem ersten Jahr dazu. Mein jetziger Mann ist auch bei der Bergrettung, wir gehören derselben Ortsstelle an. Aus beruflichen Gründen ist er öfter dabei als ich, denn ich kann nicht von der Schule weg und darf mein Handy während der Unterrichtszeit nicht eingeschaltet lassen. Oft aber rücken wir gemeinsam zu Einsätzen aus, gehen dabei jedoch nicht Schulter an Schulter, sondern werden meistens unterschiedlichen Gruppen zugeteilt. Das ist auch besser so. Den Einsatz können wir zuhause besprechen, was uns beiden gut tut. Als ich meine erste Totbergung hatte, war ich sehr froh, dass ich darüber mit ihm reden konnte. Und er hat eine verständnisvolle Partnerin, die weiß, wovon er spricht, wenn er von einem Einsatz erzählt."

Fotoimpressionen Bezirk Imst

Fotoimpressionen Bezirk Imst

228 **NERVEN WIE SEILE**

Bezirk Imst

Blick vom Hochwilde, Ötztal, nach Südtirol

Grenzüberschreitende Zusammenarbeit

Grenzüberschreitende Zusammenarbeit

Wichtiges Hinweisschild in Prägraten, Osttirol

Bergrettungs-Ortsstellen in Grenznähe arbeiten viel mit den ausländischen Nachbarn zusammen. In Deutschland ist die Bergwacht für Bergretter-Belange zuständig, deshalb wird von deutschen Gästen oft die Bergrettung mit der Bergwacht verwechselt. Im Dreiländereck im Oberinntal treffen gleich drei Länder zusammen: Österreich, Italien und die Schweiz. Mit den Bergrettungsstellen im Vinschgau funktioniert die Zusammenarbeit fast wie mit einer anderen Tiroler Ortsstelle, in der Schweiz obliegt die Rettung in Bergnot geratener Menschen der Schweizerischen Rettungsflugwacht „Rega".

Ein Problem gibt es allerdings bei der Zusammenarbeit mit beiden Ländern: Die Funknetze sind nicht die gleichen und deshalb nicht kompatibel. Und so wird bei länderübergreifenden Einsätzen z.B. ein Bergretter aus Nauders am Reschenpass mit einem Funkgerät entweder ins Grenzgebiet nach Italien oder in die Schweiz geschickt, um den Funkkontakt zu ermöglichen.

Wenn die Suchaktionen zu weit in nachbarliches Gebiet führen, ergeht es auch den Bergrettern so wie vielen anderen Berggehern: Sie kennen sich dort nicht mehr gut aus. So kam es einmal vor, dass die Nauderer Suchtrupps weit ins Engadin hineingerieten. Eine verirrte Gruppe hatte einen Notruf abgesetzt und erklärt, sie seien soeben an einer Hütte mit Hausnummer vorbeigekommen. Das ließ auf die Schweiz schließen, denn Berghütten mit Hausnummern gibt es im Gebiet von Nauders nicht.

*Die Drei Zinnen in Südtirol sind für Bergsteiger eine Art Mekka,
selbst der Blick darauf erfreut schon das Herz.*

Man drang auf der Suche bis ins Gebiet des Piz Lad und des Piz Ajuz vor. In der Nacht, im felsdurchzogenen Gelände, war es so gänzlich ohne Ortskenntnis für die Bergretter nicht ratsam weiterzugehen, allerdings warteten noch die Verirrten auf Hilfe. Damit die Aktion nicht abgebrochen werden musste, wurde der Gemeindevorsteher von Ramosch geweckt, der wiederum einen ortskundigen Jäger verständigte. Ein Bergrettungsmann aus Nauders fuhr inzwischen mit einem Funkgerät nach Ramosch, von wo aus der ortskundige Schweizer Jäger die Nauderer Bergretter durch das fremde Gebiet dirigierte. Die Erfolgsmeldung blieb in dieser denkwürdigen Nacht nicht aus. Sowohl Verirrte als auch Bergretter kehrten wieder heil nach Hause zurück.

Gemeinsam für die Gemeinschaft
Kooperation mit anderen Blaulicht-Organisationen

Es ist im Sinn der Öffentlichkeit, dass die Blaulicht- und Rettungsorganisationen gut zusammenarbeiten. Die Aufgabengebiete ergänzen sich, man braucht und unterstützt sich gegenseitig. Bei einem gemeinsamen Einsatz trägt jede Organisation das Kommando für ihre Leute, aus den Vertretern aller beteiligten Organisationen wird die Einsatzleitung gebildet und das Miteinander funktioniert bestens.

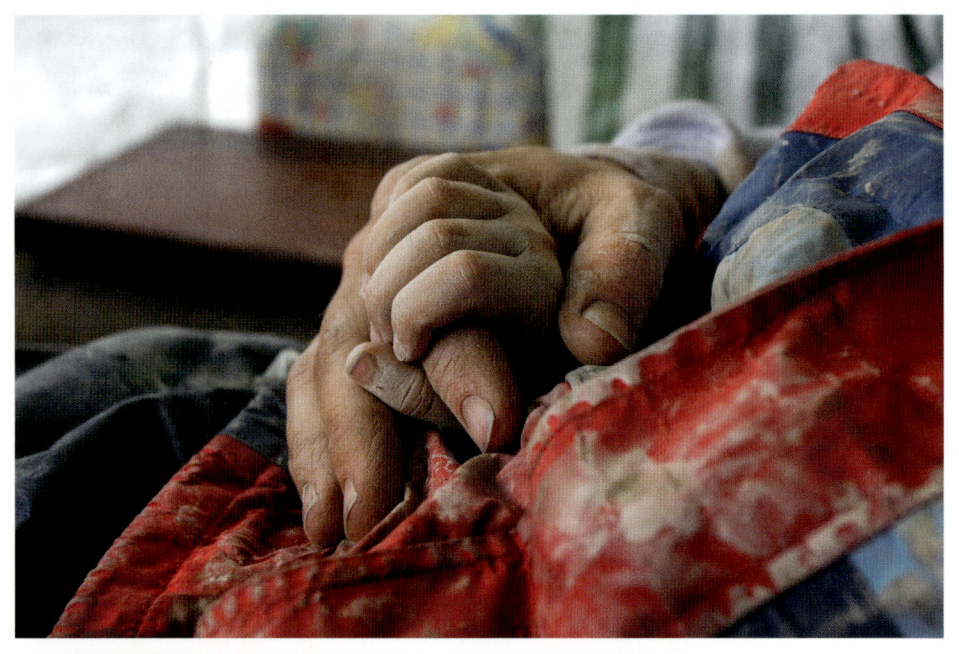

Hochwasser in Kössen im Jahr 2013. Viele Bergrettungs-Ortsstellen aus ganz Tirol leisteten Katastrophendienst, pumpten Keller aus und halfen bei den Aufräumungsarbeiten.

Die Ausmaße des Hochwassers waren erschütternd, noch Tage später standen viele Gebäude voller Wasser.

Gemeinsam für die Gemeinschaft – Kooperation mit anderen Blaulichtorganisationen

Alpinpolizist und Bergretter

Stephan Siegele, *geb. 1945, pensionierter Alpinpolizist, bei der Bergrettung seit 1973, Ortsstelle Kappl (Paznauntal), seit 2006 Bezirksleiter Landeck:*

„Schon als junger Mann war ich bei der Alpingendarmerie und habe zehn Jahre als Flugretter gearbeitet, deshalb hatte ich immer Kontakt mit der Bergrettung. Mir imponierte, was diese Leute machten, also ging ich auch dazu. Durch meinen Beruf hatte ich gute Voraussetzungen dafür: Ich war berg- und klettertauglich, musste regelmäßig Einsatzübungen absolvieren – wir waren Mitte der 1970er Jahre Pioniere im Bereich der Flugrettung – und ich war auch in medizinischer Notfallhilfe ausgebildet.

Die Alpinpolizei hat bei einem Bergunfall andere Aufgaben als die Bergrettung. Zuvorderst steht natürlich auch bei uns die Erste-Hilfe-Leistung. Sobald die verunfallten Patienten in guten Händen sind, kümmern wir uns um Spurensicherung und Datenerhebung. Es müssen ja immer auch die Unfallursachen festgestellt werden, um später vor Gericht eine eventuelle Fahrlässigkeit oder ein Verschulden nachweisen zu können.

Im Winter muss man mit der Spurensicherung sehr schnell sein, weil sich die Verhältnisse rasch ändern. Neuschnee oder Sonneneinstrahlung, überhaupt Wind und Wetter beeinflusst das Schneeprofil. Man muss also sofort Fotos machen, den ganzen Unfallort von der Absturz- bis zur Fundstelle abgehen und alle Beobachtungen notieren: Felsausbrüche, Verlauf der Sturzbahn, Spuren von Schuhen oder Kleidung, auch die Ausrüstung der Beteiligten wird genau unter die Lupe genommen.

Im Sommer kann man Recherchen im Gelände manchmal auch am nächsten Tag erledigen. Auch die Zeugen, die vernommen werden, befragt man meistens nicht gleich vor Ort, sie stehen ja oft noch unter Schock. Bei Zeugen, die am Unfallort verblieben sind, besteht keine Gefahr, dass sie untertauchen. Die meisten Fälle an Fahrerflucht passieren bei Kollisionen auf Skipisten.

Alpinpolizei und Bergrettung rücken getrennt aus, arbeiten aber sehr intensiv zusammen. Für eine Vermisstensuche ist die Polizei zuständig. Bei Suchaktionen im alpinen Gelände wird dann die Bergrettung angefordert. Ohne diese kompetenten Freiwilligen hätte man viel zu wenig Potenzial für eine großflächige Suche. Die Zusammenarbeit klappt in der Regel hervorragend.

Wenn ich als Flugretter im Einsatz war, konnte ich mich natürlich nicht gleichzeitig um die Spurensuche kümmern. Aber ich habe als Flug- und dann auch als Bergretter immer ganz automatisch schon während der Rettungsaktion alles genau in Augenschein genommen und mir fürs Protokoll gemerkt."

Zusammenarbeit mit der Feuerwehr

Dipl.-Ing. Alfons Gruber, *geb. 1958, seit 2004 Landesfeuerwehrinspektor von Tirol:*

„Die Zusammenarbeit zwischen Feuerwehr und Bergrettung funktioniert in Tirol auf Orts- und Landesebene hervorragend. Man kennt sich, ist befreundet, arbeitet bei verschiedensten Einsätzen zusammen und es gibt sogar etliche Männer, die bei beiden Organisationen sind. Uns verbinden die gleichen Ziele, nämlich Menschen in einer Notlage zu helfen, wobei wir uns nicht in die Quere kommen. Jeder ist auf sein Gebiet spezialisiert und hat dabei genügend Aufgaben zu bewältigen. Diese Aufgaben greifen zweckmäßig ineinander.

Manche Einsätze könnte die Feuerwehr ohne die Hilfe der Bergrettung nicht bewerkstelligen. Bei Waldbränden in steilem Gelände schaffen die Bergretter die gesicherten Zugänge, denn sie sind auf diesem Gebiet die Fachleute. Wir holen uns auch immer wieder Bergretter für Schulungen, denn auch wir müssen oft in exponierter Lage arbeiten – z.B. auf Dächern.

Bei gemeinsamen Sucheinsätzen steuert die Bergrettung die Hundestaffeln bei, denn bei der Feuerwehr gibt es keine Suchhunde. Wir wiederum leuchten bei Lawinenabgängen in besiedeltem Gebiet die nächtlichen Lawinenkegel aus und helfen bei der Sondierung. Und in vielen Fällen kann die Bergrettung unsere Funkeinrichtungen sowie Gerätschaften wie Wärmebildkameras und Allrad-Fahrzeuge nützen.

Die Stärke sowohl von Feuerwehr als auch Bergrettung liegt darin, dass sie nicht nur auf Landesebene, sondern auch in den einzelnen Gemeinden gut aufgestellt sind und die Ortsstellen weitgehend eigenverantwortlich arbeiten. Wenn nichts Außergewöhnliches vorfällt, werden die Landesleitungen mit einem Einsatz nicht befasst. Das Miteinander hat immer gut funktioniert und ist deshalb getragen von gegenseitigem Respekt und Vertrauen. Es versteht sich von selbst, dass man z.B. bei Dorffesten ebenfalls bestens zusammenarbeitet."

Helmut Haas, *geb. 1966, Angestellter, seit 1992 bei der Bergrettung, Ortsstelle Neustift (Stubaital), seit 2010 Ortsstellenleiter:*

„Die Bergrettung Neustift lebt, wie z.B. auch die Bergrettungen Galtür und Gries im Sellrain, eine sehr enge Zusammenarbeit mit der Feuerwehr. Wir teilen uns dasselbe Gebäude mit diversen Räumlichkeiten, u.a. Einsatzzentrale, Sitzungssaal usw. Im Übungs- und Einsatzfall verwenden wir die Fahrzeuge der FF Neustift, welche auch von den Chauffeuren der FF gefahren werden. Das ist nicht nur praktisch und kostengünstig, sondern spart im Notfall wertvolle Zeit, zumal FF-Fahrer in jeder Bekleidung die Autos fahren können, während sich Bergretter zuerst einsatztauglich ausrüsten müssen. Interessenkonflikte gab und gibt es nie, bis auf eine Ausnahme, als bei einer Bergrettungsübung zeitgleich ein Feuerwehreinsatz abzuwickeln war. Während der Ausfahrt mussten wir Bergretter das Auto verlassen, orderten daraufhin ein Taxi und die Übung konnte problemlos absolviert werden."

Hubert Rief, *geb. 1966, Tapezierer, bei der Bergrettung seit 1987, Ortsstelle Tannheim (Tannheimer Tal), Flugretter bei Christophorus 5, von 1997 bis 2013 Ortsstellenleiter:*

„Tannheim ist eine große Ortsstelle für die relativ kleine Gemeinde, wir haben zurzeit 93 Mitglieder. Über die Hälfte davon sind auch aktiv bei der Feuerwehr. Das war nie ein Problem, weil die Einsätze entweder bergrettungslastig oder feuerwehrlastig sind. Wir teilen uns im neuen Gemeindehaus mit der Feuerwehr den Funkraum und den Mannschaftsraum – das ist dort, wo Bier getrunken wird. Wir haben diese Räume sogar miteinander geplant. Wir hätten auch den neuen Einsatzwagen miteinander geteilt, das wäre für uns kein Problem gewesen, aber das scheiterte an der Farbe. Ein Einsatzfahrzeug der Bergrettung muss vorschriftsmäßig weiß mit grünen Streifen sein, ein Einsatzfahrzeug der Feuerwehr rot. Also mussten wir uns den Wagen alleine anschaffen. Aber ansonsten läuft die Zusammenarbeit perfekt!"

Bundesheer und Bergrettung

Obstlt Thomas Abfalter, *geb. 1966, Berufsoffizier beim Österr. Bundesheer, stv. Kommandant Truppenübungsplatz Hochfilzen, Berg- und Skiführer, Heeresbergführer, Flugretter, seit 1998 bei der Bergrettung, Ortsstelle St. Ulrich im Pillerseetal:*

„Zwischen Bundesheer und Bergrettung gibt es viele Synergien. Vor allem hier im Bezirk Kitzbühel ist die Zusammenarbeit zwischen Bundesheer und den einzelnen Ortsstellen der Bergrettung und den anderen Einsatzorganisationen, wie Feuerwehr und Rettung, über viele Jahre gewachsen. Wir arbeiten sowohl bei Einsätzen als auch bei Übungen zusammen. Lawinenbezirksübungen der Bergrettung wurden bereits mehrmals am Truppenübungsplatz Hochfilzen unter Einbindung des Lawineneinsatzzuges durchgeführt. Dabei konnten die

Bergrettungs-Ortsstellen ein optimales Übungsgelände nutzen und Geländekenntnis für einen Lawineneinsatz gewinnen. Für das Bundesheer ist im Gegenzug die Zusammenarbeit mit anderen Einsatzorganisationen eine wesentliche Aufgabe, die vor allem zur Schulung von Kader- und Führungskräften von großer Bedeutung ist.

Bergrettung und Bundesheer haben sehr ähnliche Einsatzstrukturen, ganz wesentlich ist außerdem, dass man sich kennt und weiß, wer für welche Aufgaben am besten geeignet ist. Bei den gemeinsamen Übungen sehen sowohl Bergretter als auch Soldaten die jeweiligen Rettungstechniken und Verfahren und so kann sich jede Organisation im Einsatz auf den anderen einstellen. Wir sind bestrebt, unsere Rekruten im Rahmen der Alpinausbildung gut für einen Einsatz vorzubereiten und möglichst viel für das Leben nach dem Bundesheer mitzugeben.

Ganz allgemein ist zu sagen, dass die einzelnen Einsatzorganisationen in den letzten Jahren viel aufgeschlossener geworden sind. Auch das Bundesheer hat sich diesbezüglich geöffnet. Die Rettungstechniken und Rettungsverfahren der Bergrettung und des Bundesheeres sind in vielen Bereichen sehr ähnlich, in jedem Fall lernt man beim gemeinsamen Üben und in gemeinsamen Einsätzen vom anderen dazu.

Für mich persönlich macht es insofern einen Unterschied, ob ich als Einsatzleiter bei der Bergrettung oder beim Bundesheer fungiere, weil ich bei der Bergrettung freiwillige Kolleginnen und Kollegen mit zum Teil großer Bergerfahrung habe, beim Bundesheer rücke ich jedoch mit jungen Männern und Frauen aus, die ihren Wehrdienst ableisten. Obwohl sie für ihre Aufgaben sehr gut ausgebildet und vorbereitet werden, ist die Verantwortung für mich in diesem Fall doch um einiges größer."

Oberstleutnant Thomas Abfalter bindet seine Bergrettungskameraden in die Vorbereitungsarbeiten für die Heeresbergmeisterschaften und den Ambulanzdienst ein.

NERVEN WIE SEILE

Material wird mit dem Helikopter zum Wildseeloder transportiert und ab hier zum Gipfel getragen, um die Strecke im freien Skigelände zu markieren.

Bilder linke Seite: Der Streckenverlauf der Heeresbergmeisterschaften bezieht den Gipfel des Wildseeloder mit ein. Hier muss mittels Seil gesichert werden, da sonst die Absturzgefahr zu groß ist.

Fotoimpressionen Bezirk Lienz

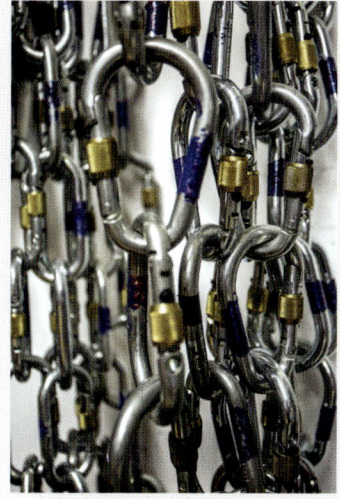

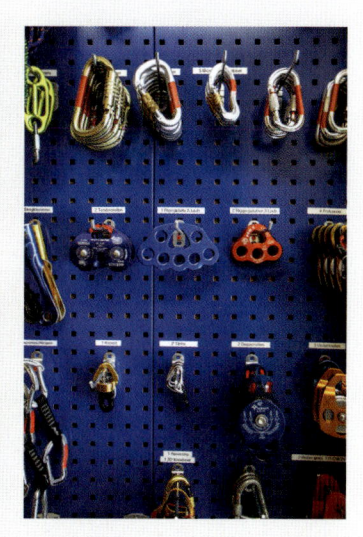

Bezirk Lienz

Fotoimpressionen Bezirk Lienz

Hochtour zum Großen Geiger in Prägraten, Osttirol. Im Sommer ist die Gefahr der Gletscherspalten wegen der besseren Sichtbarkeit etwas geringer.

Bezirk Lienz

Prägraten, Osttirol

Gemeinsam für die Gemeinschaft – Kooperation mit anderen Blaulichtorganisationen

Der Blaulicht-Stammtisch

Pepi Schennach, *geb. 1954, Landesangestellter, Vorsitzender der Lawinenkommission Seefeld, bei der Bergrettung seit 1973, Ortsstelle Seefeld, seit 2013 Ortsstellenleiter:*

„Die Ortsstellen Seefeld, Leutasch, Scharnitz und Telfs arbeiten intensiv zusammen und helfen sich gegenseitig mit Assistenzeinsätzen aus. Wir haben gemeinsame Einsatzleiter, gemeinsame Mannschaften und in Kooperation mit dem Tourismusverband und einer Langlaufschule sogar eine gemeinsame Skidoo-Schleife. Diese ist für Rettungsbelange auf den 280 Kilometer Langlaufloipen zuständig. Im Winter absolvieren wir alle Sonn- und Feiertage Bereitschaftsdienst mit mindestens sechs Bergrettern und einem Notarzt auf unseren Diensthütten Rosshütte und Gschwandtkopf, bei den vielen Rennbewerben in unserer Region versehen wir gemeinsame Ambulanzdienste.

Auf den Pisten verzeichnen wir zwischen 60 und 70 Abtransporte, auf den Loipen gibt es ca. 30 Rettungseinsätze pro Wintersaison. Das alles kommt zum üblichen Bergrettungsdienst dazu. Da alle Bergretter freiwillig auf Einsatz gehen, sind wir auf die Zusammenarbeit mit den anderen Ortsstellen angewiesen und froh, dass alle hiesigen Alpinpolizisten bei der Bergrettung tätig sind.

Mit Feuerwehr, Rotem Kreuz und Alpinpolizei halten wir regelmäßig einen ‚Blaulicht-Stammtisch' ab, um unsere gemeinsamen Einsätze noch besser analysieren und koordinieren zu können. Wenn wir immer im Gespräch bleiben, funktioniert auch die Kommunikation bei den Einsätzen viel besser."

Nebelschwaden verhüllen das Panorama rund um den Gaiskogel im Kühtai.

Kein Geld – Rettung entfällt?

Obwohl Bergretter ehrenamtlich arbeiten, kostet die aufwändige Logistik Geld. Es braucht gute Ausrüstung, Geräte, Autos und Bergevorrichtungen, all das muss angeschafft und instandgehalten werden. Fortbildungsseminare und Übungen sind ebenfalls teuer. Manche Ortsstellen werden von der Gemeinde unterstützt, andere nicht. Auch der Beitrag der Tourismusverbände fällt unterschiedlich aus. Die Bergrettung ist deshalb auf Sponsoren und Förderer angewiesen.

Damit der Betrieb aufrecht erhalten werden kann, stellt die Landesleitung nach einem Einsatz an die Geretteten eine Rechnung. Wem sein Leben teuer ist, sollte bereit sein, die Aufwandsentschädigung zu zahlen. Die Tiroler Bergrettung bietet dazu auch einen Versicherungsschutz an.

Die eingenommenen Gelder werden zu zwei Drittel an die Ortsstellen ausbezahlt und für Ausbildung und Ausrüstung verwendet, ein Drittel verbleibt bei der Landesleitung. Eine unverzichtbare Maßnahme, um die Institution am Leben zu erhalten und damit weiter Leben zu retten. Bloß lassen sich manche Menschen zuerst aus Bergnot retten, aber wenn es ans Bezahlen geht, sind sie leichtfüßig über alle Berge.

Manchmal müssen wir auch Hendln braten

Martin Flörl, *geb. 1964, Schlossermeister, bei der Bergrettung seit 1984, Ortsstelle Wörgl-Niederau, Ortsstellenleiter seit 2012:*

„Die Ausrüstung für Bergretter ist teuer, wir brauchen ja gutes Material. Zwar werden wir diesbezüglich von der Bergrettungs-Landesleitung unterstützt, aber es bleibt trotzdem noch ein hoher Selbstbehalt. Wir haben einmal ausgerechnet, dass jedes aktive Mitglied der Bergrettung wahrscheinlich zwischen 200 und 300 Euro im Jahr für Ausrüstung ausgibt. Dafür kann ich meine guten Bergschuhe und meinen Anorak auch bei privaten Bergausflügen anziehen.

Ohne Sponsoren kann die Anschaffung eines Einsatzfahrzeuges für eine Ortsstelle zu einem großen Problem werden. Unser Fahrzeug ist jetzt 14 Jahre alt, irgendwann in naher Zukunft werden wir ein neues brauchen. Bis dahin müssen wir so viel Geld gespart haben, dass sich das ausgeht. Auch die medizinische Verpflegung vom Verbandsmaterial bis zum Defibrillator und der Aufwand für die technischen Einrichtungen werden aus der Ortskasse bestritten. Weil wir auch für Canyoning-Unfälle gerüstet sein müssen, war die Anschaffung von Neopren-Anzügen nötig. Alles muss tipptopp für den Ernstfall bereit sein, denn wenn etwas nicht klappt, steht das bestimmt in der Zeitung.

Wir bessern unsere Ortsstellen-Kasse u.a. dadurch auf, indem unsere Mitglieder beim Stadtfest Wörgl einen Arbeitsmarathon hinlegen und Hendln braten. Eine andere Einnahmequelle sind die Einsätze selbst. Wenn die Leute versichert sind, haben wir damit kein Problem, aber oft kommt man in ein moralisches Dilemma. Wer möchte den Angehörigen, deren Vater, Sohn oder Tochter tot geborgen wurde, eine Rechnung schicken! Manche Leute können nicht bezahlen, weil sie zu wenig Geld haben, und andere, die zwar Geld hätten, drücken sich oft vor dem Bezahlen.

Einheimische und Gäste gehen oft ganz selbstverständlich davon aus, dass wir ihnen zu Hilfe eilen, wenn sie in Bergnot geraten. ‚Wir rufen dann einfach die Bergrettung', sagen sie. Aber wie viel Zeit, Geld und Idealismus mit unserem Engagement verbunden ist, das interessiert nur wenige."

Gute Unterhaltung mit der Bergrettung

Martin Riess, geb. 1967, Bankangestellter, bei der Bergrettung seit 2001, Ortsstelle Rietz und Umgebung, Ortsstellenleiter seit 2003:

„Um die Bergrettungs-Kassen aufzufüllen, muss man hin und wieder kreativ sein. Mein Bergrettungskollege Gerhard Aßmann und ich halten daher jedes Jahr einen Lichtbildervortrag über gemeinsame Touren – wie z.B. über unsere Wanderung auf dem Jakobsweg. Oder wir zeigen einen aufwändigen Spielfilm über einen Bergeeinsatz mit Happy End. Gerhard fügt mit seinem findigen Auge und seiner professionellen Technik aus tausenden von Bildern die besten Themen zusammen und unterlegt das Werk mit gefälliger Musik, während ich mich für unterhaltsame Texte und persönliche Erzählungen verantwortlich zeige. Meistens lassen wir uns für solche Abende auch den einen oder anderen Sketch einfallen. Mit diesen Miniaturtheaterstücken überraschen wir humorvoll mit Episoden aus unserem Bergretter-Leben. So können wir unsere Begeisterung an die Menschen vermitteln, denen unsere ehrenamtliche Arbeit am Herzen liegt, denn die Bergrettung hat einen hohen Stellenwert im Dorf. Ich habe mich schon öfters gefragt, warum unsere Veranstaltungen so erfolgreich sind. Die Antwort können nur die Besucher geben, aber es liegt wohl an unserem individuellen und kollektiven Auftreten, mit dem es uns gelingt, Menschen die Lust am Bergrettungsjob und der wunderbaren Natur zu vermitteln und persönliche Geschichten mit Humor zu erzählen. Wenn die Besucher mit einem Lächeln nach Hause gehen, ist unser Ziel erreicht."

Gerhard Aßmann, geb. 1962, Techniker, bei der Bergrettung seit 1990, Ortsstelle Rietz und Umgebung, von 1992 bis 2003 Ortsstellenleiter, von 2003 bis 2013 Ortsstellenleiter-Stellvertreter:

„Die Vorbereitung solcher Abende ist sehr aufwändig. Für eine Minute Vortrag investieren wir ca. eine Stunde Arbeit, allein mit dem Aussortieren und Arrangieren der Bilder und mit der Auswahl der Musik. Aber wir machen das gern. Mit den freiwilligen Spenden bessern wir unsere Kasse auf, gleichzeitig sind diese Abende eine Sympathiewerbung für die Bergrettung. Mittlerweile sind unsere Veranstaltungen so beliebt, dass der Gemeindesaal jedes Mal gerammelt voll ist. Für uns wiederum ist es eine gute Möglichkeit, die Kameradschaft zu pflegen, denn jeder von unserer Ortsstelle hilft mit – ob beim Aufstellen der Stühle oder beim Verwalten der Eintrittsgelder. Wir haben dabei null Risiko, viel Spaß und am Ende sind alle zufrieden."

Und wo ist der Eispickel?

Gottfried Hanser, geb. 1950, pensionierter Bankangestellter, seit 1971 bei der Bergrettung, seit 1992 Kassier und Schriftführer der Ortsstelle Kals am Großglockner:

„Im Jänner dieses Jahres mussten wir einen russischen Staatsbürger vom Großglockner über den Stüdlgrat abwärts bergen. Es waren viele Bergretter dabei im Einsatz. Der Russe riss bei einem Sturz einen Bergretter mit, es ging glimpflich aus, aber der Eispickel des Mannes ging verloren. Bis heute hat die Bergrettung Kals kein Geld von ihm bekommen, er fordert aber, dass die Bergrettung seinen Pickel sucht, der bei dem Sturz verloren ging. Solche Vorfälle gibt es immer wieder. Trotzdem stehen wir finanziell recht gut da, weil wir große Einsätze haben, die der Ortsstelle auch etwas einbringen. Finanziert wird unsere Ortsstelle durch Zuwendungen der Gemeinde, des Tourismusverbandes und durch 2/3 der Einsatzkosten, wenn die Landesleitung die Bergekosten ersetzt bekommt. Wir lassen uns durch ärgerliche Vorkommnisse nicht frustrieren, denn wir haben eine sehr gute, aufeinander eingeschworene

Gemeinschaft, was sicher auch an den teilweise harten Einsätzen liegt. Das sieht man schon daran, dass in unserer Garage zwei Bergesärge stehen, was eigentlich ungewöhnlich ist, aber wegen der relativ vielen Toten, die geborgen werden müssen, ist das bei uns in Kals normal."

Wir lassen uns nicht entmutigen

Siegfried Kristler, *geb. 1963, Installateur, bei der Bergrettung seit 1998, Ortsstelle Defereggental, Flugretter, Notfallsanitäter, seit 2009 Ortsstellenleiter:*

„Die mangelnde Bereitschaft unserer drei Talgemeinden, Bergrettung finanziell zu unterstützen, ist für mich nicht nachvollziehbar. Die ständig steigenden Anforderungen an Bergretter und Bergretterinnen setzen auch mehr Ausbildung voraus. Diese ist sehr zeitintensiv und mit Kosten verbunden. Einsatzbekleidung sowie Ausrüstung finanziert jedes Bergrettungsmitglied größtenteils aus eigener Tasche. In welcher Rettungsorganisation gibt es das noch?

Es wäre meines Erachtens allerhöchste Zeit, der Bergrettung die nötige Anerkennung und finanzielle Unterstützung seitens der Talgemeinden zukommen zu lassen.

In einem Tourismusland wie Tirol ist die Bergrettung unverzichtbar, aber das merken viele Menschen leider erst, wenn sie selber in Bergnot geraten und dringend Hilfe benötigen. Trotzdem lassen wir uns nicht entmutigen und engagieren uns nach wie vor sehr für ‚unseren Verein', die Bergrettung. Zum Wohle aller in Bergnot geratenen Mitmenschen."

Umsonst ausgerückt?

Mag. (FH) Ing. Bruno Berloffa, *geb. 1971, bei der Bergrettung seit 2002, Ortsstelle Innsbruck, Ortsstellenleiter seit 2008, Bezirksleiter Innsbruck-Stadt, Eisfall- und Canyoning-Retter:*

„Auch mit den Energieressourcen muss man haushalten, aber das gelingt nicht immer. Die Bergrettung Innsbruck leistet neben 60 bis 80 herkömmlichen Bergrettungseinsätzen pro Jahr auch viele Pistendienste und Bereitschaftsdienste bei Sportveranstaltungen. Da könnten wir z.B. auf die Einsätze aufgrund fehlinterpretierter Lichtzeichen gut verzichten. Aber bei einer 130.000-Einwohner-Stadt schaut oft jemand aus dem Fenster und sieht auf den umliegenden Bergen ein Zeichen, das ein Notsignal sein könnte. Oft fuchtelt nur jemand mit der Taschenlampe herum oder steigt nachts mit seiner Stirnlampe vom Berg herunter. Natürlich beobachten wir die Lichtsignale sehr genau, aber es gibt immer wieder Einsätze aufgrund solcher Zeichen, die sich als harmlos herausstellen. Wir rücken zwar lieber einmal zu viel, als einmal zu wenig aus, dennoch müssen wir uns etwas einfallen lassen, wie wir das Problem der Fehlalarmierungen handhaben, denn jeder Einsatz ist ein enormer Organisationsaufwand und kostet Geld, Zeit und Energie."

Ist auch alles recht und richtig?

Sobald ein Notfall-SMS die Bergretter erreicht, beginnt ein Wettlauf mit der Zeit. Alle nötigen Utensilien zusammenpacken, dann hinein ins Auto und zur Ortsstelle rasen ... Nein, eben nicht! Die Straßenverkehrsordnung gilt auch für Bergretter, die schnell zu einem Einsatz müssen. Erst wenn sie im Einsatzfahrzeug mit Blaulicht sitzen, dürfen sie mit überhöhter Geschwindigkeit unterwegs sein – allerdings auch nur dann, wenn sie dabei niemanden gefährden, sonst muss sich der Lenker des Einsatzfahrzeuges vor Gericht verantworten. Auch der Einsatz selbst ist kein Agieren im rechtsfreien Raum. Das Auge des Gesetzes schaut immer zu!

Dr. Norbert Hofer, geb. 1969, Richter, Leiter des Alpingerichtsreferats am Landesgericht Innsbruck, Autor des Fachbuches „Klettern und Recht", seit 2004 bei der Bergrettung, Ortsstelle Telfs, seit 2007 Ortsstellenleiter:

„Bergretter gelten als Sachverständige, deshalb werden bei ihnen höhere Maßstäbe angelegt als zum Beispiel bei einer Kameradenbergung durch Laien. Passiert bei einer Bergung mit einem Dyneema-Seil durch einen Aufbaufehler ein tödlicher Unfall, kann das eine Anklage wegen fahrlässiger Tötung unter besonders gefährlichen Umständen zur Folge haben. Dem verantwortlichen Bergretter bzw. Einsatzleiter drohen dann aus strafrechtlicher Sicht bis zu drei Jahre Haft, zivilrechtlich können die Schadenersatzleistungen auch Millionenhöhe erreichen, wenn etwa ein behindertengerechter Umbau einer Wohnung oder lebenslange Pflegekosten erforderlich werden. Durch eine Versicherung wird so eine Summe fallweise nicht mehr abgedeckt. Die Bergretter müssen sich also ihrer ungeheuren Verantwortung bewusst sein, die sie auch für ihre eigene Existenz tragen.

Es ist leider so, dass heutzutage die Bereitschaft, vermeintliche Schadenersatzansprüche gerichtlich geltend zu machen, viel größer geworden ist. Viele Menschen haben eine Vollkasko-Mentalität und überschätzen häufig die Möglichkeiten, die der Bergrettung faktisch und zeitlich zur Verfügung stehen. Die Mitglieder der Bergrettung sind zum Großteil berufstätig, ihre Hilfeleistung beruht auf Freiwilligkeit. Bei einem Einsatz müssen viele erst ihre Arbeitsstelle verlassen, dann braucht es oft noch eine längere Zustiegszeit zur Unfallstelle. Für denjenigen, der auf Hilfe wartet, werden Minuten zu Stunden. Mit der Verzweiflung steigt oft auch der Ärger, dass man so lange warten muss.

Missverständnissen vorbeugen

Dazu kommt, dass die Leute sehr genau hinterfragen, ob alles ordnungsgemäß durchgeführt wird. Durch Berichte in den Medien und diverse Fernsehserien glaubt jeder zu wissen, wie eine Bergung vor sich zu gehen hat, alle sind irgendwie Experten geworden. Bei einem Lawinenunfall auf der Hohen Munde hatte ein Verletzter das Gefühl, er sei falsch am Hubschrauber fixiert, weil er andere Bergetechniken kannte. Oft bekommt der Verletzte auch nur einen Teil der Berge- oder Suchmannschaft selbst zu sehen, sodass gerade bei der Einsatzverrechnung eine genaue Dokumentation erforderlich ist, um Missverständnissen vorzubeugen. Dass alles ordnungsgemäß durchgeführt wurde, kann häufig die Alpinpolizei bezeugen.

Generell erhebt sie den Sachverhalt um festzustellen, ob bei einem Unfall Fremdverschulden vorliegt oder nicht. Durch die sorgfältige Arbeit der alpinen Einsatzgruppen der Polizei kommt es äußerst selten zu Anklagen nach Alpinunfällen.

Hin und wieder gibt es Missverständnisse, die die Lage eines in Not geratenen Menschen noch verzweifelter machen: Wenn zum Beispiel der Hubschrauber abdreht, um auf einem geeigneten Landeplatz die Taubergung vorzubereiten, glauben viele, sie seien nicht gesehen worden und der Heli kommt nicht wieder. Aus diesen Gründen ist es wichtig, mit ihnen zu kommunizieren, soweit das möglich ist. Auch während der Bergung selbst sollte man sie über die einzelnen Vorgänge und Hilfeleistungen informieren. Das wirkt beruhigend und ist auch eine Vorsichtmaßnahme, dass es später nicht zu ungerechtfertigten Vorwürfen kommt.

Umgang mit der Presse

Der Umgang mit der Presse braucht ebenfalls eine gute Kommunikationsschulung. Zehn Minuten, nachdem die Leitstelle Tirol den Alarm auslöst, wird von der Leitstelle auch die Presse informiert. Manchmal bedeutet das, dass Journalisten und Fotografen schon vor Ort sind, wenn das Einsatzteam eintrifft, da Letzteres zum Beispiel erst die Bergematerialen zusammenstellen muss. Aber genauso wie die Bergretter keine persönlichen Daten der in einen Unfall verwickelten Beteiligten weitergeben dürfen, müssen sich auch die Reporter um journalistische Sorgfalt bemühen. Für den Fall von Pressemeldungen und Interviews sollte sich der Bergretter daher vorbehalten, diese vor der Veröffentlichung freizugeben.

Zur Sorgfalt der Rettungsmannschaften gehört auch, dass sie ihren Funkverkehr möglichst auf den internen Frequenzen abhalten. Vor dem Mithören ist man trotzdem nicht immer geschützt. Geheimcode gibt es keinen, jeder Journalist kennt die Rettungsdienst-Skala und weiß, dass es sich um eine Totbergung handelt, wenn von „NACA 7" die Rede ist. Gerade bei Totbergungen ist aus Rücksicht auf die Angehörigen bei der Kommunikation über Funk Fingerspitzengefühl gefragt, besser ist hier oft eine Kommunikation über Handy."

Kolossales Missverständnis

Ronald Ribis, geb. 1972, Bergführer, Bauer, Hotelier, bei der Bergrettung seit 1992, Ortsstelle Obergurgl (Ötztal), seit 2005 Ortsstellenleiter:

„Vor ein paar Jahren im Winter kam um ein Uhr nachts die Alarmierung, eine Person sei in eine Schlucht gestürzt. Es klang sehr dramatisch, weshalb nicht nur die Bergrettung, sondern auch die Feuerwehr und das Rote Kreuz ausrückten. Die Feuerwehr sorgte für Licht und so konnten wir trotz heftigen Schneefalls schnell drei Personen ausfindig machen – eine Frau und zwei junge Männer. Schon von oben sahen wir, dass die drei sturzbetrunken waren. Wie wir später erfuhren, waren sie auf einer Hütte gewesen und hatten gefeiert. Als die Frau austreten musste, kam sie vom Weg ab und stürzte in die Schlucht. Ihre Begleiter wollten ihr helfen, brachten sie aber nicht nach oben.

Ihr Glück war, dass viel Schnee lag, niemand hatte sich verletzt. Das konnten wir schnell feststellen, als meine Kollegen und ich bei der Gruppe ankamen. Wir traten einen Pfad aus, so breit, dass man ein Pferd hinaufziehen hätte können. Die Burschen waren schnell droben, aber die Frau schaffte es nicht mit ihren Moon Boots. Außerdem fiel sie wegen ihres Rausches ständig hin. Wir legten ihr also einen Brustkorb um, einer von uns zog, der andere schob, so brachten wir sie mit vereinten Kräften hinauf, denn sie war nicht gerade eine schlanke Person.

Droben übergaben wir sie dem Roten Kreuz und gingen nach Hause. Am nächsten Tag staunten wir nicht schlecht, als ein Alpinpolizist zu uns kam und uns darüber informierte, dass die Frau eine Anzeige wegen sexueller Belästigung gemacht hatte. Wir hätten ihr bei der

Bergung an den Hintern gegriffen. Was soll man dazu sagen. Hätten wir nicht geschoben und gezogen, säße sie heute noch drunten in der Schlucht.

Hintergedanken hatte sicher keiner von uns dabei, wir waren froh, als wir wieder zu unseren Frauen nach Hause konnten. Die Sache verlief sich dann zum Glück, ihr ist es wohl selber dumm vorgekommen. Grundsätzlich muss man sagen, dass keiner von uns so eine Situation ausnützen würde, dazu ist man viel zu bemüht, die Leute wieder in Sicherheit zu bringen. Und wenn Mädchen in Flipflops, kurzer Hose und Bikini-Oberteil auf die Hohe Mut hinaufgondeln und ihnen passiert etwas, müssen wir sie auch angreifen, wenn wir sie auf die Trage legen, genauso wie wir es bei allen anderen verletzten Personen auch machen. So gesehen würde jede Rettungsmaßnahme unter sexuelle Belästigung fallen."

Ständig unter Beobachtung

Manuel Angerer, *geb. 1969, Chemielabortechniker, Berg- und Skiführer, seit 1988 bei der Bergrettung, Ortsstelle Achenkirch, seit 2004 Ortsstellenleiter:*

„Die Technik macht einerseits alles einfacher, andererseits wird dadurch auch manches komplizierter. So haben wir z.B. im Rahmen eines Pistendienstes einen Verunfallten erstversorgt. Seine Freunde standen dabei und ein Mädchen filmte mit der Handykamera. Auf meine Frage, was sie damit bezwecke, antwortete sie, um einen Beweis zu haben, falls wir etwas falsch machen.

Wir sind da, um zu helfen und machen unsere Sache so gut wie möglich, aber solche Verhaltensweisen tragen zur Verunsicherung bei. Bergretter versehen ihren Dienst nicht nur am Berg, sondern auch bei öffentlichen Veranstaltungen – wir Achenkircher in Zusammenarbeit mit anderen Ortsstellen zum Beispiel beim Achenseelauf oder beim 24-Stunden-Marsch. Wird dann jedes Mal im Notfall mitgefilmt, muss man sehen, ob sich noch viele Freiwillige für solche Ordnungs- und Hilfsdienste melden.

Auch der Umgang mit der Presse ist ein zweischneidiges Schwert. Einerseits unterstützt sie uns kompetent bei der Öffentlichkeitsarbeit, andererseits gibt es auch unseriöse Journalisten, die alles tun, um zu Informationen zu kommen. Sie rufen wegen einer guten Story sogar zuhause bei den Frauen der Bergretter an. Bei den Einsätzen selbst stellen sie allerdings keine große Belästigung dar. Die meisten schaffen es nämlich nicht, im Gelände körperlich und konditionell mitzuhalten. Und so warten sie mit Bleistift oder Aufnahmegerät, bis die Einsatzkräfte mit den Neuigkeiten wieder zurück im Tal sind."

Unter dem Druck der Presse

Raimund Köll, *geb. 1960, Schlosser, bei der Bergrettung seit 1976, Ortsstelle Matrei in Osttirol, ehem. Lawinenhundeführer und Flugretter, seit 2008 Ortsstellenleiter:*

„Vor ein paar Jahren stiegen vier deutsche Schneeschuhwanderer von der Kürsinger Hütte im Obersulzbachtal auf den Großvenediger. Für den Nachmittag war ein Schlechtwettereinbruch vorhergesagt. Während die Skitourengeher an diesem Tag die Rückkehr zur Hütte noch schafften, waren die vier Männer mit ihren Schneeschuhen viel langsamer und gerieten in Sturm und Nebel. Sie versuchten abzusteigen, verloren aber auf der Venedigerscharte die Orientierung und verirrten sich auf Osttiroler Gebiet. Auf der großen Gletscherfläche wanderten sie im Kreis trafen irgendwann auf ihre eigenen Spuren. Um die Nacht zu überstehen, gruben sie sich im Schnee eine Höhle und errichteten ein Biwak. Mehr konnten sie nicht tun, denn es gelang ihnen nicht, einen Notruf abzusetzen.

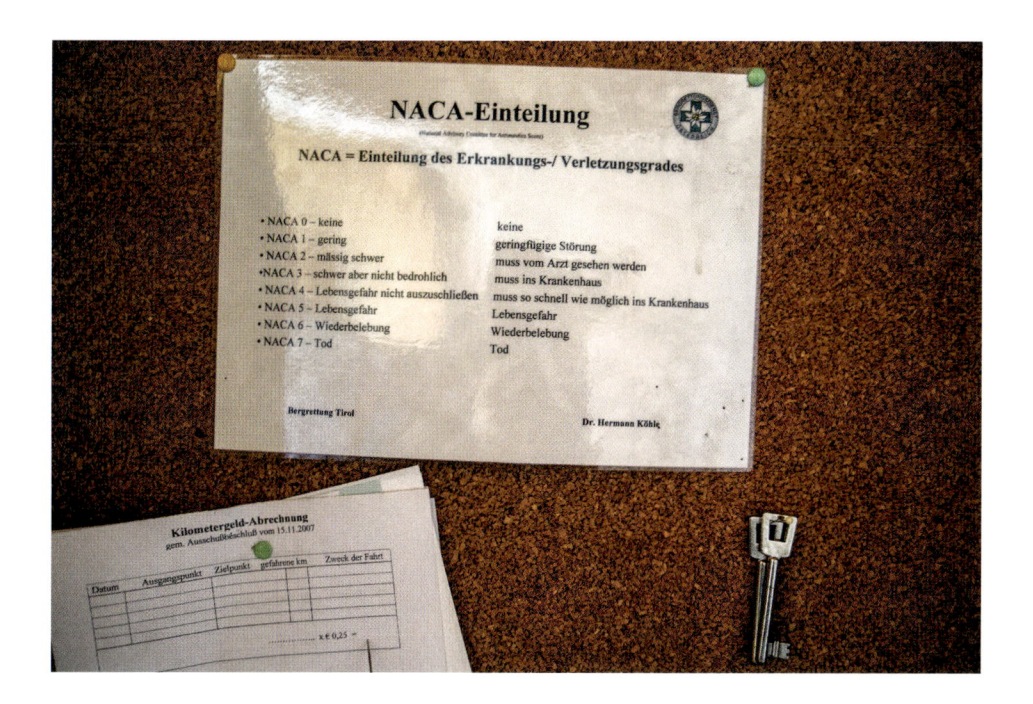

Inzwischen hatte der Wirt der Kürsinger Hütte die Bergrettung alarmiert, die Kollegen der Bergrettung Neukirchen stiegen auf Salzburger Seite auf, wir versuchten es auf unserer Seite. Weil aber ein Sturm mit Windböen mit über 140 km/h tobte, konnten wir nur bis zur Neuen Prager Hütte aufsteigen. Auch von der Salzburger Seite musste die Mannschaft wieder umdrehen. Am Gletscher wäre bei diesem Wetter eine weitere Suche unmöglich gewesen. Am nächsten Tag ging es auch nicht besser, da hatte es über Nacht einen dreiviertel Meter geschneit, auf unserer Seite herrschte extrem große Lawinengefahr, weshalb wir mit den Salzburger Kollegen von der Kürsinger Hütte den Aufstieg versuchten.

Bekannter Politiker unter den Vermissten

Inzwischen hatten sich im Matreier Tauernhaus viele Presseleute eingefunden. Nicht nur, weil der Fall mit vier Vermissten spektakulär war, sondern weil sich unter ihnen auch ein bekannter deutscher Politiker befand. Als wir auch am zweiten Tag unverrichteter Dinge umdrehen mussten, drohte uns eine deutsche Zeitung, die deutsche Bergwacht einzuschalten, diese würde uns zeigen, wie so eine Suche vor sich zu gehen hat. Das war lächerlich, denn die deutschen Kollegen kennen das Gebiet nicht und wären noch viel weniger weit gekommen als wir. Ich war damals einer der Einsatzleiter und es erschreckte mich, wie drastisch man in so einem Fall unter Druck gesetzt wird. Trotzdem muss man die Nerven behalten und kann nicht die eigenen Leute über jedes Maß an Vernunft gefährden.

Die Presseleute der anderen Zeitungen und TV-Sender waren kooperativ. Wir hatten, wie sonst auch bei großen und schwierigen Einsätzen, eine Pressestelle mit Pressebetreuer eingerichtet und Pressekonferenzen abgehalten.

Journalisten versuchen in so einem Fall immer noch mehr Informationen herauszupressen, aber da muss man streng sachlich bleiben, darf keine bloßen Vermutungen oder persönliche Prognosen äußern und keine vertraulichen Angaben über die involvierten Personen kundtun. Wir machen es als Einsatzleiter immer so, dass wir uns eine halbe Stunde Zeit verschaffen, um die Fakten zu notieren, die zum Veröffentlichen geeignet sind, diese geben wir dann an die Presse weiter.

Damals ging die Sache gut aus, denn am frühen Morgen des dritten Tages konnte endlich ein Hubschrauber starten, der mit Scheinwerfern und Wärmebildkamera das Gebiet absuchte, wo wir die Vermissten vermuteten. Er konnte sie ausmachen und sie wurden geborgen – unterkühlt und ausgehungert, denn sie hatten nur ein paar Müsliriegel und Schokolade dabeigehabt. Aber sie waren unverletzt und lebten. Die Presse hatte ihre Jubelmeldung. Die Zeitung, die uns unter Druck setzen wollte, schrieb übrigens keine einzige Zeile über die geglückte Rettung."

Interaktive statt inaktive Bergretter

Markus Zott, *geb. 1979, diplomierter Gesundheits- und Krankenpfleger, Notfallsanitäter, bei der Bergrettung seit 2006, seit 2013 Ortsstelle Kufstein (vorher Bundesverband). Seit 2008 arbeitet er gemeinsam mit dem Fachreferenten für Öffentlichkeitsarbeit, Gerald Lehner, am Online-Magazin „Bergretter" des Österreichischen Bergrettungsdienstes:*

„Zugegeben: Wir vom Fachreferat für Öffentlichkeitsarbeit der Bergrettung stehen nicht am Lawinenkegel. Vor einigen Jahren wurden wir deshalb mit der Aussage eines Ortsstellenleiters konfrontiert, der uns als ‚inaktive Bergretter' bezeichnete. Im ersten Augenblick ärgerte ich mich, danach musste ich schmunzeln und behalf mir mit einem Wortspiel. Somit wurden aus den ‚inaktiven Bergrettern' die beiden ‚interaktiven Bergretter'.

Seit 2008 arbeiten Gerald Lehner und ich nun gemeinsam an der Website ‚Bergretter' des Österreichischen Bergrettungsdienstes oder – wie wir es nennen – an unserem Online-Magazin. Wer uns als ‚inaktiv' bezeichnet, sollte sich Folgendes vor Augen führen: Wir arbeiten täglich ca. eine Stunde an der Website, um Berichte, die den Österreichischen Bergrettungsdienst betreffen, online zu stellen. Zusätzlich veröffentlichen wir große Reportagen, für die Gerald teils mehrere Tage unterwegs ist, um Informationen zu sammeln. Somit ergeben sich mehr als 400 bis 500 Stunden pro Jahr an Arbeit nur für die Website. Nicht eingerechnet die Zeit, die Gerald mit der Bearbeitung des Jahresberichtes oder für Anfragen externer Journalisten verbringt.

Vor Kurzem fragte ein ausländischer Journalist bei uns an, ob er mit unserem Sekretariat einen Termin vereinbaren könne. Auf die Antwort, dass wir weder ein Sekretariat noch ein Büro hätten, sondern unsere Arbeit von zuhause aus erledigen, reagierte er verwundert: ‚Knapp 11.000 Bergretter und Bergretterinnen in ganz Österreich und die Öffentlichkeitsarbeit wird von zwei Menschen ehrenamtlich erledigt?'

Das soll ein kleiner Denkanstoß für alle sein, die glauben, dass ein Bergretter nur derjenige sein kann, der bei Wind, Wetter, Nebel auf Sucheinsatz geht oder am Lawinenkegel steht. Wer würde von dieser wertvollen Arbeit erfahren, wenn es nicht Menschen gäbe, die Berichte über diese Einsätze der Öffentlichkeit zugänglich machen?"

Ein Dankeschön wäre schön!

Immer wieder passieren Unfälle bei Gletschertouren. Grund dafür ist mangelnde Kenntnis der Bergetechnik oder gar das unangeseilte Gehen am Gletscher.

Ein Händedruck, ein von Herzen kommendes „Danke" würde oft schon genügen, aber viele Gerettete und deren Angehörige vergessen auf eine Geste des Dankes. Im Trubel oder Schock der Ereignisse gibt es oft nicht die Möglichkeit dafür und später ist man froh, wenn das schreckliche Ereignis schnell in den Hintergrund tritt. Manche, die sich leichtsinnig in eine Notlage gebracht haben, genieren sich dafür, manche wollen sich nicht mehr damit belasten und manche fürchten, dass sie mit Geldforderungen belangt werden könnten. Um solche Hemmnisse zu überwinden, könnte vielleicht der Gedanke helfen, dass auch Bergretter Familien haben, die bei gefährlichen Einsätzen um das Leben ihrer Angehörigen bangen.

Manchmal fühlt man sich ausgenützt

Gerhard Baumann, *geb. 1972, selbständiger Tischler, seit 1990 bei der Bergrettung, Ortsstelle Gries im Sellrain, seit 2005 Ortsstellenleiter:*

„Allzu viel Dankbarkeit darf man sich bei unserer Arbeit nicht erwarten. Vor ein paar Jahren beobachteten wir beim Pistendienst, wie mehrere Personen in freiem Gelände ein Schneebrett lostraten, und eilten sofort zum Unfallort. Es handelte sich um einen Vater mit zwei Söhnen. Dem einen Sohn war nichts passiert, der Vater war teilverschüttet, der zweite Sohn aber lag fast zwei Meter tief unter dem Schnee. Wir gruben ihn innerhalb von wenigen Minuten aus und retteten ihm das Leben. Von der Familie hat sich keiner bei uns bedankt, aber das mag auch daher rühren, weil bei so einem Unfall viele Helfer zum Einsatz kommen – es

Ein älterer Lawinenhund bleibt bei einer Übung im Jamtal zurück und bewacht das Rettungsdepot.

sind ja nicht nur wir, sondern auch die Hubschraubercrew samt Notarzt und das Team in der Klinik. Das darf man nicht so eng sehen, aber man freut sich natürlich, wenn jemand Dankbarkeit bekundet. Einmal hat uns ein junger Mann, den wir vor dem Lawinentod bewahrt haben, eine Schachtel voll Süßigkeiten und kleine Schokoladenengel geschickt. Was uns am meisten gefreut hat, war ein Foto, das ihn mit seiner Frau und seinen beiden kleinen Kindern zeigte. In so einem Fall weiß man wieder, warum man freiwillig all diese Mühen auf sich nimmt, und man ist stolz, Bergretter zu sein."

Statt Dank eine Beschwerde

Hubert Moser, *geb. 1959, Bauhofleiter, seit 1974 bei der Bergrettung, Ortsstelle Maurach am Achensee, seit 1999 Ortsstellenleiter:*

„Wir helfen gern, aber manchmal ist es ärgerlich, wie leichtsinnig die Menschen sind und wie selbstverständlich für sie unser Einsatz ist. Im letzten Jahr haben wir eine Gruppe Wanderer in der Nacht vom Seeberg geborgen. Sie hatten sich in der Zeit verschätzt und niemand hatte eine Taschenlampe bei sich. Auch ihren Standort konnten sie nicht genau angeben. Wir mussten mehrere Wege absuchen, bis wir sie fanden. Nach der Bergung, als wir ihre Daten aufnahmen, war noch alles in Ordnung. Kurze Zeit später kam ein Schreiben von einem Rechtsanwalt, in dem er schrieb, sein Mandant sei nicht bereit, die Rechnung zu bezahlen. Erstens habe nicht er die Bergrettung gerufen, außerdem hätten wir viel zu lange für den Aufstieg gebraucht.

Wäre der Betrag auf die Gruppe aufgeteilt worden, wären auf jeden Geborgenen knapp hundert Euro entfallen, aber das war ihnen offenbar zu viel. Wir stellen unsere Zeit gratis zur Verfügung, mit den Einnahmen aus den Einsätzen werden nur die laufenden Kosten der

Ortsstelle ohnehin nur zum Teil gedeckt. Wahrscheinlich werde ich dem Herren noch schreiben, er soll bei der nächsten Wanderung gleich seinen Anwalt mitnehmen und mit dem ersparten Geld eine gute Taschenlampe kaufen."

Ein paar nette Worte tun gut

Herbert Pali, *geb 1948, pensionierter Angestellter, bei der Bergrettung seit 1966, Ortsstelle St. Johann in Tirol, ehem. Flugretter und Flugrettungsreferent, seit 1992 Ortsstellenleiter:*

„Mitte der 1970er Jahre unternahm ein deutsches Ehepaar an einem wunderschönen Herbsttag eine Wanderung von der Griesner Alm übers Stripsenjochhaus zum Stripsenkopf und weiter über den Feldberg. Um ca. 15:00 Uhr stürzte die Frau und brach sich den linken Unterschenkel.

Zur damaligen Zeit gab es noch kein Handy, um bei einem Unfall im alpinen Gelände die Bergrettung zu verständigen. Der Ehemann versorgte seine Gattin so gut es ging und machte sich auf den Weg zur nächsten Unfallmeldestelle. Da er nicht ortskundig war, verfehlte er den kürzesten Weg und kam erst um 18:30 Uhr beim Gasthof Griesenau an. Von dort aus konnte er per Telefon beim Gendarmerieposten Erpfendorf den Unfall melden. Allerdings konnte er keine genauen Angaben zur Unfallstelle machen.

Eine Einsatzmannschaft der Bergrettung St. Johann wurde zusammengestellt und startete Richtung Kaiserbachtal. Da ich bei der Flugeinsatzstelle Innsbruck Flugretter war, ersuchte ich um Unterstützung durch den Hubschrauber des Innenministeriums. Schon beim Anflug setzte die Dunkelheit ein und es war nur ein einziger Suchflug möglich. Wir konnten die Frau vom Hubschrauber aus nicht finden.

Der Pilot setzte uns bei Dunkelheit oberhalb der Oberen Scheibenbühelalm ab und wir machten uns Richtung Stripsenkopf auf den Weg. Immer wieder rufend bekamen wir nach einer Stunde die erste Antwort von der verunfallten Frau. Als wir kurz nach 20:00 Uhr bei ihr ankamen, war es klar, warum wir sie vom Hubschrauber aus nicht zu sehen gewesen war. Sie lag unter einem Latschenstrauch. Seit fünf Stunden wartete sie auf Rettung.

Im Licht unserer Stirnlampen konnten wir ihre Erleichterung sehen. Wir schienten ihren Unterschenkel, packten sie in eine Decke und versorgten sie mit heißem Tee, denn sie war wegen der langen Wartezeit schon unterkühlt. Mit einem kleinen Feuer spendeten wir ihr zusätzlich Wärme. Um 22:15 Uhr trafen die Kollegen mit der Gebirgstrage bei uns ein und es begann der lange, beschwerliche Abtransport über Stock und Stein. Während der gesamten Bergung hörten wir kein Jammern oder Klagen der Frau, sie war sichtlich erleichtert, dass sie in sicheren Händen war.

In ehrlichen Worten bedankte sich das Ehepaar bei uns für die Bergung und nach zwei Wochen erhielten wir einen herzlichen Brief, aus dem wir erfuhren, dass die Genesung unserer Patientin voranschritt. Sie schrieben, sie würden im nächsten Jahr sicher wieder Wanderungen im Gebiet des Wilden Kaisers machen. Solche Reaktionen entschädigen uns Bergretter für die unzähligen aufgewendeten Stunden während unserer Freizeit für Schulungen, Übungen und Einsätze."

Bild oben: Der Rucksack mit der entsprechenden Grundausrüstung ist Pflicht am Berg. Wechselkleidung kann lebensrettend sein.

Bild Mitte: Der Berg zeigt seine ganze Mystik in der Abendstunde, wenn das berühmte Alpenglühen auch die Hartgesottenen sentimental stimmt.

Bild unten: Geübt wird nicht nur in den heimatlichen Bergen. Hier hat sich ein Trupp Bergretter nach Cortina begeben, um dort den Falzarego zu erklettern.

Ein Dankeschön wäre schön!

Tyrolean Mountain Rescue international

Bergretter müssen zwar keine Fremdsprachenprüfung ablegen, aber es ist von Vorteil, wenn sie noch eine andere Sprache beherrschen als Deutsch und Tirolerisch. Oft sind ja Touristen vom Berg zu holen, die sich schwer tun, auf Deutsch zu erklären, was passiert ist. Umso besser, wenn eine Ortsstelle Internationalität beweist – entweder mit sprachbegabten Einheimischen oder mit Native Speakers aus einem anderen Land. Bei der Tiroler Bergrettung gibt es etliche Mitglieder aus anderen Nationen. Einer von ihnen soll hier stellvertretend zu Wort kommen.

„Good people" in jedem Sinn

John McMurray, *geb. 1965 in Neuseeland, im Winter Barman, im Sommer Mitarbeiter des Tourismusverbandes St. Anton, Anwärter bei der Bergrettung, Ortsstelle St. Anton am Arlberg:*

„Ich bin durch meinen Bruder nach St. Anton am Arlberg gekommen. Er schwärmte mir vor, dass hier der beste Platz zum Skifahren sei, besser noch als in Neuseeland. Das wollte ich mir nicht entgehen lassen, also kam ich her. Ich habe hier das Skifahren gelernt und mich in eine Frau verliebt. Jetzt bin ich schon fast 20 Jahre hier. Wenn die Bergretter in der Bar vorbeikamen, in der ich arbeite, erzählten sie von ihren Übungen. Das hat mir imponiert, da wollte ich auch dabei sein. Ich machte die Anwärterprüfung und absolvierte den Winterkurs. Zum ersten Sommerkurs konnte ich nicht antreten, weil ich mich am Bein verletzt hatte. Das passierte – ich darf es gar nicht sagen, weil es doch ein bisschen peinlich ist – bei einem Sturz von der Leiter. Aber im Sommer darauf war ich dabei. Die Bergretter sind tolle Kameraden, wirklich „good people" in jedem Sinn, ich habe viel von ihnen gelernt. Sie kennen in ihrem Gebiet jeden Stein. Es ist eine prima Sache, Menschen in Bergnot zu helfen. Und durch mein Engagement bei der Bergrettung ist es mir möglich, den Menschen in diesem Ort etwas dafür zurückzugeben, dass sie mich so gut in ihrer Mitte aufgenommen haben. Ich kann nur sagen: I love it!"

Bergretter lieben Berge und Almen

Bild oben: Christoph Schneider, Ortsstellenleiter Sillian und Hüttenwirt auf der Sillianer Hütte. Oft ist er bei einem alpinen Unfall als Erster vor Ort.

Bild Mitte links: Jeden Morgen melkt er seine Kuh Froni, deren Milch für die Gäste der Sillianer Hütte bestimmt ist.

Bild Mitte rechts: Leo Amman, Bergretter aus Grän. Im Sommer bewirtschaftet er mit seiner Familie die Grappenfeldalm.

Bild links: Christoph hat zwei Lawinenhunde, einen ausgebildeten und einen, der noch lernen muss.

Bergretter lieben Berge und Almen

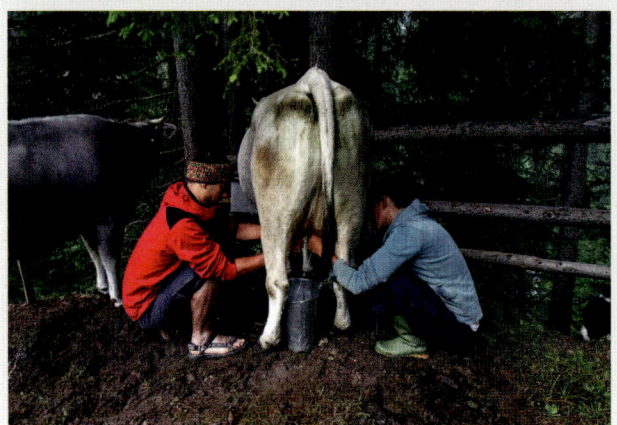

Auch Hannes Klein, Lawinenhundeführer, verbringt viel Zeit auf der Alm. Hier hilft er beim Viehtrieb, Zaunstecken und Melken auf der Madaualm im Lechtal.

Bergretter lieben Berge und Almen

Anekdoten sind nicht verboten

Ja, es geht durchaus auch lustig zu bei der Bergrettung. Und manchmal ist es traurig und lustig zugleich. Und oft gibt es etwas zu feiern. Einen gelungenen Einsatz zum Beispiel, oder einfach nur die Kameradschaft, die schon lange verlässlich hält. Manche Ereignisse sind so schön, dass auch hartgesottene Bergretter zu Tränen gerührt sind. Und mitunter gibt es Einsätze, um die jedermann sich reißt …

Die Lebensfreude darf nicht zu kurz kommen

Sepp Tauscher, geb. 1940, ehem. Skischulleiter und Schuhmacher, bei der Bergrettung seit 1957, Ortsstelle Nesselwängle (Tannheimer Tal), erster Bezirksleiter des Bezirks Reutte:

„In den Anfangszeiten, als noch keine Hubschrauber flogen, mussten wir alle Unfallopfer ‚händisch' vom Berg holen, auch die Toten. Auch heute noch bekommen Bergretter viel Tragik und Verzweiflung zu sehen. Um damit fertig zu werden, dürfen in unserer Gemeinschaft Humor und Lebensfreude nicht zu kurz kommen. Wir lachen und feiern gern und es fallen auch einmal derbe Sprüche. Einen wichtigen Stellenwert im Gemeinschaftsverständnis haben auch die lustigen Anekdoten, die von Generation zu Generation überliefert werden.

Eine Geschichte, die böse hätte enden können, passierte in unserem Bezirk in den 1960er Jahren. Da verirrten sich 33 junge Holländerinnen am Reuttener Hahnenkamm in Richtung Nesselwängle. Sie waren in einem Jugendlager untergebracht und ihr Guide, dieser Esel, hatte mit ihnen eine Wanderung gemacht mit dem Hinweis, sie könnten danach zur Abkühlung in den Haldensee springen, denn es war ein heißer Tag. Deshalb waren sie alle nur mit Bikini und Shorts bekleidet. Irgendwo auf halber Höhe ließ er die Mädchen allein. Eine völlig unverantwortliche Vorgehensweise, denn die sanften Hügel oberhalb des Haldensees gehen nach unten in schroffe, zum Teil unpassierbare Felsen über.

Gegen Abend hörte ein Jäger Hilferufe, er verständigte die Bergrettung. Tatsächlich wurden die ersten Mädchen bald gefunden, aber die große Gruppe hatte sich im Wald versprengt und so traf alsbald in der Zentrale der Funkspruch ein: ‚Himmel, der ganze Wald voller Frauen!' Und dann waren es auch noch hübsche Mädchen im Bikini. Wie man sich vorstellen kann, war das ein Einsatz, der besonders die jungen Burschen freute. Allerdings fand er ein jähes Ende. Denn sie brachten die Mädchen zum Aufwärmen in eine Bäckerstube, wo die bigotte Bäckerin die Helfer, die noch ein wenig bleiben wollten, unbarmherzig abwimmelte. Mit den Worten ‚Das könnte euch so passen, hier noch weiter herumzuschwänzeln', jagte sie die Männer zur Tür hinaus."

Bild rechte Seite oben: Ebenfalls immer ein Quell der Freude für Bergretter: die Natur! Auch in Gletschernähe ist sie sehr vielfältig mit Wasserfällen, Moränen und interessanten Felsformationen.

Bild rechte Seite Mitte: Sonne und Wolken sorgen für faszinierende „Freilichtspiele".

Bild rechte Seite unten: Das rollende Fotostudio von Maren Krings während der Buchrecherche

Anekdoten sind nicht verboten

Der Pleisen-Toni-Knoten

Egal, welches Seil sie benützen, gute Bergsteiger und Kletterer müssen viele Knoten beherrschen. Der wichtigste davon ist der Prusik-Knoten. Das ist ein Klemmknoten, der sich unter Belastung zuzieht und bei Entlastung wieder lockert. Er wurde nach seinem Erfinder benannt und so mancher Bergretter mag sich bereits gedacht haben: „Es wäre doch schön, wenn ein rettungstechnisch wichtiger Knoten nach mir benannt wäre!"

Aber die Seil- und Knotentechnik ist ein kompliziertes Fachgebiet. Der bereits verstorbene Toni Gaugg, vulgo Pleisen Toni, auch „Luis Trenker des Karwendels" genannt, Erbauer und Wirt der Pleisenhütte und Tiroler Original wie es im Buche steht, war einer der frühesten Bergretter bei der Ortsstelle Scharnitz und experimentierte auch einmal mit Seiltechnik. Als er glaubte, den Knoten herauszuhaben, führte er die von ihm erfundene Methode stolz seinen Bergretter-Kameraden vor. Dabei verstrickte er sich so heillos und zappelte im selbstgeknüpften Netz, dass er aus dem Schlamassel befreit werden musste. Spott und Gelächter, aber der Toni lachte mit. Was blieb ihm auch anderes übrig. Gewurmt wird es ihn schon haben, aber er wurde auch ohne „Pleisen-Toni-Knoten" zur Legende.

A schians Gfühl!

Helmut Lengerer, *geb. 1960, Sicherheitstechniker, bei der Bergrettung seit 1993, Ortsstelle Wörgl-Niederau, Funkwart:*

„Im Rahmen eines Pistendienstes wurden wir zu einem Verunfallten gerufen. Es handelte sich um einen Einheimischen mittleren Alters, der von der Piste abkam, sich im Schock zurück auf die Piste ‚rettete' und auch selbst Einsatzkräfte inklusive Hubschrauber per Handy alarmierte. Wir waren froh, als unmittelbar nach unserem Eintreffen der Hubschrauber mit Notarzt landete, da der Verunfallte durch seine extrem schwere Schulterverletzung fast keine Berührung und schon gar keinen Akja-Transport erlaubte. Der Notarzt spritzte einige Mittelchen, auf einmal begann der Patient zu grinsen und dann gar lauthals zu lachen und mit den Umstehenden zu scherzen. Seine Begleiterin war darüber derart erbost, dass sie ihn anschrie, er solle nicht so dumm lachen, er sei immerhin schwer verletzt. Der Notarzt trocken und mit einem Lächeln: ‚Der hat grad a schians Gfühl wia's ihm no niamand beschert hat!'"

Von vermissten Dackeln und sprechenden Toten

Hubert Moser, *geb. 1959, Bauhofleiter, seit 1974 bei der Bergrettung, Ortsstelle Maurach am Achensee, seit 2009 Ortsstellenleiter:*

„Manchmal gibt es bei aller Tragik auch groteske Begebenheiten. Bei einer Suchaktion haben Bergretter in unserem Gebiet einen Abgängigen tot aufgefunden. Sie mussten zum Abtransport des Verunglückten auf die Mannschaft mit der Gebirgstrage warten, also harrten sie neben dem Toten aus, der etwas abseits lag. Es war schon fast dunkel, plötzlich rollte der Tote noch zwei Meter weiter und begann zu sprechen. Die zwei Kameraden erschraken nicht wenig. Des Rätsels Lösung: beim Weiterrollen hatte sich das Diktaphon des Toten eingeschaltet. Er selber war leider nicht mehr lebendig geworden.

Auch an die Sache mit dem vermissten Dackel kann ich mich noch gut erinnern. Er war bei einem Ausflug von der Terrasse der Erfurter Hütte gestürzt und in der Tiefe verschwunden. Ein Begleiter kletterte noch über das Geländer und schaute über die Felskante hinab und teilte den unglücklichen Besitzern mit, dass da nichts mehr zu machen sei. Vier Tage trauerten die Urlauber um ihren geliebten Hund und konnten sich nicht mit seinem Tod abfinden. Sie bedrängten ihren Hotelier so lange, bis er mich anrief.

Ich hatte nicht viel Hoffnung für das arme Tier, es herrschten in der Nacht Temperaturen um minus 20 Grad. Ich rief einen Kollegen an und wir fuhren mit der Seilbahn zur Erfurter Hütte. Der Seilbahnführer fragte uns nach unserem Vorhaben. Nachdem wir es ihm erzählt hatten, kam die lapidare Antwort: „Den hat schon lange der Fuchs gefressen!" Sofort fingen eine Frau und ein Mädchen in der Gondel heftig an zu weinen. Die Besitzer des Hundes waren auch in der Gondel und hatten alles mitgehört.

Von der Terrasse seilten wir uns über die Felswand ab. Schon nach 20 Metern sah ich, dass sich unter mir mitten in der Wand bei einem Baum etwas bewegte. Ich konnte es kaum glauben, der Hund war beim Absturz im Baum hängengeblieben und hatte die kalten Tage und Nächte im tiefen Pulverschnee überlebt. Ich packte den zitternden, aber unverletzten Dackel in den Rucksack, mein Bergrettungskamerad seilte uns bis zum Wandfuß ab. Von dort ging es mit den Skiern durch den Pulverschnee ins Tal. Wahrscheinlich bin ich zu schnell gefahren, denn aus meinem Rucksack tropfte eine gelbe Flüssigkeit. Unten erwarteten uns schon die überglücklichen Hundebesitzer. Sie hätten ihren Liebling vor Freude fast noch erdrückt."

Einsatz zu Silvester

Wilfried Ried, geb. 1952, bei der Bergrettung seit 1980, Ortsstelle Nesselwängle (Tannheimer Tal), Hundeführer, seit 1991 Ortsstellenleiter:

„Nesselwängle im Tannheimer Tal ist eine kleine, aber schon sehr alte Ortsstelle mit vielen Einsätzen. Sie wurde 1907 gegründet, das heißt, unsere Väter und Großväter waren schon dabei. Uns hat immer interessiert, wie sie ihre Aufgaben und Einsätze gemeistert haben, welche Geschichten sie zu erzählen hatten. Viele davon haben wir aus Anlass des 100-Jahr-Jubiläums unserer Ortsstelle auch schriftlich festgehalten. Sie berichteten zum Beispiel, dass während des Krieges, während sie an der Front kämpften, ihre Frauen ausgerückt sind, um Menschen in Bergnot zu helfen.

Eine besonders schöne Begebenheit erlebten die Nesselwängler in der Silvesternacht 1972/1973, obwohl es traurig anfing. Am späten Nachmittag ging eine Vermisstenmeldung ein, ein sechsjähriger Bub war abgängig. Es lag wenig Schnee, die Nacht war nicht besonders kalt, die Chancen waren gut, dass er überlebte, wenn er sich bloß verirrt hatte und nicht abgestürzt war. Viele Bergretter rückten aus, die ganze Silvesternacht wurde durchgesucht, bis ein Bergretter im Morgengrauen auf Fußspuren im Schnee stieß. Der Bub hockte zusammengekauert, aber wohlauf unter einem Baum, schaute den Bergretter an und sagte: ‚Ich wünsche dir ein gutes neues Jahr!' Es ist ganz gewiss ein solches geworden!"

Das Edelweiß, das Logo der Bergrettung, kann an besonderen Plätzen gefunden werden. Es steht unter Naturschutz, hat aber schon so manche „alpine Ehe" manifestiert.

Österreichischer Bergrettungsdienst, Landesleitung Tirol

Florianistraße 2
6410 Telfs

Tel. :+43 5262 64140
Fax: +43 5262 65140
E-Mail: landesleitung@bergrettung-tirol.com

www.bergrettung-tirol.at

IBAN: AT022050300000002436, BIC: SPIHAT22XXX

Bergrettung-Notrufnummer: 140
Europäische Notrufnummer: 112